Zu den Kosten der Nacherfüllung beim Kauf

Europäische Hochschulschriften
Publications Universitaires Européennes
European University Studies

Reihe II
Rechtswissenschaft

Série II Series II
Droit
Law

Bd./Vol. 4203

PETER LANG
Frankfurt am Main · Berlin · Bern · Bruxelles · New York · Oxford · Wien

Volker Schultz

Zu den Kosten der Nacherfüllung beim Kauf

Unter besonderer Berücksichtigung des Begriffs der unverhältnismäßigen Kosten in § 439 Abs. 3 S. 1 BGB

PETER LANG
Europäischer Verlag der Wissenschaften

Bibliografische Information Der Deutschen Bibliothek
Die Deutsche Bibliothek verzeichnet diese Publikation in der Deutschen Nationalbibliografie; detaillierte bibliografische Daten sind im Internet über <http://dnb.ddb.de> abrufbar.

Zugl.: Hamburg, Univ., Diss., 2005

D 18
ISSN 0531-7312
ISBN 3-631-54021-3

www.peterlang.de

Für meine Frau Iris

Inhaltsverzeichnis

Einleitung 13

Erster Teil: Der „Weg" zum kaufrechtlichen Nacherfüllungsanspruch gem. § 439 BGB 17

A. Gutachten und Vorschläge zur Überarbeitung des Schuldrechts 17
I. Feststellungen U. Hubers 17
II. Vorschlag U. Hubers 19
III. Erläuterungen U. Hubers 19
B. Abschlußbericht der Kommission zur Überarbeitung des Schuldrechts 20
I. Feststellungen der Schuldrechtskommission 20
II. Vorschlag der Schuldrechtskommission 21
III. Abweichungen zum Vorschlag U. Hubers 22
IV. Erläuterungen der Schuldrechtskommission 23
C. Diskussionsentwurf eines Schuldrechtsmodernisierungsgesetzes 24
I. Feststellungen der Verfasser des Diskussionsentwurfs 25
II. Verbrauchsgüterkaufrichtlinie 26
III. Vorschlag der Verfasser des Diskussionsentwurfs 26
IV. Abweichungen zum Vorschlag der Schuldrechtskommission 27
V. Erläuterungen der Verfasser des Diskussionsentwurfs 27
D. Regierungs-/ Fraktionsentwurf eines Gesetzes zur Modernisierung des Schuldrechts 30
I. Feststellungen der Verfasser von Regierungs- bzw. Fraktionsentwurf 32
II. Verbrauchsgüterkaufrichtlinie 32
III. Vorschlag der Verfasser von Regierungs- bzw. Fraktionsentwurf 32
IV. Abweichungen zum Diskussionsentwurf 33
V. Erläuterungen der Verfasser von Regierungs- und Fraktionsentwurf 34
E. Weiteres Gesetzgebungsverfahren 36
I. Stellungnahme des Bundesrates 36
II. Gegenäußerung der Bundesregierung 37
III. Beschlussempfehlung des Rechtsausschusses 37
IV. Verabschiedung, Veröffentlichung, Inkrafttreten 38

Zweiter Teil: Zur Übertragbarkeit der zum Begriff des unverhältnismäßigen Aufwands in § 633 Abs. 2 S. 3 BGB a. F. entwickelten Grundsätze auf den wertausfüllungsbedürftigen Maßstab der unverhältnismäßigen Kosten in § 439 Abs. 3 S. 1 BGB ____ 39
A. Die zum Begriff des unverhältnismäßigen Aufwands in § 633 Abs. 2 S. 3 BGB a. F. von der Rechtsprechung entwickelten Grundsätze ____ 39
I. Fallgruppen ____ 40
1. „Berechtigtes Interesse an der Nacherfüllung" ____ 40
2. „Vorsätzliche Herbeiführung des Mangels" ____ 41
II. Leitende Gesichtspunkte ____ 41
III. Verhältnis der Fallgruppen und leitenden Gesichtspunkte zueinander ____ 42
IV. Fortgeltung der Fallgruppen und leitenden Gesichtspunkte ____ 42
B. Vergleichende Analyse des Kauf- und Werkvertragsrechts ____ 46
I. Auswirkungen der Neufassung des § 651 BGB ____ 47
1. Rechtslage vor dem 01.01.2002 ____ 47
2. Ausmaß der Verschiebung der Grenze zwischen Kauf- und Werkvertragsrecht ____ 48
a. Vom Besteller zu beschaffende Stoffe ____ 49
aa. Lieferung ____ 50
bb. Herstellung oder Erzeugung ____ 54
(a) Herstellung ____ 55
(b) Erzeugung ____ 56
cc. Bewegliche Sache ____ 56
(a) Sache ____ 56
(b) Beweglichkeit ____ 57
b. Unvertretbare Sachen ____ 59
3. Zusammenfassung ____ 59
II. Gemeinsamkeiten und Unterschiede im Besonderen ____ 60
1. Altes Recht ____ 60
a. Gemeinsamkeiten ____ 61
aa. Mängelarten ____ 61
(a) Rechtsmängel ____ 61
(b) Sachmängel ____ 61
bb. Mängelrechte ____ 62
(a) Gewährleistungsrechte ____ 62
(aa) Gemeinsame Voraussetzungen und Grenzen der Gewährleistungsrechte ____ 63
(bb) Inhalt der Schadensersatzansprüche von Käufer und Besteller ____ 64

(cc) Vollzug von Wandelung und Minderung 64
(b) Nacherfüllungsanspruch 64
(aa) Gemeinsame Voraussetzungen und Grenzen der Nacherfüllungsansprüche 65
(bb) Kostentragungspflicht 66
(cc) Ersatzvornahmerecht und Vorschussanspruch 68
cc. Verjährung der Mängelrechte 68
dd. Abänderlichkeit der Mängelrechte 69
ee. Verhältnis der Mängelrechte zu den allgemeinen Vorschriften 69
b. Unterschiede 70
aa. Gewährleistungsrechte 70
(a) Unterschiedliche Voraussetzungen 70
(aa) Fristsetzung mit Ablehnungsandrohung 70
(bb) Vertretenmüssen im Sinne des § 460 BGB a. F. 71
(cc) Maßgebliche(r) Zeitpunkt(e) 72
(dd) Zusätzliche Voraussetzungen der Schadensersatzansprüche 73
(b) Inhalt der Schadensersatzansprüche 73
bb. Nacherfüllungsansprüche 73
(a) Unterschiedliche Voraussetzungen und Grenzen 74
(aa) Vertretenmüssen im Sinne des § 460 BGB a. F. 74
(bb) Maßgeblicher Zeitpunkt 74
(cc) Grenzen 74
(b) Kostentragungspflicht 75
(aa) Mitverursachung des Mangels 76
(bb) „Sowieso“-Kosten 77
2. Neues Recht 78
a. Gemeinsamkeiten 79
aa. Mängelarten 79
bb. Mängelrechte 80
(a) Gewährleistungsrechte 81
(b) Nacherfüllungsansprüche 82
(aa) Grenzen 82
(bb) Kostentragungspflicht 82
(cc) Ersatzvornahmerecht und Vorschussanspruch 88
cc. Verjährung der Mängelrechte 94
(a) Mängelansprüche 94

(b) Rücktritt und Minderung 96
dd. Abänderlichkeit der Mängelrechte 97
ee. Verhältnis der Mängelrechte zu den allgemeinen Vorschriften 98
b. Unterschiede 98
aa. Gewährleistungsrechte 98
(a) (Unterschiedliche) Voraussetzungen 98
(aa) Fristsetzung mit Ablehnungsandrohung 99
(bb) Vertretenmüssen im Sinne des § 460 BGB a. F. 99
(cc) Maßgeblicher Zeitpunkt 100
(dd) Zusätzliche Voraussetzungen der Schadensersatzansprüche 101
(b) Inhalt der Schadensersatzansprüche 102
bb. Nacherfüllungsansprüche 102
(a) (Unterschiedliche) Voraussetzungen 102
(aa) Vertretenmüssen im Sinne des § 460 BGB a. F. und maßgeblicher Zeitpunkt 102
(bb) Grenzen 102
(b) Kostentragungspflicht 111
(aa) Mitverursachung des Mangels 111
(bb) „Sowieso"-Kosten 114
3. Zusammenfassung 128
III. Unterschiede im Allgemeinen 133
1. Unterschiede nach Altem Recht 134
a. Parteien 134
b. Gegenleistungspflichten 135
aa. Zahlungsverpflichtung 135
bb. Abnahmeverpflichtung 136
(a) Rechtsnatur der Abnahmepflichten 136
(b) Rechtsnatur und Inhalt der Abnahmehandlungen 137
(c) Wirkungen der Abnahmehandlungen 138
c. Leistungspflichten 140
aa. Herstellungsverpflichtung 140
bb. Mangelfreiheit des Vertragsgegenstands 142
cc. Vorleistungspflicht 143
2. Veränderungen durch das Neue Recht 144
a. Gegenleistungspflichten 144
aa. Zahlungsverpflichtung 144
bb. Abnahmeverpflichtung 144

b. Leistungspflichten 146
aa. Herstellungsverpflichtung 146
bb. Mangelfreiheit des Vertragsgegenstands 146
cc. Vorleistungspflicht 147
3. Zusammenfassung 147
C. Konkretisierung des wertausfüllungsbedürftigen Maßstabs der unverhältnismäßigen Kosten in § 439 Abs. 3 S. 1 BGB 148
I. Absolute Undurchsetzbarkeit des Nacherfüllungsanspruchs des Käufers 150
1. Unterschiede im Allgemeinen 150
a. Parteien 150
aa. Unternehmer im Sinne des § 14 BGB 151
bb. Verbraucher im Sinne des § 13 BGB 151
(a) Fallgruppe „Berechtigtes Interesse an der Nacherfüllung“ 151
(b) Fallgruppe „Vorsätzliche Herbeiführung des Mangels“ 156
(c) Leitende Gesichtspunkte 157
(aa) Schwere des (objektiven) Vertragsverstoßes 158
(bb) Verschulden 158
b. Gegenleistungspflichten 159
aa. Zahlungsverpflichtung 159
bb. Abnahmeverpflichtung 160
c. Leistungspflichten 163
aa. Herstellungsverpflichtung 163
(a) § 650 BGB 164
(b) § 649 BGB 165
(c) §§ 642, 643 BGB 166
bb. Vorleistungspflicht 167
d. Zusammenfassung 168
2. Unterschiede im Besonderen 169
a. Sachmangelbegriff 169
b. Ausschluss der Mängelrechte 171
aa. § 640 Abs. 2 BGB 171
bb. § 442 BGB 173
c. Verjährung von Mängelansprüchen 174
d. Verbrauchsgüterkauf 176
3. Zusammenfassung 180
4. Konkretisierung im Übrigen 181
a. Verbraucher im Sinne des § 13 BGB 181

aa. Maßstab „In jedem Fall zumutbare Kosten“ 182
bb. Berücksichtigung der leitenden Gesichtspunkte 185
(a) Erhöhung der dem verkaufenden Verbraucher zumutbaren Kosten im Fall eines berechtigten Interesses 185
(b) Schwere des (objektiven) Vertragsverstoßes 186
(c) Verschulden 186
b. Unternehmer im Sinne des § 14 BGB 187
II. Relative Undurchsetzbarkeit des Nacherfüllungsanspruchs des Käufers 187
1. Andere Art der Nacherfüllung ohne erhebliche Nachteile für den Käufer möglich 189
a. Interesse an der Beseitigung des Mangels überhaupt 189
b. Verschulden im Hinblick auf den Mangel 190
2. Andere Art der Nacherfüllung nur mit erheblichen Nachteilen für den Käufer möglich 191
3. Zusammenfassung 193

Dritter Teil: Zusammenfassung der wichtigsten Ergebnisse 195
A. Zur Konkretisierung des wertausfüllungsbedürftigen Maßstabs der unverhältnismäßigen Kosten in § 439 Abs. 3 S. 1 BGB 195
I. Absolute Undurchsetzbarkeit des Nacherfüllungsanspruchs des Käufers 195
1. Unternehmer im Sinne des § 14 BGB 195
2. Verbraucher im Sinne des § 13 BGB 196
II. Relative Undurchsetzbarkeit des Nacherfüllungsanspruchs des Käufers 197
B. Anwendung weiterer, zum alten werkvertraglichen Nacherfüllungsanspruch entwickelter Grundsätze auf den neuen kaufrechtlichen Nacherfüllungsanspruch 198
I. Vorteilsausgleichung 198
II. Ersatzvornahmerecht und Vorschussanspruch des Käufers 198
III. Berücksichtigung von Allein- bzw. Mitverursachung des Mangels durch den Käufer 198
1. Alleinverursachung 199
2. Mitverursachung 199
IV. Berücksichtigung von „Sowieso“-Kosten 199

Literaturverzeichnis 201

Einleitung

Das Rechtsbehelfssystem des kaufrechtlichen Mängelgewährleistungsrechts hat sich durch das Gesetz zur Modernisierung des Schuldrechts vom 26.11.2001,[1] welches am 01.01.2002 in Kraft getreten ist, nachhaltig verändert. Veränderungen haben sich unter anderem durch den nunmehr in § 439 BGB[2] geregelten Nacherfüllungsanspruch des Käufers ergeben.

Nachdem, vorbehaltlich einer abweichenden vertraglichen Vereinbarung, unter der Geltung des alten Rechts nur der Käufer einer Gattungssache gem. § 480 Abs. 1 BGB a. F. Nacherfüllung verlangen konnte, kann nunmehr jeder Käufer Nacherfüllung verlangen, wenn die Kaufsache oder das erworbene Recht mangelhaft ist, §§ 437 Nr. 1, 439, 453 Abs. 1 BGB.

Nach § 439 Abs. 1 BGB kann der Käufer als Nacherfüllung nach seiner Wahl die Beseitigung des Mangels (Nachbesserung) oder die Lieferung einer mangelfreien Sache (Nachlieferung) verlangen.

Die vom Käufer gem. § 439 Abs. 1 BGB gewählte Art der Nacherfüllung (Nachbesserung oder Nachlieferung) kann der Verkäufer unbeschadet des § 275 Abs. 2 und 3 BGB verweigern, wenn sie nur mit unverhältnismäßigen Kosten möglich ist, § 439 Abs. 3 S. 1 BGB. Auch die andere Art der Nacherfüllung soll der Verkäufer gem. § 439 Abs. 3 S. 3 Hs. 2 BGB unter den Voraussetzungen des S. 1 verweigern können.

§ 439 Abs. 3 S. 1 BGB gibt dem Verkäufer ein Leistungsverweigerungsrecht im Sinne einer dauernden Einrede. Aus § 439 Abs. 3 S. 1 BGB folgt also kein gesetzlicher, von Amts wegen zu berücksichtigender Ausschlussgrund für die vom Käufer gewählte Art der Nacherfüllung.[3] Aus dem Einredecharakter des § 439 Abs. 3 S. 1 BGB ergibt sich vielmehr, dass der Verkäufer sein Leistungsverweigerungsrecht geltend machen muss, wenn die vom Käufer gewählte Art der Nacherfüllung nur mit unverhältnismäßigen Kosten möglich ist.

Das Gesetz lässt offen, welche Höhe die Kosten für die vom Käufer gewählte Art der Nacherfüllung im Verhältnis zu welcher Bezugsgröße genau erreichen müssen, um das Leistungsverweigerungsrecht aus § 439 Abs. 3 S. 1 BGB zu be-

---

1 BGBl. I, S. 3138.

2 Hinsichtlich der in dieser Arbeit verwandten Abkürzungen wird auf das Abkürzungsverzeichnis der Rechtssprache von *Kirchner* verwiesen.

3 Vgl. *Büdenbender* in Anwaltkommentar § 439 Rn. 6.

gründen. In § 439 Abs. 3 S. 2 BGB werden lediglich beispielhaft und nicht abschließend einige Kriterien genannt, anhand derer die Unverhältnismäßigkeit der Kosten für die gewählte Art der Nacherfüllung zu beurteilen ist.[4] Zu berücksichtigen sind danach der Wert der Sache in mangelfreiem Zustand, die Bedeutung des Mangels und die Frage, ob auf die andere Art der Nacherfüllung ohne erhebliche Nachteile für den Käufer zurückgegriffen werden könnte.

Weil § 439 Abs. 3 S. 1 BGB offen lässt, wann im einzelnen die Kosten für die gewählte Art der Nacherfüllung unverhältnismäßig sind, kann mit der klassischen Subsumtionsmethode[5] aus dem Normtext keine Begründung gewonnen werden. Ein solches klassisches Vorgehen setzt nämlich voraus, dass die ins Auge gefasste Norm, unter die der konkrete Sachverhalt gefasst werden soll, subsumtionsfähige, das heißt hinreichend exakte Tatbestandsmerkmale enthält.[6] An solchen fehlt es hier im Hinblick auf den Begriff der unverhältnismäßigen Kosten, wie dargestellt.

Um § 439 Abs. 3 S. 1 BGB im Einzelfall zur Anwendung zu bringen, bedarf es vielmehr zunächst einer Wertung. Ohne eine solche kann nicht entschieden werden, ob die Kosten für die vom Käufer gewählte Art der Nacherfüllung unverhältnismäßig sind. Bei dem Begriff der unverhältnismäßigen Kosten handelt es sich um einen sog. wertausfüllungsbedürftigen Maßstab[7].

Die vorzunehmende Wertung ist eine Sache der Erkenntnis. Der Rechtsanwender hat „festzustellen“, welches die tatsächlich geltenden Anschauungen hinsichtlich des hier vorliegenden wertausfüllungsbedürftigen Maßstabes sind. Seine eigene Bewertung ist dabei nur ein Glied in der Reihe vieler gleichberechtigter Wertungen, mit denen er sie zu vergleichen und nach denen er sie unter Umständen zu berichtigen hat. Die eigene Wertung ist also nur Bestandteil des Erkenntnismaterials, nicht letztgültiger Erkenntnismaßstab.

Dem gemäß haben auch gerichtliche Einzelentscheidungen und Entscheidungsgruppen, durch welche der wertausfüllungsbedürftige Maßstab konkretisiert wird, Bedeutung.[8] Der Rechtsanwender hat die Möglichkeit, den zu entscheiden-

4 Vgl. den Fraktionsentwurf des Schuldrechtsmodernisierungsgesetzes: BT-Drucks. 14/6040 S. 232.

5 Unter der klassischen Subsumtionsmethode versteht man ein Schlussverfahren, bei dem die zu begründende Fallentscheidung in einer Deduktion die conclusio bildet, während die gesetzliche Rechtsnorm die erste Prämisse und der zu beurteilende Sachverhalt die zweite Prämisse dieses Schlussverfahrens bilden.

6 Vgl. *Weber* in AcP 192, 516, 526.

7 Vgl. hierzu: *Larenz* in FS für *Nikisch* S. 275, 292 ff.; *Engisch* S. 142.

8 Vgl. *Engisch* S. 165 f.

den Fall mit bereits entschiedenen oder auch zweifelsfrei zu entscheidenden Fällen zu vergleichen, um daraus einen Maßstab zu gewinnen.[9]

Zudem kann eine entwickelte Lehre dem Rechtsanwender die von ihm vorzunehmende Wertung erleichtern, wenn in dieser Lehre der allgemeine Rechtsgedanke des wertausfüllungsbedürftigen Maßstabes konkretisiert wird; z. B. indem der allgemeine Rechtsgedanke nach verschiedenen Richtungen hin entfaltet und an einer Reihe von typischen Fällen durchgeführt wird.[10]

Eine Konkretisierung des Begriffes der unverhältnismäßigen Kosten in § 439 Abs. 3 S. 1 BGB soll ein Ziel dieser Arbeit sein.

Zur Konkretisierung des Begriffes der unverhältnismäßigen Kosten in § 439 Abs. 3 S. 1 BGB soll an die vorangegangene Rechtsprechung zum Begriff des unverhältnismäßigen Aufwands in § 633 Abs. 2 S. 3 BGB a. F. angeknüpft und geprüft werden, ob und ggf. inwieweit von einer Übertragbarkeit hierzu entwickelter Grundsätze auf den wertausfüllungsbedürftigen Maßstab in § 439 Abs. 3 S. 1 BGB auszugehen ist.

Die von der Rechtsprechung zum Begriff des unverhältnismäßigen Aufwands in § 633 Abs. 2 S. 3 BGB a. F. entwickelten Grundsätze bieten sich zur Konkretisierung des wertausfüllungsbedürftigen Maßstabes der unverhältnismäßigen Kosten in § 439 Abs. 3 S. 1 BGB an.

Hier wie dort ging bzw. geht es um das Recht des zur Nacherfüllung Verpflichteten, die (gewählte Art der) Nacherfüllung zu verweigern, wenn deren Vornahme dem Verpflichteten unzumutbar war bzw. ist.

Ausweislich der Gesetzesmaterialien wurde § 439 Abs. 3 S. 1 BGB zudem ausdrücklich an die entsprechende Regelung des bisherigen § 633 Abs. 2 S. 3 BGB a. F. im Werkvertragsrecht angelehnt. Mit Blick auf die Formulierung in Art. 3 Abs. 3 Satz 2 der Verbrauchsgüterkaufrichtlinie[11] wurde lediglich das Wort „Aufwand“ durch die Bezeichnung „Kosten“ ersetzt. [12]

Die unterschiedliche Terminologie von § 633 Abs. 2 S. 3 BGB a. F. („Aufwand“) und § 439 Abs. 3 S. 1 BGB („Kosten“) schließt die zu § 633 Abs. 2 S. 3 BGB a. F. entwickelten Grundsätze als möglichen Maßstab zur Konkretisierung nicht aus.[13] In beiden Fällen geht es um die zum Zwecke der Nacherfüllung erforderlichen Aufwendungen, die der Verkäufer gem. § 439 Abs. 2 BGB zu tragen

---

9 Vgl. *Larenz* in FS für *Nikisch* S. 275, 292.

10 Vgl. *Larenz* in FS für *Nikisch* S. 275, 297.

11 Genau: Richtlinie 1999/44/EG zu bestimmten Aspekten des Verbrauchsgüterkaufs und der Garantien für Verbrauchsgüter. Im Folgenden auch: Verbrauchsgüterkaufrichtlinie bzw. RL.

12 Vgl. z. B. den Fraktionsentwurf: BT-Drucks. 14/6040 S. 232.

13 Vgl. auch *Jacobs* in *Dauner-Lieb/Konzen/K. Schmidt* S. 371, 383; *Buck* in *Westermann* S. 105,131 (Fn. 90); *Westermann* in MüKo 4. Aufl. § 439 Rn. 20.

hat und der Unternehmer gem. §§ 633 Abs. 2 S. 2 i. V. m. 476 a BGB a. F. zu tragen hatte. Bei Unverhältnismäßigkeit gerade dieser Aufwendungen begründet(e) sich das jeweilige Leistungsverweigerungsrecht. Die Begriffe „Aufwand" und „Kosten" entsprachen bzw. entsprechen also dem vorerwähnten Aufwendungsbegriff. Sie sind insoweit deckungsgleich. Die Begriffe „Aufwand" und „Kosten" unterscheiden sich nur dahingehend, dass bei der Anwendung des Begriffes der „Kosten" die zu tätigenden Aufwendungen in Geldmitteln zu messen sind, während deren Erfassung als „Aufwand" auch auf andere Weise denkbar ist.

Eine Konkretisierung des wertausfüllungsbedürftigen Maßstabs der unverhältnismäßigen Kosten in § 439 Abs. 3 S. 1 BGB durch Übertragung der zu § 633 Abs. 2 S. 3 BGB a. F. von der Rechtsprechung entwickelten Grundsätze dürfte jedoch nur in Betracht kommen, wenn diese im reformierten Werkvertragsrecht fortgelten, also auch auf den Begriff der unverhältnismäßigen Kosten in § 635 Abs. 3 BGB anwendbar sind. Dieser Frage wird deshalb nachzugehen sein.

Weitere Voraussetzung für eine Übertragung der Grundsätze ist, dass sich Kauf- und Werkvertragsrecht hinreichend gleichen. Dies soll anhand einer vergleichenden Analyse des Kauf- und Werkvertragsrechts geprüft werden.

Im Rahmen dieser vergleichenden Analyse des Kauf- und Werkvertragsrechts wird zu klären sein, ob weitere, zum alten werkvertraglichen Nacherfüllungsanspruch entwickelte Grundsätze auch auf den neuen kaufrechtlichen zur Anwendung zu bringen sind.

Dies ist das weitere Ziel dieser Arbeit.

Namentlich geht es um folgende Grundsätze:

- Vorteilsausgleichung;
- Ersatzvornahmerecht und Vorschussanspruch des Bestellers;
- Berücksichtigung von Allein- bzw. Mitverursachung des Mangels durch den Besteller;
- Berücksichtigung von „Sowieso"-Kosten.

Zunächst soll jedoch noch die Entwicklungsgeschichte des kaufrechtlichen Nacherfüllungsanspruchs gem. § 439 BGB dargestellt werden.

Erster Teil: Der „Weg“ zum kaufrechtlichen Nacherfüllungsanspruch gem. § 439 BGB

Der „Weg“ zum kaufrechtlichen Nacherfüllungsanspruch im Sinne des § 439 BGB, d. h. bis zu seiner Kodifizierung durch das Schuldrechtsmodernisierungsgesetz, ist – im übertragenen, zeitlichen Sinne – lang.

A. Gutachten und Vorschläge zur Überarbeitung des Schuldrechts

Seinen Anfang nimmt der Weg 1981 in den Gutachten und Vorschlägen zur Überarbeitung des Schuldrechts, genauer in den Gutachten und Vorschlägen von *U. Huber*.[14]

Das Bundesministerium der Justiz hatte seinerzeit festgestellt: Wer zum Bürgerlichen Gesetzbuch greife, um sich über das geltende Schuldrecht zu informieren, laufe Gefahr, dass er grundlegende Rechtsfragen übersehe oder unrichtig beantworte. Das Zweite Buch des BGB sei längst nicht mehr die alleinige Quelle unseres Schuldrechts. Das Schuldrecht sei in mehr als 200 Gesetze aufgesplittert und werde weitgehend durch die Ergebnisse der Rechtsprechung überlagert.[15]

Dem sollte entgegen gewirkt werden: Durch eine Überarbeitung des Schuldrechts seien Geschlossenheit und Übersichtlichkeit wieder herzustellen und der bereits eingetretene Wandel der bürgerlichen zur sozialen Rechtsordnung im Zweiten Buch des BGB sichtbar zu machen.[16]

I. Feststellungen U. Hubers

Mit der Klärung der Fragen, die eine solche Überarbeitung des Schuldrechts aufwarfen, beauftragte das Bundesministerium der Justiz unter anderen *U. Huber*.

U. Huber kam zu dem Ergebnis, dass eine Modernisierung des kaufrechtlichen Gewährleistungsrechts aufgrund der seit Inkrafttreten des BGB eingetrete-

---

14 Vgl. *U. Huber* in Gutachten und Vorschläge zur Überarbeitung des Schuldrechts Band I S. 647 ff. (Leistungsstörungen) und S. 911 ff. (Kaufvertrag).

15 So der damalige Bundesjustizminister *Schmude* in Gutachten und Vorschläge zur Überarbeitung des Schuldrechts Band I S. V.

16 Vgl. *Schmude* a. a. O. (Fn. 15).

nen technischen, wirtschaftlichen und juristischen Entwicklungen dringend geboten sei[17].

Eine Schwachstelle des seinerzeit geltenden Sachmängelrechts liege insbesondere im Fehlen eines gesetzlichen Nachbesserungsanspruchs des Käufers. Insoweit sei das geltende Recht durch die technische Entwicklung überholt. Gegenstand von Kaufverträgen – sei es von gewerblichen oder von Verbraucherverträgen – seien in einem weitgehenden, bei Erlass des BGB offenbar nicht voraussehbaren und jedenfalls nicht vorausgesehenen Maß komplex zusammengesetzte technische Geräte. Der Verkäufer sei entweder selbst Hersteller oder erfülle als Händler zugleich Wartungsaufgaben oder habe jedenfalls Zugang zum Hersteller. Die Sachmängel ließen sich regelmäßig durch Reparatur oder durch Auswechselung schadhafter Einzelteile beheben. Der Käufer erwarte, dass der Verkäufer derartige Nachbesserungen vornehme oder veranlasse. Die allgemeinen Geschäftsbedingungen gewährten vielfach ein Nachbesserungsrecht als einzigen oder zumindest primären Rechtsbehelf. Das BGB stehe in diesem Punkt mit der Verkehrssitte und dem allgemeinen Rechtsbewusstsein nicht mehr im Einklang.[18]

Gleichzeitig befürwortete *U. Huber* auch ein Recht des Verkäufers zur Nacherfüllung: Es existiere ein offensichtliches Interesse des Verkäufers daran, nach Lieferung einer mangelhaften Sache zunächst einmal den Mangel durch Nachbesserung oder Nachlieferung zu beheben. Dieses Interesse sei, wo die Behebung des Mangels möglich und für den Käufer nicht mit unzumutbaren Schwierigkeiten verbunden sei, legitim. Beim Kauf komplexer technischer Geräte sei die Wandelung, wenn der Fehler sich durch die Auswechselung einzelner Teile oder durch Reparatur beheben lasse, als primärer Rechtsbehelf viel zu weit gehend. Beim Kauf einfacher Gattungsware gelte Entsprechendes. Es sei dem Käufer, der im Laden ein fehlerhaftes Stück bekommen habe, zuzumuten, sich auf Umtausch einzulassen. Dass dies der richtige Rechtsbehelf sei, entspreche der Verkehrssitte und der allgemeinen Rechtsüberzeugung. Auch im geschäftlichen Verkehr bestehe kein Grund, dem Käufer das Recht zu geben, auf einen Fehler mit der sofortigen Stornierung des Auftrags zu reagieren. Der Käufer werde von seinem sofortigen Wandelungsrecht im Allgemeinen nur Gebrauch machen, wenn ihm der Fehler willkommen sei, weil ihn der Kauf reue. Dieses Interesse des Käufers sei nicht schützenswert.[19]

---

17 Vgl. *U. Huber* in Gutachten und Vorschläge zur Überarbeitung des Schuldrechts Band I S. 915.

18 Vgl. *U. Huber* a. a. O. (Fn. 17).

19 Vgl. *U. Huber* a. a. O. (Fn. 17) S. 915 f.

II. Vorschlag U. Hubers

Folgende Fassung eines „Anspruchs auf Behebung des Mangels" schlug *U. Huber* vor:

§ 461 a:

(1) Ist die Sache mangelhaft, so kann der Käufer verlangen, dass der Verkäufer den Sachmangel behebt, indem er den fehlenden Teil der Sache oder Sachmenge oder, wenn die Sache nur der Gattung nach bestimmt ist, eine andere dem Vertrag entsprechende Sache liefert (Nachlieferung) oder indem er, sofern dies möglich ist, die Sache in einen mangelfreien Zustand versetzt (Nachbesserung). Der Verkäufer kann die Nachbesserung verweigern, wenn sie einen unverhältnismäßigen Aufwand erfordert oder wenn er sie nicht mit eigenen Mitteln bewirken kann. Der Käufer ist berechtigt, die Annahme der Nachbesserung zu verweigern, wenn sie ihm nicht zuzumuten ist.

(2) Lässt der Mangel sich sowohl durch Nachlieferung als auch durch Nachbesserung beheben, so steht das Wahlrecht dem Verkäufer zu.

(3) Der Verkäufer hat die zum Zweck der Nachlieferung und Nachbesserung erforderlichen Aufwendungen, insbesondere Transport- Wege-, Arbeits- und Materialkosten zu tragen. Dies gilt nicht, soweit die Aufwendungen sich erhöhen, weil die gekaufte Sache nach der Lieferung nach einem anderen Ort als den Wohnsitz oder die gewerbliche oder berufliche Niederlassung des Empfängers verbracht worden ist, es sei denn, das Verbringen entspricht dem bestimmungsgemäßen Gebrauch der Sache.

(4) Für den Anspruch auf Nachlieferung gelten die §§ 346 bis 356, für den Anspruch auf Nachbesserung die §§ 349, 355 und 356 sinngemäß.

III. Erläuterungen U. Hubers

Zu seinem Vorschlag führte *U. Huber* unter anderem Folgendes aus:[20]

Absatz 1 Satz 1 gebe dem Käufer nach dem Vorbild von § 42 Abs. 1 EKG[21] drei Ansprüche: Anspruch auf Lieferung des fehlenden Teils oder der fehlenden Teilmenge bei unvollständiger Lieferung; den Anspruch auf Lieferung von Ersatzware, der naturgemäß nur beim Gattungskauf in Betracht käme; den Anspruch auf Nachbesserung, sofern diese möglich sei.

20 Vgl. *U. Huber* a. a. O. (Fn. 17) S. 875 ff.

21 Einheitliches Gesetz über den internationalen Kauf beweglicher Sachen vom 17.07.1973 (BGBl. I S. 856); erlassen zur Ausführung des Haager Übereinkommens vom 01.07.1964. Aufgehoben mit der Ratifizierung des Übereinkommens der Vereinten Nationen über Verträge über den internationalen Warenkauf, CISG.

Absatz 1 Satz 2 gebe dem Verkäufer das Recht, die Nachbesserung in zwei Fällen zu verweigern. Nämlich, wenn sie nur mit unverhältnismäßigem Aufwand möglich sei oder wenn der Verkäufer sie mit eigenen Mitteln nicht bewirken könne. Der erste Verweigerungsgrund sei aus § 633 Abs. 2 S. 3 BGB (a. F.) übernommen. Der zweite Verweigerungsgrund schütze den Verkäufer, der nicht selbst Hersteller oder Erzeuger sei.

Absatz 1 Satz 3 entspreche in der Sache § 634 Abs. 2 BGB (a. F.). In der Formulierung lehne die Bestimmung sich mehr an Art. 44 Abs. 1 EKG an.

Zu Absatz 2: Dass in Fällen, in denen Nachlieferung und Nachbesserung gleich geeignet seien, den Mangel zu beheben, das Wahlrecht dem Verkäufer zustehe, entspreche dem allgemeinen Prinzip des § 262 BGB und dem Sinn des Anspruchs. Der Käufer habe ein Recht darauf, eine mangelfreie Sache zu bekommen. Wie der Verkäufer das bewerkstellige, sei seine Sache.

Absatz 3 übernehme den bisherigen § 476 a BGB (a. F.).

Zu Absatz 4: Die Verweisung auf die Bestimmungen des Rücktrittsrechts entspreche, soweit es um den Anspruch auf Nachlieferung gehe, im Prinzip dem geltenden Recht (§ 480 Abs. 1 S. 2 BGB (a. F.)). Hinsichtlich des Nachbesserungsanspruches besage die Verweisung des Absatzes 4, dass der Käufer, der Nachbesserung verlange, hieran bis auf weiteres gebunden sei, und dass der Verkäufer den Nachbesserungsanspruch, wie den Nachlieferungsanspruch, durch Setzung einer „Gegenfrist" ausschließen könne.

B. Abschlußbericht der Kommission zur Überarbeitung des Schuldrechts

Nach Erstattung der Gutachten und Vorschläge zur Überarbeitung des Schuldrechts wurde die sog. Kommission zur Überarbeitung des Schuldrechts[22] einberufen.

I. Feststellungen der Schuldrechtskommission

Der Abschlußbericht der Schuldrechtskommission wurde 1992 veröffentlicht.

Auch die Schuldrechtskommission hielt die Vorschriften über die kaufrechtlichen Gewährleistungsansprüche für überarbeitungsbedürftig[23].

Im Rahmen einer Bestandsaufnahme des seinerzeit geltenden Rechts bemängelte die Schuldrechtskommission wie zuvor *U. Huber* insbesondere, dass es we-

22 Im Folgenden: Schuldrechtskommission.
23 Vgl. Abschlußbericht S. 20.

der ein (umfassendes[24]) Nacherfüllungsrecht des Käufers noch ein Recht des Verkäufers zur „zweiten Andienung“ gebe:

Die Gewährleistungsvorschriften des geltenden Rechts beruhten auf dem historischen Vorbild der Regeln, mit denen im römischen Recht dem Käufer ein Anspruch auf sofortige Rückzahlung oder Minderung des Kaufpreises eingeräumt worden sei, wenn er auf offenem Markt Zugvieh oder Sklaven mit „unbehebbaren Mängeln“ erworben hatte. Daher kenne das geltende Gewährleistungsrecht – mit einer Ausnahme beim Gattungskauf – weder ein Recht des Käufers auf Nacherfüllung noch eine Befugnis des Verkäufers, durch Nacherfüllung – ein Recht zur „zweiten Andienung“ – die weiteren Rechtsbehelfe des Käufers abzuwenden. Dies stimme nicht mit dem allgemeinen Rechtsbewusstsein überein und widerspreche den Bedürfnissen des heutigen Handels mit industriellen Massengütern. Der Käufer, der eine mangelhafte Sache erhalten habe, habe nicht primär ein Interesse an der Rückgängigmachung des Kaufs oder an der Herabsetzung des Kaufpreises. Ihm müsse es vor allem darum gehen, eine mangelfreie Sache zu bekommen. Dieses Interesse könne in den meisten Fällen – auch beim Stückkauf – durch Nachbesserung oder Lieferung einer anderen, gleichartigen Sache befriedigt werden. Beim Gattungskauf entspreche auch die Neulieferung häufig nicht den Interessen des Käufers, weil dieser die Sache behalten wolle und Reparatur wünsche. Dem Käufer einer bereits fest installierten Maschine sei in der Regel mit Wandelung oder Minderung nicht gedient, sondern nur mit einer Reparatur an Ort und Stelle. Wenn der Käufer sofort zur Wandelung oder Minderung berechtigt sei, ohne dass der Verkäufer dies durch Nachbesserung oder Neulieferung abwenden könne, so entspreche das nicht den berechtigten Verkäuferinteressen und sei auch volkswirtschaftlich nicht sinnvoll.[25]

II. Vorschlag der Schuldrechtskommission

Folgende Fassung eines Nacherfüllungsanspruchs schlug die Schuldrechtskommission vor:

§ 438 BGB-KE

(1) Ist die Sache mangelhaft, so kann der Käufer Nacherfüllung verlangen. Der Verkäufer kann nach seiner Wahl den Mangel beseitigen oder, wenn es sich um eine vertretbare Sache handelt, eine mangelfreie Sache liefern.

---

24 Im Sinne eines über das bestehende Recht aus § 480 Abs. 1 S. 1 BGB a. F. hinausgehenden Anspruchs.

25 Vgl. Abschlußbericht S. 25.

(2) Der Verkäufer hat die zum Zwecke der Nacherfüllung erforderlichen Aufwendungen, insbesondere Transport-, Wege-, Arbeits- und Materialkosten zu tragen.
(3) Der Verkäufer kann die Nacherfüllung verweigern, wenn sie nur mit unverhältnismäßigen Aufwendungen möglich ist.
(4) Liefert der Verkäufer zum Zwecke der Nacherfüllung eine mangelfreie Sache, so kann er vom Käufer Rückgewähr der mangelhaften Sache nach Maßgabe der §§ 346 bis 347 BGB-KE, § 348 BGB-KE verlangen.

III. Abweichungen zum Vorschlag U. Hubers

Anders als der Vorschlag *U. Hubers* sah der Vorschlag der Schuldrechtskommission den Nachlieferungsanspruch nicht nur für der Gattung nach bestimmte Sachen vor. Nachlieferung sollte vielmehr bei vertretbaren Sachen im Sinne des § 91 BGB in Betracht kommen.[26] Der Verkäufer konnte demnach auch beim Stückkauf eine mangelfreie Sache nachliefern, wenn eine vertretbare Sache verkauft war.

Des Weiteren sah der Vorschlag der Schuldrechtskommission das Recht des Verkäufers zur Verweigerung der Nachbesserung nicht bereits dann vor, wenn er sie nicht mit eigenen Mitteln bewirken kann.[27]

Ein Recht des Käufers, die Annahme der Nachbesserung bei Unzumutbarkeit zu verweigern, war entgegen dem Vorschlag *U. Hubers* gleichfalls in dem Vorschlag der Schuldrechtskommission nicht mehr vorgesehen.[28]

Anders als *U. Huber* hatte die Schuldrechtskommission auch die Regelung des § 476 a S. 2 BGB a. F. nicht in ihren Vorschlag übernommen.[29]

---

26 In Abgrenzung zum Gattungsbegriff ist der Begriff der vertretbaren Sache objektiv zu verstehen. Da nach dem Gesetz die Anschauung des Verkehrs maßgebend ist, haben Parteivereinbarungen insoweit keine Bedeutung. Das unterscheidet vertretbare Sachen von der Gattung nach bestimmten Sachen, über deren Abgrenzung der Parteiwille entscheidet (vgl. *Heinrichs* in *Palandt* 63. Aufl. § 91 Rn. 1).

27 Der Schutz des Verkäufers, der nicht selbst Hersteller oder Erzeuger ist, werde bereits durch §§ 275, 438 Abs. 3 BGB-KE gewährleistet (vgl. Abschlußbericht S. 213).

28 Allerdings sollte der Käufer die weiteren Mängelrechte ohne Fristsetzung geltend machen können, wenn dies aus besonderen Gründen unter Abwägung der beiderseitigen Interessen gerechtfertigt sei, §§ 439 Abs. 2 i. V. m. 323 Abs. 2 (Rücktritt); 440 Abs. 1 S. 2, 439 Abs. 2 i. V. m. 323 Abs. 2 (Minderung); 441 Abs. 1 S. 2 i. V. m. 283 Abs. 2 BGB-KE (Schadensersatz).

29 § 476 a S. 2 BGB a. F., der von einem „bestimmungsgemäßen", also einem vertraglich vereinbarten Gebrauch spreche, könne für das gesetzliche Recht auf Nachbesse-

Schließlich fehlte in dem Vorschlag der Schuldrechtskommission für den Nachbesserungsanspruch die Verweisung auf Vorschriften des Rücktrittsrechts.

IV. Erläuterungen der Schuldrechtskommission

Zu ihrem Vorschlag führte die Schuldrechtskommission unter anderem Folgendes aus:[30]

Zu Absatz 1: Satz 1 bestimme, dass der Käufer Nacherfüllung verlangen könne, wenn die Sache mangelhaft sei. Die Pflicht zur Nacherfüllung treffe den Verkäufer unabhängig davon, ob er den Mangel zu vertreten habe oder nicht. Satz 2 erläutere, dass Nacherfüllung entweder in der Form der Beseitigung des Mangels oder – bei vertretbaren Sachen i. S. d. § 91 BGB – in der Form der ersatzweisen Lieferung einer mangelfreien Sache verlangt werden könne. Die Wahl zwischen beiden Formen der Nacherfüllung stehe dem Verkäufer zu. Die Frage, wem das Wahlrecht zustehen solle, habe die Schuldrechtskommission eingehend erörtert.

Zu Absatz 2: Die Vorschrift übernehme § 476 a Satz 1 BGB (a. F.) Eine weitergehende Regelung, nach der der Verkäufer im Rahmen der Nacherfüllung zu allem verpflichtet sei, „was vorbereitend erforderlich ist, um den Mangel an der eigenen Leistung zu beheben“, sowie zu den Arbeiten, „die notwendig werden, um nach durchgeführter Mängelbeseitigung den davor bestehenden Zustand wieder herzustellen“ (BGH NJW 1986, 922, 923), halte die Schuldrechtskommission für entbehrlich.

Ebenfalls als entbehrlich werde eine Regelung angesehen, nach der der Käufer an den Kosten der Nacherfüllung nach den Grundsätzen des § 254 BGB zu beteiligen sei, wenn er den Mangel in von ihm zu vertretender Weise mitverursacht habe. Gleiches gelte für das Problem der sog. „Sowieso“-Kosten, d. h. von Kosten, die zwar durch die Mängelbeseitigung entstehen, aber unabhängig davon entstanden wären. Derartige Detailregelungen würden das Gesetz unnötig überfrachten. Die sachgerechte Entscheidung im Einzelfall könne der Rechtsprechung überlassen werden.

Zu Absatz 3: Die Nacherfüllung könne im Einzelfall den Verkäufer unangemessen belasten. Dies gelte insbesondere für den nichtgewerblichen Verkäufer oder den Händler ohne Reparaturwerkstatt. Die Grenze der Leistungspflicht solle – über das Leistungsverweigerungsrecht nach § 275 BGB-KE[31] hinaus – bereits

---

rung nicht übernommen werden. § 438 Abs. 3 BGB-KE mache eine § 476 a S. 2 BGB a. F. entsprechende Ausnahmeregelung entbehrlich (vgl. Abschlußbericht S. 212 f.).

30 Vgl. Abschlußbericht S. 212 ff.

31 § 275 BGB-KE:

da gezogen werden, wo die Nacherfüllung unverhältnismäßige Aufwendungen erfordern würde. Die Interessenlage des Käufers gebiete es nicht, ihm den Nacherfüllungsanspruch auch dann zu geben, wenn sie vom Verkäufer unverhältnismäßige Anstrengungen erfordere. Der Käufer wird hier auf seine Ansprüche auf Rücktritt und Minderung (sowie ggf. Schadensersatz) verwiesen. Die Vorschrift übernehme die entsprechende Regelung aus § 633 Abs. 2 S. 2 BGB (a. F.)[32] für den Kaufvertrag.

Zu Absatz 4: Ohne besondere gesetzliche Regelung könne zweifelhaft sein, aufgrund welcher Vorschrift der Verkäufer die Rückgabe der mangelhaften Sache vom Käufer verlangen könne, wenn er zum Zwecke der Nacherfüllung eine mangelfreie Ersatzsache geliefert habe.

Die Kommission habe schließlich die Frage diskutiert, ob dem Käufer unter Übernahme der Regelung aus § 633 Abs. 3 BGB (a. F.) das Recht eingeräumt werden solle, den Mangel selbst zu beseitigen und Ersatz der erforderlichen Aufwendungen zu verlangen, wenn der Verkäufer mit der Pflicht zur Nacherfüllung im Verzug ist. Für eine solche Vorschrift im Kaufrecht spräche die grundsätzlich angestrebte Parallelität der Rechtsbehelfe im Kauf- und Werkvertragsrecht. Sie werde indes von der Kommission nicht vorgeschlagen, weil – anders als beim Werkvertrag – der Käufer, der die Sache behalten wolle, bei Verzug des Verkäufers mit der Mängelbeseitigung die Kosten der Mängelbeseitigung als Schadensersatz oder als Minderungsbetrag beanspruchen könne, darüber hinaus ein Interesse an einer Ersatzvornahme in der Regel aber nicht erkennbar sei (vgl. aber BGH NJW 1991, 1882).

C. Diskussionsentwurf eines Schuldrechtsmodernisierungsgesetzes

Dem 1992 veröffentlichten Abschlußbericht der Schuldrechtskommission vorangestellt war ein Vorwort des damaligen Bundesministers der Justiz, *Klaus Kinkel*. In seinem Vorwort brachte *Kinkel* abschließend seine Hoffnung zum Ausdruck, dass die Veröffentlichung des Abschlußberichts eine breite und fruchtbare Diskussion in Wissenschaft, Politik und Öffentlichkeit über die vorgeschlagene Reform auslöse und man in absehbarer Zeit zu einem Gesetzentwurf kommen werde.

Besteht die Schuld nicht in einer Geldschuld, kann der Schuldner die Leistung verweigern, soweit und solange er diese nicht mit denjenigen Anstrengungen zu erbringen vermag, zu denen er nach Inhalt und Natur des Schuldverhältnisses verpflichtet ist. Für die Rechte des Gläubigers gelten die §§ 280, 281, 283, 323 BGB-KE.

32 Zuletzt: § 633 Abs. 2 S. 3 BGB a. F.

Es dauerte bis zum 04.08.2000, bis das Bundesministerium der Justiz die erste Fassung des Diskussionsentwurfs eines Schuldrechtsmodernisierungsgesetzes[33] vorlegte.

Der Diskussionsentwurf schlug vor:

Drei Richtlinien des Europäischen Parlaments und des Rates ganz oder teilweise umzusetzen.[34]

Bei den drei Richtlinien, die umgesetzt werden sollten, handelte es sich um

- die Richtlinie 1999/44/EG vom 25.05.1999 zu bestimmten Aspekten des Verbrauchsgüterkaufs und der Garantien für Verbrauchsgüter[35] mit einer Umsetzungsfrist bis zum 31.12.2001;
- die Richtlinie 2000/35/EG vom 29.06.2000 zur Bekämpfung von Zahlungsverzug im Geschäftsverkehr[36] mit einer Umsetzungsfrist bis zum 07.08.2002;
- die Richtlinie 2000/31/EG vom 08.06.2000 über bestimmte rechtliche Aspekte der Dienste der Informationsgesellschaft, insbesondere des elektronischen Geschäftsverkehrs im Binnenmarkt,[37] deren Art. 10, 11, 18 bis zum 16.01. 2002 umzusetzen waren.

Vorbenannte Richtlinien, insbesondere die Verbrauchsgüterkaufrichtlinie, wurden mit ihren relativ engen zeitlichen Umsetzungsvorgaben zum eigentlichen Motor der Schuldrechtsreform.

Der Diskussionsentwurf schlug weiter vor, die vorbenannten Richtlinien im Wesentlichen durch die Verwirklichung der Vorschläge der Schuldrechtskommission umzusetzen.[38]

Schließlich schlug der Diskussionsentwurf vor, alle vertragsrechtlichen Sondergesetze neben dem BGB aufzuheben und in das BGB zu integrieren, um die Bedeutung des BGB als zentrale zivilrechtliche Kodifikation wiederherzustellen bzw. zu stärken.[39]

I. Feststellungen der Verfasser des Diskussionsentwurfs

Auch der Diskussionsentwurf hielt die Vorschriften über das kaufrechtliche Gewährleistungsrecht für überarbeitungsbedürftig[40] und bemängelte insbesondere

---

33 BMJ, Referat I B 2, 3420/12-4.
34 Vgl. Diskussionsentwurf S. 166.
35 Abl. EG 1999 Nr. L 171 S. 12.
36 Abl. EG 2000 Nr. 200 S. 35.
37 Abl. EG 2000 Nr. L 178 S. 1.
38 Vgl. Diskussionsentwurf S. 166 f.
39 Vgl. Diskussionsentwurf S. 167.
40 Vgl. Diskussionsentwurf S. 183.

das Fehlen eines (umfassenden[41]) Nacherfüllungsanspruchs des Käufers und eines entsprechenden Nacherfüllungsrechts des Verkäufers,[42] beides im Übrigen wortgleich zum Abschlußbericht der Schuldrechtskommission.

II. Verbrauchsgüterkaufrichtlinie

Indes führte nicht nur das von den Verfassern des Diskussionsentwurfs bemängelte Fehlen eines (umfassenden) Nacherfüllungsanspruchs des Käufers bzw. eines Nacherfüllungsrechts des Verkäufers zur Aufnahme einer entsprechenden Vorschrift in den Entwurf.

Art. 3 Abs. 2 RL sah und sieht einen Anspruch des Verbrauchers auf Herstellung des vertragsgemäßen Zustands des Verbrauchsguts durch Nachbesserung oder Ersatzlieferung vor. Art. 3 Abs. 3 RL sieht vor, dass dieser Anspruch grundsätzlich zunächst das einzige Mängelrecht des Verbrauchers ist, der Verkäufer also insoweit grundsätzlich ein „Recht zur zweiten Andienung" hat.

Die Schaffung eines (umfassenden[43]) Nacherfüllungsanspruchs des Käufers und eines Nacherfüllungsrechts des Verkäufers war demnach auch aufgrund der Verbrauchsgüterkaufrichtlinie geboten.

III. Vorschlag der Verfasser des Diskussionsentwurfs

Folgende Fassung eines Nacherfüllungsanspruchs schlug der Diskussionsentwurf vor:

§ 437 BGB-DiskE:

(1) Ist die Sache mangelhaft, so kann der Käufer als Nacherfüllung nach seiner Wahl die Beseitigung des Mangels oder die Lieferung einer mangelfreien Sache verlangen.

(2) Der Verkäufer hat die zum Zweck der Nacherfüllung erforderlichen Aufwendungen, insbesondere Transport-, Wege-, Arbeits-, und Materialkosten zu tragen.

(3) Der Verkäufer kann die vom Käufer gewählte Art der Nacherfüllung verweigern, wenn sie nur mit unverhältnismäßigen Aufwendungen möglich ist. Dabei sind insbesondere der Wert der Sache in mangelfreiem Zustand, die Bedeutung des Mangels und die Frage zu berücksichtigen, ob auf die andere

41 Vgl. oben: Fn. 24.
42 Vgl. Diskussionsentwurf S. 190 ff.
43 Vgl. oben: Fn. 24.

Form der Nacherfüllung ohne erhebliche Nachteile zurückgegriffen werden könnte.

(4) Liefert der Verkäufer zum Zweck der Nacherfüllung eine mangelfreie Sache, so kann er vom Käufer Rückgewähr der mangelhaften Sache nach Maßgabe der §§ 346 bis 348 verlangen.

IV. Abweichungen zum Vorschlag der Schuldrechtskommission

Anders als der Vorschlag der Schuldrechtskommission machte die Regelung des Diskussionsentwurfs die Nachlieferung nicht mehr davon abhängig, dass Gegenstand des Kaufvertrages eine vertretbare Sache ist.

Abweichend von § 438 BGB-KE sollte nach § 437 BGB-DiskE der Käufer die Wahl zwischen Nachbesserung und Nachlieferung haben.

Gem. § 438 BGB-DiskE sollte der Verkäufer nur noch die vom Käufer gewählte Art der Nacherfüllung verweigern können, wenn diese nur mit unverhältnismäßigen Aufwendungen möglich ist.[44]

Schließlich sah der Diskussionsentwurf in § 438 Abs. 3 S. 2 BGB-DiskE Kriterien vor, nach denen die Unverhältnismäßigkeit der gewählten Form der Nacherfüllung zu beurteilen ist.[45]

V. Erläuterungen der Verfasser des Diskussionsentwurfs

Zu ihrem Vorschlag führten die Verfasser des Diskussionsentwurfs unter anderem Folgendes aus:

Zu Absatz 1:[46] Absatz 1 beseitige die insoweit aufgezeigten Mängel des geltenden Rechts und diene der Umsetzung des Art. 3 Abs. 2 S. 1 RL. Gleichzeitig binde er das Haftungssystem des Verkäufers für Sachmängel in das allgemeine Leistungsstörungsrecht ein, gleiche Rechtsmängel- und Sachmängelhaftung einander an und mache die Unterscheidung zwischen Stückkauf und Gattungskauf verzichtbar. Die Neuregelung entspreche der des (seinerzeit) geltenden Rechts für den Werkvertrag in § 633 Abs. 1 und 2 BGB (a. F.).

Absatz 1 nenne nicht ausdrücklich das Recht des Verkäufers zur „zweiten Andienung". Nach dem Vorbild der derzeitigen Regelung im Werkvertragsrecht

44 Der Vorschlag der Schuldrechtskommission hatte noch vorgesehen, dass der Verkäufer die gesamte Nacherfüllung verweigern kann, wenn sie nur mit unverhältnismäßigen Aufwendungen möglich ist, § 438 Abs. 3 BGB-KE.

45 § 438 BGB-KE hatte hierzu geschwiegen.

46 Vgl. Diskussionsentwurf S. 487 ff.

(§§ 634, 635 BGB (a. F.)) ergebe sich die Möglichkeit zur „zweiten Andienung" vielmehr daraus, dass der Käufer dem Verkäufer regelmäßig eine Frist setzen müsse, bevor er weitergehende Rechte geltend machen könne.

Absatz 1 bestimme, dass der Käufer Nacherfüllung verlangen könne, wenn die Sache mangelhaft ist. Die Vorschrift gelte für Sach- und Rechtsmängel. Die Pflicht zur Nacherfüllung treffe den Käufer unabhängig davon, ob er den Mangel zu vertreten habe oder nicht. Gesetzlich sei zudem klargestellt, dass Nacherfüllung entweder in der Form der Beseitigung des Mangels oder in der Form der ersatzweisen Lieferung einer mangelfreien Sache verlangt werden könne.

Die Wahl zwischen beiden Formen der Nacherfüllung stehe dem Käufer zu. Hinsichtlich des Wahlrechts weiche der Entwurf von den Kommissionsvorschlägen ab. Maßgeblich hierfür sei zunächst, dass Art. 3 Abs. 3 S. 1 RL das Wahlrecht zwischen Ersatzlieferung und Nachbesserung ausdrücklich dem Verbraucher (Käufer) gebe. Für den Verbrauchsgüterkauf müsste daher ohnehin von dem Kommissionsvorschlag abgewichen werden. Es handele sich hierbei aber nicht um eine Regelung, deren typischer verbraucherschützender Charakter eine Aufnahme in das für jedermann geltende Kaufrecht verbieten müsste. Vielmehr gebe es gute Gründe für eine allgemeine Vorschrift entsprechenden Inhalts: Es sei der Verkäufer, der mit der Lieferung einer mangelhaften Sache seine Pflichten aus dem Kaufvertrag verletzt habe. Ohne diese Pflichtverletzung hätte der Käufer eine mangelfreie Sache bereits geliefert erhalten. Die Pflichtverletzung führe dazu, dass der Vertrag nicht wie vorgesehen abgewickelt werden könne. Deshalb sei es legitim, zunächst den Käufer entscheiden zu lassen, auf welche Weise das Vertragsziel der Lieferung einer mangelfreien Sache doch noch erreicht werden könne. Gegen Missbräuche seitens des Käufers sei der Verkäufer ausreichend durch die Möglichkeiten zur Verweigerung der Nacherfüllung gemäß § 437 Abs. 3 BGB-DiskE geschützt.

Zu Absatz 2:[47] Die Vorschrift übernehme den bisherigen § 476 a S. 1 BGB und entspreche Art. 3 Abs. 4 RL.

Zu Absatz 3:[48] Die Nacherfüllung könne im Einzelfall den Verkäufer unangemessen belasten. Dies gelte insbesondere für den nicht gewerblichen Verkäufer oder den Händler ohne Reparaturwerkstatt. Die Nacherfüllung könne dem Verkäufer zudem unmöglich sein. Art. 3 Abs. 3 S. 1 RL sehe deshalb vor, dass der Verbraucher (Käufer) Nachbesserung und Ersatzlieferung nur verlangen könne, sofern dies nicht unmöglich oder unverhältnismäßig sei. Im Falle der Unmög-

47 Vgl. Diskussionsentwurf S. 489 f.
48 Vgl. Diskussionsentwurf S. 490 f.

lichkeit gebe § 275 BGB-DiskE[49] dem Verkäufer die Möglichkeit, die Nacherfüllung zu verweigern. Im Übrigen sehe Satz 1 vor, dass die vom Käufer gewählte Art der Nacherfüllung verweigert werden könne, wenn der Verkäufer hierfür Aufwendungen machen müsse, die unverhältnismäßig seien. Es handele sich dabei um einen Grundsatz, der über den Verbrauchsgüterkauf hinaus Bedeutung habe.

Satz 1 lehne sich an die entsprechende Regelung des bisherigen § 633 Abs. 2 S. 3 BGB (a. F.) im Werkvertragsrecht an. Hierdurch sowie durch den neuen § 275 BGB-DiskE werde der Schutz des Verkäufers, der nicht selbst Hersteller oder Erzeuger sei, in ausreichendem Umfang gewährleistet. Verweigern könne der Verkäufer die gewählte Art der Nacherfüllung. Das heiße, das Verweigerungsrecht des Verkäufers beziehe sich selbstverständlich auf die von dem Käufer begehrte Art der Nacherfüllung (Nachbesserung oder Ersatzlieferung). Verlange der Käufer zum Beispiel Nachbesserung und seien die Aufwendungen des Verkäufers hierfür als unverhältnismäßig zu beurteilen, etwa weil er keine eigenen Reparaturmöglichkeiten habe, so sei damit keine Entscheidung über die Frage getroffen, ob der Käufer stattdessen Ersatzlieferung verlangen könne.

Satz 2 beruhe auf Artikel 3 Abs. 3 S. 2 RL und gebe einige Kriterien vor, anhand derer die Unverhältnismäßigkeit einer der beiden Formen der Nacherfüllung zu beurteilen sei. Beispielhaft sei als zu berücksichtigender Umstand zunächst genannt der Wert der Sache in mangelfreiem Zustand. Bei geringwertigen Sachen des Alltags werde eine Nachbesserung häufig mit unverhältnismäßigen Kosten verbunden sein, sodass in der Regel nur eine Ersatzlieferung in Betracht kommen werde (zum Beispiel Schraube mit Gewindefehler). Im Übrigen sehe Satz 2 ebenso wie Art. 3 Abs. 3 S. 2 der Verbrauchsgüterkaufrichtlinie die Bedeutung der Vertragswidrigkeit, das heiße des Mangels, als Entscheidungsmaßstab vor, und beziehe die andere Form der Nacherfüllung in die Wertungsüberlegungen zur Verhältnismäßigkeit mit ein. Könne also ein Mangel bei einer Waschmaschine durch einfaches Auswechseln einer Schraube behoben werden, so könnte eine vom Käufer verlangte Lieferung einer neuen Waschmaschine vom Verkäufer wegen damit verbundener unverhältnismäßiger Aufwendungen verweigert werden.

Zu Absatz 4:[50] Ohne besondere gesetzliche Regelung könne zweifelhaft sein, aufgrund welcher Vorschriften der Verkäufer die Rückgabe der mangelhaften Sache vom Käufer verlangen könne, wenn er zum Zwecke der Nacherfüllung eine mangelfreie Ersatzsache geliefert habe.

---

49 § 275 BGB-DiskE entsprach im Wesentlichen § 275 BGB-KE (vgl. oben: Fn. 31). Geringfügige, hier irrelevante Unterschiede gab es nur bei den Verweisungen in S. 2 der Vorschrift.

50 Vgl. Diskussionsentwurf S. 491 f.

D. Regierungs-/ Fraktionsentwurf eines Gesetzes zur Modernisierung des Schuldrechts

Auf den Diskussionsentwurf des Bundesministeriums der Justiz vom 04.08.2000 aufbauend, beschloss die Bundesregierung ihren Entwurf für ein Gesetz zur Modernisierung des Schuldrechts[51] am 09.05.2001 und leitete diesen dem Bundesrat gem. Art. 76 Abs. 2 GG zu. Zur Beschleunigung des Gesetzgebungsverfahrens brachten die Koalitionsfraktionen SPD und Bündnis 90/Die Grünen am 14.05.2001 einen in Text und Begründung gleichlautenden[52] Fraktionsentwurf[53] in den Bundestag ein.[54]

Der Diskussionsentwurf des Bundesministeriums der Justiz vom 04.08.2000 war zuvor auf zum Teil heftige Kritik gestoßen – vor allem aus den Reihen der Wissenschaft.

Insbesondere hatte man sich gegen die gleichzeitige Umsetzung der Richtlinien und der Vorschläge der Schuldrechtskommission, die sog. „große Lösung", gewandt. Wegen der von den Richtlinien vorgegebenen, kurzen Umsetzungsfristen war vielmehr vorgeschlagen worden, zunächst die sog. „kleine Lösung" zu wählen und nur die Richtlinien umzusetzen.[55]

An einem von *Reinhard Zimmermann* und *Wolfgang Ernst* am 17.11 und 18.11.2000 in Regensburg veranstalteten Symposium „Schuldrechtsmodernisierung 2001" hatten neben etlichen Zivilrechtslehrern unter anderem auch Vertreter des Bundesministeriums der Justiz teilgenommen. Letztere hatten sich der teilweise massiven Kritik an Qualität und enger zeitlicher Planung der in Aussicht genommenen Schuldrechtsreform gestellt.[56] Dem „geplanten Kaufrecht" gewidmet worden war ein Vortrag von *Daniel Zimmer*.[57] Hinsichtlich des § 437 BGB-DiskE hatte *Zimmer* ersichtlich nur bemängelt, dass das Wahlrecht des Käufers

---

51 BR-Drucks. 338/01.

52 Wegen des Gleichlauts der Entwürfe wird (auch) im Folgenden nur aus dem Fraktionsentwurf zitiert.

53 BT-Drucks. 14/6040.

54 So konnte eine öffentliche Anhörung im Bundestag bereits durchgeführt werden, bevor der sog. erste Durchgang zum Regierungsentwurf im Bundesrat beendet war (vgl. *Schmidt-Räntsch/Maifeld/Meier-Göring/Röcken* S. 14).

55 Vgl. *Ernst/Gsell* in ZIP 2000, 1410 ff., die hinsichtlich der Verbrauchsgüterkaufrichtlinie ausdrücklich für die „kleine Lösung" eintraten: Die Zeit, die zur Umsetzung der Kaufrechtsrichtlinie zur Verfügung stehe, sei entschieden zu kurz, um die deutsche Vertragsrechtsordnung in einer zukunftsfähigen Weise, die eine fortlaufende Integration der europäischen Rechtssetzungsakte in eine stimmig strukturierte Privatrechtsordnung erlaube, umzugestalten.

56 Vgl. *Gsell/Rüfner* in NJW 2001, 424.

57 Vgl. *Zimmer* in Zivilrechtswissenschaft und Schuldrechtsreform S. 191 ff.

zwischen Nachbesserung und Nachlieferung sachlich nicht gerechtfertigt sei. Soweit das Wahlrecht des Käufers für Verbrauchsgüterkaufgeschäfte nicht durch die entsprechende Richtlinie geboten sei, sei ein gerechter Interessenausgleich schon gegeben, wenn das Wahlrecht grundsätzlich dem Verkäufer überlassen bleibe.[58] Letztlich hatte sich jedoch auch *Zimmer* gegen die von dem Diskussionsentwurf vorgesehene „große Lösung" ausgesprochen: Die sachliche Berechtigung einer Schuldrechtsreform solle nicht in Zweifel gezogen werden. Es erscheine aber ungut, wenn dieses Reformvorhaben in einen zwingenden Zusammenhang mit der Umsetzung der Verbrauchsgüterkaufrichtlinie gestellt und dann unter dem von der Richtlinie ausgehenden Zeitdruck realisiert werden solle.[59]

Im Dezember 2000 hatte das Bundesministerium der Justiz eine Kommission zur Überarbeitung des Leistungsstörungsrechts einberufen. Zu dieser Kommission gehörten neben früheren Mitgliedern der Schuldrechtskommission weitere namhafte Wissenschaftler. Diese Kommission hatte sich am 17.01.2001 konstituiert. Kurz zuvor, am 15.01 und 16.01.2001, war die ebenfalls vom Bundesministerium der Justiz einberufene sog. „Bund-Länder-Arbeitsgruppe" unter Beteiligung von Richtern des Bundesgerichtshofes erstmalig zusammengetreten. Beide Gruppen arbeiteten die einzelnen Bereiche des Diskussionsentwurfs intensiv unter Berücksichtigung der umfangreichen Stellungnahmen der Verbände und Landesjustizverwaltungen durch.[60]

Im Zuge der weiteren Diskussionen war seitens des Bundesministeriums der Justiz am 06.03.2001 eine konsolidierte Fassung des Diskussionsentwurfs vorlegt worden, am 22.03.2001 eine Neufassung der konsolidierten Fassung hinsichtlich des Verjährungsrechts.

Der Regierungsentwurf[61] bzw. der in Text und Begründung gleichlautende Fraktionsentwurf[62] hatten unter Übernahme der entsprechenden Vorschläge des Diskussionsentwurfs zum Ziel:[63]

- die Umsetzung der Verbrauchsgüterkaufrichtlinie 1999/44/EG vom 25.05.1999, der Zahlungsverzugsrichtlinie 2000/35/EG vom 29.06.2000 und der E-Commerce-Richtlinie 2000/31/EG vom 08.06.2000 ganz oder teilweise;
- die Modernisierung des Schuldrechts auf der Grundlage der Vorschläge der Schuldrechtskommission;
- die Integration von schuldrechtlichen Sondergesetzen in das BGB.

---

58 Vgl. *Zimmer* a. a. O. (Fn. 57) S. 199.
59 Vgl. *Zimmer* a. a. O. (Fn. 57) S. 204.
60 Vgl. *Schmidt-Räntsch/Maifeld/Meier-Göring/Röcken* S. 12.
61 BR-Drucks. 338/01.
62 BT-Drucks. 14/6040.
63 Vgl. BT-Drucks. 14/6040 S. 79.

I. Feststellungen der Verfasser von Regierungs- bzw. Fraktionsentwurf

Unter Übernahme der entsprechenden Begründung des Diskussionsentwurfs[64] hielten Regierungs- bzw. Fraktionsentwurf die kaufrechtlichen Gewährleistungsansprüche für überarbeitungsbedürftig[65] und bemängelten insbesondere das Fehlen eines (umfassenden[66]) Nacherfüllungsanspruchs des Käufers sowie eines Nacherfüllungsrechts des Verkäufers[67].

II. Verbrauchsgüterkaufrichtlinie

Freilich führte auch hier nicht nur das bemängelte Fehlen eines (umfassenden[68]) Nacherfüllungsanspruchs des Käufers bzw. eines Nacherfüllungsrechts des Verkäufers zur Aufnahme einer entsprechenden Regelung in den Entwurf.

Die Schaffung eines (umfassenden) Nacherfüllungsanspruchs des Käufers und eines Nacherfüllungsrechts des Verkäufers waren auch durch Art. 3 Abs. 2 und Abs. 3 RL geboten.

III. Vorschlag der Verfasser von Regierungs- bzw. Fraktionsentwurf

Folgende Fassung hatte der im Regierungs- bzw. im Fraktionsentwurf enthaltene Nacherfüllungsanspruch:

§ 439 BGB-RE:

(1) Der Käufer kann als Nacherfüllung nach seiner Wahl die Beseitigung des Mangels oder die Lieferung einer mangelfreien Sache verlangen.

(2) Der Verkäufer hat die zum Zweck der Nacherfüllung erforderlichen Aufwendungen, insbesondere Transport-, Wege-, Arbeits- und Materialkosten zu tragen.

(3) Der Verkäufer kann die vom Käufer gewählte Art der Nacherfüllung auch verweigern, wenn sie nur mit unverhältnismäßigen Kosten möglich ist. Dabei sind insbesondere der Wert der Sache in mangelfreiem Zustand, die Bedeutung des Mangels und die Frage zu berücksichtigen, ob auf die andere Art der Nacherfüllung ohne erhebliche Nachteile für den Käufer zurückge-

---

64 Der bereits die Begründung des Abschlußberichts der Schuldrechtskommission übernommen hatte (vgl. oben: S. 26).

65 Vgl. BT-Drucks. 14/6040 S. 86.

66 Vgl. oben: Fn. 24.

67 Vgl. BT-Drucks. 14/6040 S. 89.

68 Vgl. oben: Fn. 24.

griffen werden könnte. Der Anspruch des Käufers beschränkt sich in diesem Fall auf die andere Art der Nacherfüllung; das Recht des Verkäufers, auch diese unter den Voraussetzungen des Satzes 1 zu verweigern, bleibt unberührt.

(4) Liefert der Verkäufer zum Zweck der Nacherfüllung eine mangelfreie Sache, so kann er vom Käufer Rückgewähr der mangelhaften Sache nach Maßgabe der §§ 346 bis 348 verlangen.

IV. Abweichungen zum Diskussionsentwurf

§ 439 BGB-RE wich nur wenig von § 437 BGB-DiskE ab:

§ 437 Abs. 1 BGB-DiskE enthielt eingangs die Formulierung: „*Ist die Sache mangelhaft, so kann der Käufer....*". Diese Formulierung enthielt § 439 BGB-RE nicht mehr. Freilich sollte auch nach dem Willen der Verfasser des Regierungs- bzw. Fraktionsentwurfs die Mangelhaftigkeit der Sache Voraussetzung des Nacherfüllungsanspruchs des Käufers sein. Dies wurde durch § 437 BGB-RE klargestellt. Hier fand sich nunmehr eingangs die schon bekannte Formulierung: „*Ist die Sache mangelhaft, kann der Käufer...*".

§ 439 Abs. 3 S. 1 BGB-RE enthielt im Vergleich zu § 437 BGB-DiskE zwei (weitere) Änderungen:

Eingefügt worden war das Wort „*auch*". Demnach sollte der Verkäufer die vom Käufer gewählte Art der Nacherfüllung auch verweigern können, wenn sie nur mit unverhältnismäßigen Kosten möglich ist.

Der Begriff der unverhältnismäßigen Kosten war ebenfalls neu.[69]

§ 439 Abs. 3 S. 3 BGB-RE war gänzlich neu eingefügt worden. Klargestellt war nunmehr die Rechtsfolge der berechtigten Verweigerung der gewählten Art der Nacherfüllung, nämlich die Beschränkung des Nacherfüllungsanspruchs des Käufers auf die andere Art der Nacherfüllung. Diese andere Art der Nacherfüllung sollte der Verkäufer unter den Voraussetzungen des § 439 Abs. 3 S. 1 BGB-RE ebenfalls verweigern können.

---

69 § 437 Abs. 3 S. 1 BGB-DiskE hatte in Übereinstimmung zu § 437 Abs. 2 BGB-DiskE noch von unverhältnismäßigen Aufwendungen gesprochen.

Die Begründungen zu § 439 BGB-RE deckten sich weitgehend mit den Ausführungen der Verfasser des Diskussionsentwurfs zu § 437 BGB-DiskE. Abweichend wurde unter anderem folgendes (nicht mehr) ausgeführt:

Zu Absatz 1:[70] Hier hatten die Verfasser des Diskussionsentwurfs noch geschrieben, die Neuregelung entspreche der des (seinerzeit) geltenden Rechts für den Werkvertrag in § 633 Abs. 1 und 2 BGB (a. F.). Diese Formulierung fand sich nicht mehr in den Begründungen zum Regierungs- bzw. Fraktionsentwurf.

Zu Absatz 2:[71] Auch in den Begründungen des Regierungs- und Fraktionsentwurfs ging man davon aus, dass eine dem § 476 a S. 2 BGB (a. F.) entsprechende Regelung entbehrlich sei. Sie würde im Übrigen für den Verbrauchsgüterkauf auch gegen Art. 3 Abs. 4 RL verstoßen. Der bisherige § 476 a S. 2 BGB führe nämlich dazu, dass die durch die Verbringung der Sache erhöhten Mehraufwendungen bei der Nachbesserung vom Verkäufer dem Käufer nicht zu erstatten seien bzw. vom Verkäufer dem Käufer in Rechung gestellt werden dürften. Die Richtlinie sehe das nicht vor, sondern verlange die Einführung einer unentgeltlichen Nacherfüllung außerhalb des Verweigerungsrechts des Verkäufers nach Art. 3 Abs. 3 RL.

Zu Absatz 3:[72] Die Unmöglichkeit der Nacherfüllung sei in § 439 Abs. 3 BGB-RE nicht besonders erwähnt. Ihre Folgen ergäben sich vielmehr aus den allgemeinen Vorschriften. Nach § 275 Abs. 1 BGB-RE[73] sei bei Unmöglichkeit der Anspruch des Käufers auf Nacherfüllung ausgeschlossen. Wenn die Unmöglichkeit sich auf eine Art der Nacherfüllung, also auf die Nachlieferung oder die Nachbesserung beschränke, so sei auch nur insoweit ein Ausschluss des Nacherfüllungsanspruchs anzunehmen (vgl. „soweit" in § 275 Abs. 1 BGB-RE). Der Anspruch des Käufers beschränke sich dann auf die noch mögliche Art der Nacherfüllung, wenn der Verkäufer nicht insoweit von einem Leistungsverweigerungsrecht etwa nach § 439 Abs. 3 S. 1 BGB-RE oder nach § 275 Abs. 2 BGB-RE[74] Gebrauch mache. Das gelte zum Beispiel im Regelfall bei dem Kauf einer bestimmten, gebrauchten Sache, sodass hier eine Nachlieferung zumeist von vornherein ausscheiden werde (vgl. auch den 16. Erwägungsgrund zur Verbrauchsgüterkaufrichtlinie).

70 Vgl. BT-Drucks. 14/6040 S. 230 f.
71 Vgl. BT-Drucks. 14/6040 S. 231.
72 Vgl. BT-Drucks. 14/6040 S. 232.
73 § 275 Abs. 1 BGB-RE entsprach im Wesentlichen dem jetzigen § 275 Abs.1 BGB.
74 § 275 Abs. 2 BGB-RE entsprach im Wesentlichen dem jetzigen § 275 Abs. 2 und 3 BGB.

Liege Unmöglichkeit nach § 275 Abs. 1 BGB-RE nicht vor, könne die Nacherfüllung doch mit einem erheblichen Aufwand verbunden sein. Dann komme nach den allgemeinen Vorschriften ein Leistungsverweigerungsrecht nach § 275 Abs. 2 BGB-RE in Betracht. Dies aber nur in besonders gelagerten Ausnahmefällen, die wertungsmäßig der Unmöglichkeit in § 275 Abs. 1 BGB-RE nahe kämen. § 439 Abs. 3 S. 1 BGB-RE stelle eine besondere Ausprägung dieses allgemeinen Rechtsgedankens im Kaufrecht und eine gegenüber § 275 Abs. 2 BGB-RE niedrigere Schwelle für die Begründung einer Einrede des Verkäufers dar. Daran sei mit der Aufnahme des Wortes „auch" in § 439 Abs. 3 S. 1 BGB-RE gedacht.

Satz 1 lehne sich an die entsprechende Regelung des bisherigen § 633 Abs. 2 S. 3 BGB im Werkvertragsrecht an, ersetze allerdings mit Blick auf die Formulierung in Art. 3 Abs. 3 S. 2 RL das Wort „Aufwand" durch die Bezeichnung „Kosten".

Satz 3 enthalte die Klarstellung des Verhältnisses der beiden Arten der Nacherfüllung zueinander. Die in § 439 Abs. 3 S. 1 BGB-RE vorgesehene Verhältnismäßigkeitsprüfung beziehe sich allein auf die vom Käufer gewählte Art der Nacherfüllung. Sei sie zu Recht von dem Verkäufer verweigert worden, so habe dies nicht einen Ausschluss des Nacherfüllungsanspruchs insgesamt zur Folge. Vielmehr beschränke sich der Nacherfüllungsanspruch dann auf die andere Art der Nacherfüllung, wenn der Verkäufer nicht auch sie verweigern könne. Erst dann könne der Käufer zurücktreten oder mindern, ggf. Schadensersatz statt der Leistung verlangen.

Zu Absatz 4[75]: Die Regelung in § 439 Abs. 4 BGB-RE rechtfertige sich daraus, dass der Käufer mit der Nachlieferung eine neue Sache erhalte und nicht einzusehen sei, dass er die zurückzugebende Sache in dem Zeitraum davor unentgeltlich nutzen können solle und so noch Vorteile aus der Mangelhaftigkeit ziehe. Von Bedeutung sei die Nutzungsherausgabe ohnehin nur in Fällen, in denen der Käufer die Sache trotz der Mangelhaftigkeit noch nutzen könne.

Mit der Verbrauchsgüterkaufrichtlinie sei eine derartige Verpflichtung des Käufers vereinbar. Zwar bestimme deren Art. 3 Abs. 2 ausdrücklich den Anspruch des Verbrauchers auf eine „unentgeltliche" Herstellung des vertragsgemäßen Zustands. Das bedeute nach deren Art. 3 Abs. 4, dass der Verkäufer die „für die Herstellung des Verbrauchsgutes notwendigen Kosten" zu tragen habe. Der vertragsgemäße Zustand werde indes durch die Lieferung der neuen Ersatzsache hergestellt. Dass der Käufer hierfür keine Kosten zu tragen habe, ergebe sich aus § 439 Abs. 2 BGB-RE. Zu den Kosten könne aber nicht die Herausgabe von Nutzungen der vom Verbraucher benutzten mangelhaften Sache gezählt werden.

---

75 Vgl. BT-Drucks. 14/6040 S. 232 f.

Diese Wertung werde durch den 16. Erwägungsgrund zur Verbrauchsgüterkaufrichtlinie bestätigt. Danach könnten die Mitgliedsstaaten vorsehen, dass „eine dem Verbraucher zu leistende Erstattung gemindert werden könne, um der Benutzung der Ware Rechnung zu tragen, die durch den Verbraucher seit ihrer Lieferung erfolgt ist". Auch wenn diese Ausführungen durch die Bezugnahme auf die Minderung einer „dem Verbraucher zu leistenden Erstattung" unmittelbar auf die Rückabwicklung des Vertrags nach dessen Auflösung bezogen seien, so zeigten sie doch, dass die Richtlinie eine derartige Verpflichtung des Verbrauchers ausdrücklich billige. Die Interessenlage sei bei der Rückgabe einer mangelhaften Sache im Zusammenhang mit einer Nachlieferung durch den Verkäufer nicht anders. Die Verbrauchsgüterkaufrichtlinie regele derartige Abwicklungsfragen eben nicht (vgl. auch den 15. Erwägungsgrund, Satz 2).

E. Weiteres Gesetzgebungsverfahren

Das weitere Gesetzgebungsverfahren gestaltete sich wie folgt:

I. Stellungnahme des Bundesrates

Die Stellungnahme des Bundesrates[76] zu dem ihm gem. Art. 76 Abs. 2 GG zugeleiteten Regierungsentwurf erfolgte am 13.07.2001.

Zu § 439 BGB-RE führte der Bundesrat Folgendes aus:[77]

Das Wort „auch" in § 439 Abs. 3 S. 1 BGB-RE sei irreführend und solle durch die Formulierung „unbeschadet des § 275 Abs. 2" ersetzt werden.

Des Weiteren bat der Bundesrat, im weiteren Gesetzgebungsverfahren zu prüfen, ob die in der Begründung enthaltene Aussage, die mit der Nacherfüllung in der Form der Nachbesserung verbundenen Aufwendungen könnten insbesondere Händler ohne Reparaturwerkstatt unangemessen belasten, sachgerecht sei.

Der Bundesrat verstehe die Regelung in § 439 Abs. 3 S. 1 und 2 BGB-RE unter Berücksichtigung von Art. 3 Abs. 3 der Richtlinie 1999/44/EG so, dass der Verkäufer die gewählte Form der Nacherfüllung wegen Unverhältnismäßigkeit verweigern könne, wenn die Kosten unter Berücksichtigung der Kriterien in Satz 2 für ihn unzumutbar wären. Für die in der Begründung erwähnte Fallkonstellation, dass der Händler keine Reparaturwerkstatt habe, könne dies im Einzelfall bedeuten, dass eine Nachbesserung mit unverhältnismäßigen Kosten verbunden wä-

76 Anlage 2 zur BT-Drucks. 14/6857.
77 Vgl. BT-Drucks. 14/6857 S. 27.

re. Das müsse aber nicht stets so sein. Für einen Gebrauchtwagenhändler, der keine eigene Reparaturwerkstatt habe, könne eine Nachbesserung durchaus zumutbar sein, zumal die Kosten für eine Nachbesserung in der Werkstatt eines Fremdunternehmers betriebswirtschaftlich nicht höher sein müssten als die Nachbesserung in der eigenen Werkstatt.

II. Gegenäußerung der Bundesregierung

Die Gegenäußerung der Bundesregierung[78] erfolgte am 29.08.2001 zeitgleich mit der Abschlusssitzung der Kommission zur Überarbeitung des Leistungsstörungsrechts.

Dem vorbenannten Vorschlag des Bundesrates, in § 439 Abs. 3 S. 1 BGB-RE das Wort „auch" durch die Formulierung „unbeschadet des § 275 Abs. 2" zu ersetzen, stimmte die Bundesregierung zu.[79]

Zu der hinsichtlich der Begründung zu § 439 Abs. 3 BGB-RE erhobenen Prüfbitte führte die Bundesregierung aus:[80] Die Bundesregierung folge dem Verständnis des Bundesrates von den Einredevoraussetzungen nach § 439 Abs. 3 S. 1 BGB-RE. Aus der Begründung des Regierungsentwurfs ergebe sich lediglich, dass bei einem Händler ohne eigene Reparaturwerkstatt die Annahme unverhältnismäßiger Kosten eher nahe liege, als wenn ein Händler über eigene Reparaturmöglichkeiten verfüge. Letztlich sei die Anwendung des § 439 Abs. 3 S. 1 BGB-RE aber immer eine Frage des Einzelfalls.

III. Beschlussempfehlung des Rechtsausschusses

Am 25.09.2001 verabschiedete der Rechtsausschuss des Deutschen Bundestages seine Beschlussempfehlung an den Bundestag[81], nachdem er am 02.07 und 04.07.2001 Sachverständigenanhörungen durchgeführt hatte.

Zuvor hatte am 11.09.2001 auch die Abschlusssitzung der „Bund-Länder-Arbeitsgruppe" stattgefunden.

In seiner Beschlussempfehlung an den Bundestag hatte der Rechtsausschuss der Stellungnahme des Bundesrates zu der Änderung des § 439 Abs. 3 BGB-RE, der sich die Bundesregierung in ihrer Gegenäußerung angeschlossen hatte, er-

78 Anlage 3 zur BT-Drucks. 14/6857.
79 Vgl. BT-Drucks. 14/6857 S. 61.
80 Vgl. BT-Drucks. 14/6857 S. 61.
81 BT-Drucks. 14/7052.

gänzt um eine redaktionelle Anpassung an die geänderte Absatzfolge des § 275 BGB entsprochen:[82] Das Wort „auch“ in § 439 Abs. 3 S. 1 BGB-RE sollte gem. der Beschlussempfehlung des Rechtsausschusses ersetzt werden durch die Formulierung „unbeschadet des § 275 Abs. 2 und Abs. 3“.[83]

IV. Verabschiedung, Veröffentlichung, Inkrafttreten

Am 11.10.2001 wurde das Gesetz zur Modernisierung des Schuldrechts im Bundestag verabschiedet. Am 29.11.2001 wurde es im Bundesgesetzblatt veröffentlicht.[84] Am 01.01.2002 trat das Gesetz in Kraft.

---

82 Vgl. BT-Drucks. 14 /7052 S. 197.
83 Vgl. BT-Drucks. 14/7052 S. 41.
84 BGBl. I S. 3138.

Zweiter Teil: Zur Übertragbarkeit der zum Begriff des unverhältnismäßigen Aufwands in § 633 Abs. 2 S. 3 BGB a. F. entwickelten Grundsätze auf den wertausfüllungsbedürftigen Maßstab der unverhältnismäßigen Kosten in § 439 Abs. 3 S. 1 BGB

In diesem (Haupt-)Teil der Arbeit soll untersucht werden, ob und ggf. inwieweit eine Konkretisierung des wertausfüllungsbedürftigen Maßstabs der unverhältnismäßigen Kosten in § 439 Abs. 3 S. 1 BGB vorgenommen werden kann – und zwar durch Übertragung der zum Begriff des unverhältnismäßigen Aufwands in § 633 Abs. 2 S. 3 BGB a. F. durch die Rechtsprechung entwickelten Grundsätze.

Im Übrigen wird geklärt werden, ob und ggf. inwieweit weitere, zum alten werkvertraglichen Nacherfüllungsanspruch entwickelte Grundsätze auch auf den neuen kaufrechtlichen Nacherfüllungsanspruch zur Anwendung zu bringen sind. Im Einzelnen sind dies folgende Grundsätze:

- Vorteilsausgleichung;
- Ersatzvornahmerecht und Vorschussanspruch des Bestellers;
- Berücksichtigung von Allein- bzw. Mitverursachung des Mangels durch den Besteller;
- Berücksichtigung von „Sowieso"-Kosten.

Zur Erreichung der vorerwähnten Ziele der Arbeit sollen zunächst die zum Begriff des unverhältnismäßigen Aufwands in § 633 Abs. 2 S. 3 BGB a. F. entwickelten Grundsätze dargestellt werden.

Im Weiteren sollen eine vergleichende Analyse des Kauf- und Werkvertragsrechts durchgeführt werden.

Anhand der Ergebnisse der vorerwähnten Analyse soll schließlich festgestellt werden, ob und ggf. inwieweit eine für die Übertragung der zu § 633 Abs. 2 S. 3 BGB a. F. entwickelten Grundsätze hinreichende Vergleichbarkeit zwischen Kauf- und Werkvertragsrecht besteht. Soweit es an einer hinreichenden Vergleichbarkeit fehlt, wird eine Konkretisierung des wertausfüllungsbedürftigen Maßstabs der unverhältnismäßigen Kosten in § 439 Abs. 3 S. 1 BGB anhand anderer Maßstäbe vorzunehmen sein.

A. Die zum Begriff des unverhältnismäßigen Aufwands in § 633 Abs. 2 S. 3 BGB a. F. von der Rechtsprechung entwickelten Grundsätze

Die zum Begriff des unverhältnismäßigen Aufwands in § 633 Abs. 2 S. 3 BGB a. F. von der Rechtsprechung entwickelten Grundsätze sind zu unterteilen in typische Fallgruppen und leitende Gesichtspunkte.

Im Rahmen typischer Fallgruppen werden bestimmte, eben in eine Fallgruppe fallende Sachverhalte bei der Anwendung wertausfüllungsbedürftiger Maßstäbe regelhaft gleichbehandelt.[85]

Nur wenn die Umstände des Einzelfalls von den in die jeweilige Fallgruppe fallenden Sachverhalten abweichen, ist eine einzelfallbezogene Interessenabwägung vorzunehmen.[86] Bei dieser Interessenabwägung kommen sodann leitende Gesichtspunkte[87] zur Anwendung.

I. Fallgruppen

Zwei Fallgruppen hat die Rechtsprechung zum Begriff des unverhältnismäßigen Aufwands in § 633 Abs. 2 S. 3 BGB a. F. herausgearbeitet.

1. „Berechtigtes Interesse an der Nacherfüllung"

In die erste Fallgruppe fallen Sachverhalte, bei denen der Besteller ein objektiv berechtigtes Interesse an der Nachbesserung hat,[88]. Ein solches Interesse ist vor allem anzunehmen, wenn eine spürbare Beeinträchtigung der Funktionsfähigkeit des Werkes vorliegt.

Regelmäßig sollte die Nachbesserung in diesen Fällen nicht gem. § 633 Abs. 2 S. 3 BGB a. F. verweigert werden können.[89]

Habe der Besteller von der Nachbesserung einen beachtlichen Vorteil, so könne es keine Rolle spielen, dass die dafür erforderlichen Aufwendungen wesentlich höher seien als für die ursprünglich zu erbringende Leistung.[90]

Diese Auslegung ergebe sich aus der vertraglichen Risikoverteilung. Der Unternehmer trage grundsätzlich das Erfüllungsrisiko für die versprochene Leistung und zwar ohne Rücksicht auf den dafür erforderlichen Aufwand. Er könne dage-

---

85 Eine typische, zum wertausfüllungsbedürftigen Maßstab des § 138 Abs. 1 BGB entwickelte Fallgruppe ist z. B. die der aus emotionaler Verbundenheit übernommenen, krass überfordernden Bürgschaften. Sie sind in der Regel sittenwidrig (vgl. hierzu *Heinrichs* in *Palandt* 63. Aufl. § 138 Rn. 38 b).

86 Vgl. *Schmalz* S. 115.

87 Ein leitender Gesichtspunkt kann z. B. das Verschulden einer Partei bei der Bewertung ihres Verhaltens als unzulässige Rechtsausübung sein (vgl. hierzu *Heinrichs* in *Palandt* 63. Aufl. § 242 Rn. 39).

88 Vgl. BGH in NJW 1996, 3269, 3270; in WM 1997, 1585, 1586; in NZBau 2002, 338, 340.

89 Vgl. BGH in NJW 1996, 3269; *Werner/Pastor* Rn. 1576; so wohl auch: *Soergel* in MüKo § 633 Rn. 136; *A. Teichmann* in *Soergel* § 633 Rn. 10.

90 Vgl. BGH in NJW 1995, 1836, 1837.

gen nicht einwenden, dieser sei höher oder auch unverhältnismäßig höher als der vereinbarte Preis. Vielmehr sei er grundsätzlich bis an die Grenze des Wegfalls der Geschäftsgrundlage zu jedem erforderlichen Aufwand verpflichtet. Diese Risikoverteilung werde nicht dadurch verändert, dass der Unternehmer mangelhaft leiste.[91]

2. *„Vorsätzliche Herbeiführung des Mangels"*

In die zweite Fallgruppe fallen Sachverhalte, bei denen der zu beseitigende Mangel durch den Unternehmer vorsätzlich verursacht wurde. Auch hier sollte dem Unternehmer die Verweigerung der Nachbesserung regelmäßig versagt bleiben.[92]

Die Rechtswohltat des § 633 Abs. 2 S. 3 BGB a. F. könne nicht für sich in Anspruch nehmen, wer seiner vertraglichen Verpflichtung vorsätzlich zuwidergehandelt habe.[93]

II. Leitende Gesichtspunkte

Für Sachverhalte außerhalb der vorbenannten Fallgruppen waren im Rahmen der dann in jedem Fall vorzunehmenden Interessenabwägung die Aufwendungen für die Beseitigung eines Werkmangels dann unverhältnismäßig, wenn der damit in Richtung auf die Beseitigung des Mangels zu erzielende Erfolg oder Teilerfolg bei Abwägung aller Umstände des Einzelfalls in keinem vernünftigen Verhältnis zur Höhe des dafür gemachten Geldaufwands stand.[94]

Als leitende Gesichtspunkte bei der im Rahmen von § 633 Abs. 2 S. 3 BGB a. F. vorzunehmenden Interessenabwägung waren anerkannt:

---

91 Vgl. BGH in NJW 1996, 3269, 3270.

92 Vgl. Hans. OLG in MDR 1974, 489; *Seiler* in *Erman* 10. Aufl. § 633 Rn. 31; *A. Teichmann* in *Soergel* § 633 Rn. 10; a. A. *Peters* in *Staudinger* Neubearbeitung 2000 § 633 Rn. 193; weitergehend, auch für grob fahrlässiges Verhalten: vgl. OLG Düsseldorf in NJW-RR 1987, 1167; *Werner/Pastor* Rn. 1576.

93 Vgl. Hans. OLG in MDR 1974, 489 (für einen Fall, in dem der Unternehmer vertragswidrig billigeres Material verwandt hatte).

94 Vgl. BGHZ 59, 365, 367 f.; 96, 111, 123; BGH in NJW 1995, 1836, 1837; in WM 1997, 1585, 1586; in NZBau 2002, 338, 339.

- die Schwere des (objektiven) Vertragsverstoßes;[95]
- ein zusätzlich vorliegendes Verschulden des Unternehmers hinsichtlich des zu beseitigenden Mangels;[96]
- der Grad des Verschuldens.[97]

III. Verhältnis der Fallgruppen und leitenden Gesichtspunkte zueinander

Für das Verhältnis der vorerwähnten Fallgruppen und leitenden Gesichtspunkte zueinander war von Folgendem auszugehen:

Die Fallgruppen „Berechtigtes Interesse an der Nacherfüllung" und „Vorsätzliche Herbeiführung des Mangels" waren nebeneinander anwendbar. Bei Vorliegen eines berechtigten Interesses des Bestellers an der Nachbesserung konnte es jedoch regelmäßig dahinstehen, ob der Unternehmer den Mangel auch vorsätzlich herbeigeführt hatte. Dies, weil beide Fallgruppen gleichermaßen das Leistungsverweigerungsrecht aus § 633 Abs. 2 S. 3 BGB a. F. ausschlossen, mithin rechtsfolgengleich waren. Ein echter eigener Anwendungsbereich verblieb für die Fallgruppe „Vorsätzliche Herbeiführung des Mangels" demnach nur, wenn kein berechtigtes Interesse an der Nacherfüllung vorlag.

Die leitenden Gesichtspunkte kamen im Rahmen der vorzunehmenden einzelfallbezogenen Interessenabwägung zur Anwendung, wenn die Umstände des Einzelfalls von den in die jeweilige Fallgruppe fallenden Sachverhalten abwichen. Auf die leitenden Gesichtspunkte musste folglich nur zurückgegriffen werden, wenn weder eine das berechtigte Interesse an der Nacherfüllung begründende spürbare Beeinträchtigung der Funktionsfähigkeit des Werkes vorlag noch der Unternehmer den Mangel vorsätzlich herbeigeführt hatte. Vor allem im Hinblick auf eine oftmals vorliegende spürbare Beeinträchtigung der Funktionsfähigkeit des Werkes war der Anwendungsbereich der leitenden Gesichtspunkte demnach denkbar klein.

IV. Fortgeltung der Fallgruppen und leitenden Gesichtspunkte

Zu klären ist, ob die vorerwähnten Fallgruppen und leitenden Gesichtspunkte im reformierten Werkvertragsrecht fortgelten, also auch den Begriff der unverhältnismäßigen Kosten in § 635 Abs. 3 BGB konkretisieren können.

---

95 Vgl. BGHZ 59, 365, 368; BGH in NJW 1995, 1836, 1837.

96 Vgl. BGHZ 59, 365, 368; BGH in NJW 1995, 1836, 1837; 1996, 3269, 3270; in NZBau 2002, 338, 340; so auch *Peters* in *Staudinger* Neubearbeitung 2000 § 633 Rn. 193; *A. Teichmann* in Soergel § 633 Rn. 10.

97 In Abgrenzung zu der Fallgruppe „Vorsätzliche Herbeiführung des Mangels" konnte als leitender Gesichtspunkt höchstens grob fahrlässiges Verhalten in Betracht kommen. Zu dieser Differenzierung vgl. auch *A. Teichmann* in *Soergel* § 633 Rn. 10.

An einer Fortgeltung der zum Begriff des unverhältnismäßigen Aufwands in § 633 Abs. 2 S. 3 BGB a. F. entwickelten Fallgruppen und leitenden Gesichtspunkte könnten erhebliche Zweifel bestehen, wenn der Reformgesetzgeber mit dem Begriff der unverhältnismäßigen Kosten in § 635 Abs. 3 BGB einen Maßstab schaffen wollte, unter dessen Geltung das entsprechende Leistungsverweigerungsrecht des Unternehmers eher begründet sein soll als bisher.

Für diesen Fall könnten andere, dem neuen Maßstab entsprechend nachgiebigere Fallgruppen und leitende Gesichtspunkte zu entwickeln sein. Nur diese anderen Fallgruppen und leitenden Gesichtspunkte kämen dann wohl für eine Übertragung auf den seitens des Reformgesetzgebers wortgleich formulierten Begriff der unverhältnismäßigen Kosten in § 439 Abs. 3 S. 1 BGB in Betracht.

Für die Annahme eines von dem Reformgesetzgeber gewollten, neuen Maßstabs könnte zum einen die im Vergleich zur vorbenannten Vorgängervorschrift abweichende Terminologie des § 635 Abs. 3 BGB („Kosten" statt „Aufwand") sprechen, zum anderen das in § 275 Abs. 2 BGB geregelte Leistungsverweigerungsrecht.

Letzteres stimme nämlich ausweislich von Teilen der Begründung der Verfasser des Fraktionsentwurfs inhaltlich mit dem bisherigen § 633 Abs. 2 S. 3 BGB a. F. überein, während der Unternehmer gem. § 635 Abs. 3 BGB bereits dann von der Nacherfüllung befreit sein solle, wenn ihm diese (nach dem Maßstab des § 275 Abs. 2 BGB) unter Umständen noch zumutbar sei.[98]

Mit Blick auf die unterschiedliche Terminologie von § 635 Abs. 3 BGB und § 633 Abs. 2 S. 3 BGB a. F. ist festzuhalten, dass diese keine Bedeutung für die hier zu klärende Frage der Fortgeltung der Fallgruppen und leitenden Gesichtspunkte hat:

Bereits an anderer Stelle[99] ist festgestellt worden, dass sich die Begriffe „Aufwand" und „Kosten" beide auf die zum Zwecke der Nacherfüllung erforderlichen Aufwendungen beziehen.[100] Diese hatte der Unternehmer unter der Maßgabe des alten Rechts zu tragen, §§ 633 Abs. 2 S. 2 i. V. m. 476 a BGB a. F.; diese treffen ihn noch heute, § 635 Abs. 2 BGB. Bei Unverhältnismäßigkeit ge-

---

98 Vgl. BT-Drucks. 14/6040 S. 264 f.

99 Vgl. oben: S. 15 f.

100 So auch *Raab* in *D-L/H/L/R* S. 275; für den entsprechenden terminologischen Unterschied zwischen § 635 Abs. 3 und § 275 Abs. 2 BGB auch *Ernst* in MüKo 4. Aufl. § 275 Rn. 82; a. A. diesbezüglich *Peters* in *Staudinger* Neubearbeitung 2003 § 635 Rn. 6: „Kosten" bezögen sich auf den Mangel, „Aufwand" auf den Unternehmer. Unverhältnismäßige Kosten fielen demnach an, wenn es sich nicht lohne, einen Mangel so teuer zu beseitigen, unverhältnismäßiger Aufwand beim Unternehmer dann, wenn sich die Kosten zwar lohnen würden, der Unternehmer aber zuviel aufwenden müsse.

rade dieser Aufwendungen begründet(e) sich das Leistungsverweigerungsrecht des Unternehmers. Insoweit die Begriffe „Aufwand“ und „Kosten“ dem vorerwähnten Aufwendungsbegriff entsprachen bzw. entsprechen, sind sie deckungsgleich.

Die Begriffe „Aufwand“ und „Kosten“ unterscheiden sich nur dahingehend, dass bei der Anwendung des Begriffs der „Kosten“ die zu tätigenden Aufwendungen in Geldmitteln zu messen sind, während deren Erfassung als „Aufwand“ auch auf andere Weise denkbar ist. Dieser rein formale Unterschied allein vermag freilich keinen von dem Begriff des unverhältnismäßigen Aufwands in § 633 Abs. 2 S. 3 BGB a. F. abweichenden Maßstab zu begründen, der die Entwicklung anderer, nachgiebigerer Fallgruppen und leitender Gesichtspunkte erforderlich machen könnte.

Auch das in § 275 Abs. 2 BGB geregelte Leistungsverweigerungsrecht i. V. m. den schon erwähnten Teilen der Begründung der Verfasser des Fraktionsentwurfs vermag nicht für einen von § 633 Abs. 2 S. 3 BGB a. F. abweichenden Maßstab zu streiten:

Zwar ist der Begründung der Verfasser des Fraktionsentwurfs zu entnehmen, dass es § 275 Abs. 2 BGB sei, der inhaltlich mit dem bisherigen § 633 Abs. 2 S. 3 BGB a. F. übereinstimme, während der Unternehmer gem. § 635 Abs. 3 BGB bereits dann von der Nacherfüllung befreit sein solle, wenn ihm diese (nach dem Maßstab des § 275 Abs. 2 BGB) unter Umständen noch zumutbar sei.[101]

Für sich genommen, könnte diesen Ausführungen ein reformgesetzgeberischer Wille, gerichtet auf die Schaffung eines von § 633 Abs. 2 S. 3 BGB a. F. abweichenden Maßstabs mit einer niedrigeren Schwelle für die Begründung des entsprechenden Leistungsverweigerungsrechts, zu entnehmen sein – dies, obwohl die Verfasser des Fraktionsentwurfs weder einzeln noch in ihrer Gesamtheit der Reformgesetzgeber sind.

Ihre Ausführungen sind jedoch eine (unverbindliche) Richtschnur für die Ermittlung des gesetzgeberischen Willens. Es kann nämlich grundsätzlich angenommen werden, dass die Verfasser des Gesetzestextes und dessen Begründung sich bei der Wahl der Ausdrücke über deren Tragweite Gedanken gemacht haben und dass sie bestrebt waren, sie so zu wählen, dass sie der von ihnen geteilten und weiter durchdachten Regelungsabsicht des Gesetzgebers möglichst nahe kommen.[102]

Vorliegend sind die fraglichen Ausführungen der Verfasser des Fraktionsentwurfs jedoch selbst als (unverbindliche) Richtschnur für die Ermittlung des reformgesetzgeberischen Willens nicht verwertbar. Sie stehen im Widerspruch zu

---

101 Vgl. BT-Drucks. 14/6040 S. 264 f.

102 Vgl. *Larenz/Canaris* S. 150.

solchen, die gerade für eine Fortschreibung des Maßstabs des § 633 Abs. 2 S. 3 BGB a. F. durch § 635 Abs. 3 BGB streiten. Anhaltspunkte dafür, mit welchen ihrer Ausführungen die Verfasser des Fraktionsentwurfs der von ihnen geteilten und weiter durchdachten Regelungsabsicht des Reformgesetzgebers möglichst nahe kommen wollten, gibt es dabei nicht.

Anknüpfungspunkt für die Ausführungen, die für einen reformgesetzgeberischen Willen, gerichtet auf eine Fortschreibung des alten Maßstabs streiten, ist eine Aussage der Verfasser des Fraktionsentwurfs. Nach dieser ergänze § 635 Abs. 3 BGB die allgemeine Vorschrift des § 275 BGB in ähnlicher Weise, wie dies zu § 439 Abs. 3 BGB in der Begründung zum Fraktionsentwurf dargestellt werde. Abweichungen ergäben sich dabei nur daraus, dass sich das Leistungsverweigerungsrecht des Unternehmers von vornherein auf den Nacherfüllungsanspruch insgesamt beziehe, während das des Verkäufers auf die seitens des Käufers gewählte Art der Nacherfüllung gerichtet sei.[103]

Dieser Aussage der Verfasser der Fraktionsentwurfs zufolge sind also die Ausführungen zu § 439 Abs. 3 BGB auf § 635 Abs. 3 BGB übertragbar, jedenfalls insoweit sie das Verhältnis zu der allgemeinen Vorschrift des § 275 BGB betreffen.

In der Begründung zu § 439 Abs. 3 BGB ist indes keine Rede davon, dass § 439 Abs. 3 S. 1 BGB ein Leistungsverweigerungsrecht mit einer niedrigeren Schwelle im Vergleich zu dem mit § 633 Abs. 2 S. 3 BGB a. F. inhaltsgleichen Recht aus § 275 Abs. 2 BGB begründe.

Zwar seien die Voraussetzungen des § 439 Abs. 3 S. 1 BGB eher erfüllt als die des § 275 Abs. 2 BGB. Es sei jedoch § 439 Abs. 3 S. 1 BGB (und nicht § 275 Abs. 2 BGB), der sich an die entsprechende Regelung des § 633 Abs. 2 S. 3 BGB a. F. anlehne, wobei (nur) das Wort „Aufwand“ durch die Bezeichnung „Kosten“ mit Blick auf die Formulierung in Art. 3 Abs. 3 S. 2 RL ersetzt werde. Das Leistungsverweigerungsrecht aus § 275 Abs. 2 BGB komme (hingegen) nur in besonders gelagerten Ausnahmefällen in Betracht, die wertungsmäßig der Unmöglichkeit in § 275 Abs. 1 BGB nahe kämen.[104]

Überträgt man diese Ausführungen auf § 635 Abs. 3 BGB, so bleibt es zwar dabei, dass das entsprechende Leistungsverweigerungsrecht eher begründet ist, als das aus § 275 Abs. 2 BGB. Das Leistungsverweigerungsrecht aus § 635 Abs. 3 BGB steht dem Unternehmer jedoch erst nach Überschreiten der Schwelle zu Verfügung, die unter der Maßgabe des alten Rechts § 633 Abs. 2 S. 3 BGB a. F. konstituierte. Dies, weil sich nicht § 275 Abs. 2 BGB, sondern das spezial-

103 Vgl. BT-Drucks. 14/6040 S. 264 f.
104 Vgl. BT-Drucks. 14/6040 S. 230 ff.

gesetzliche Leistungsverweigerungsrecht des § 635 Abs. 3 BGB an § 633 Abs. 2 S. 3 BGB a. F. anlehne.

Für eine Fortschreibung des Maßstabs des § 633 Abs. 2 S. 3 BGB a. F. durch die Regelung des § 635 Abs. 3 BGB sprechen schließlich die von § 275 Abs. 2 bzw. § 635 Abs. 3 BGB geforderten qualitativ unterschiedlichen Missverhältnisse. Ebenso wie zuvor § 633 Abs. 2 S. 3 BGB a. F. lässt § 635 Abs. 3 BGB die (einfache) Unverhältnismäßigkeit ausreichen, während § 275 Abs. 2 BGB ein grobes Missverhältnis fordert.

Nach allem ist festzuhalten, dass der Reformgesetzgeber mit dem Begriff der unverhältnismäßigen Kosten in § 635 Abs. 3 BGB keinen Maßstab schaffen wollte, unter dessen Geltung das entsprechende Leistungsverweigerungsrecht des Unternehmers eher begründet sein soll als bisher. Für eine solche Privilegierung des Unternehmers im Vergleich zum alten Recht bestünde auch kein vernünftiger Grund. Von einer Fortgeltung der vorstehend dargestellten Fallgruppen und leitenden Gesichtspunkte im Rahmen des § 635 Abs. 3 BGB ist folglich auszugehen.[105]

B. Vergleichende Analyse des Kauf- und Werkvertragsrechts

Ob und ggf. inwieweit die vorstehend dargestellten, zum Begriff des unverhältnismäßigen Aufwands in § 633 Abs. 2 S. 3 BGB a. F. entwickelten Fallgruppen und leitenden Gesichtspunkte auf den wertausfüllungsbedürftigen Maßstab in § 439 Abs. 3 S. 1 BGB übertragen werden können, soll eine vergleichende Analyse des Kauf- und Werkvertragsrechts klären helfen.

Miteinander verglichen werden soll zunächst das kaufrechtliche mit dem werkvertraglichen Mängelrecht – die vergleichende Analyse wird also zunächst auf das Besondere erstreckt werden. Als Ergebnisse dieses Vergleichs im Besonderen werden die entsprechenden Gemeinsamkeiten von und Unterschiede zwischen Kauf- und Werkvertragsrecht umfassend dargestellt.

Dabei gilt grundsätzlich: Gemeinsamkeiten von Kauf- und Werkvertragsrecht sprechen für eine Übertragung der zu § 633 Abs. 2 S. 3 BGB a. F. entwickelten Grundsätze, Unterschiede sprechen dagegen.

---

105 So im Ergebnis auch: *Voit* in *Bamberger/Roth* § 635 Rn. 14; *Mansel* in *Jauernig* 11. Aufl. § 635 Rn. 9; *P. Huber* in *Huber/Faust* S. 434; *C. Teichmann* in JuS 2002, 417, 420 (Fn. 27); wohl auch *Preussner* in BauR 2002, 231, 234; a. A. *Sprau* (in *Palandt* 63. Aufl. § 635 Rn. 12), der allein auf die Unverhältnismäßigkeit der Nacherfüllungskosten in Bezug auf zum einen den objektiven Wertverlust des Werks durch den Mangel, zum anderen auf den objektiven Gesamtwert des Werks abstellen will.

Ziel der die jeweiligen Mängelrechte betreffenden vergleichenden Analyse des Kauf- und Werkvertragsrechts soll es sein, bereits im Besonderen so viele Gemeinsamkeiten von Kauf- und Werkvertragsrecht festzustellen, dass im Wege einer Hypothese von der Übertragbarkeit der zu § 633 Abs. 2 S. 3 BGB a. F. entwickelten Grundsätze ausgegangen werden kann.

Ggf. sind im Folgenden nur noch die Unterschiede zwischen Kauf- und Werkvertragsrecht im Allgemeinen darzustellen und zu klären, ob und ggf. inwieweit diese oder die im Besonderen festgestellten Unterschiede der hypothetisch angenommenen Übertragbarkeit der fraglichen Grundsätze auf den wertausfüllungsbedürftigen Maßstab der unverhältnismäßigen Kosten in § 439 Abs. 3 S. 1 BGB entgegenstehen.

In diesem Zusammenhang: Jedenfalls für eine partielle Übertragung der Grundsätze spricht, dass das Gesetz zur Modernisierung des Schuldrechts, insbesondere der neugefasste § 651 BGB, die Grenze zwischen Kauf- und Werkvertragsrecht zu Gunsten des Kaufrechts verschoben hat.[106] Dies bedeutet, dass auf Fälle, die zuvor nach Werkvertragsrecht zu beurteilen waren, nunmehr die Vorschriften über den Kauf Anwendung finden. Es ist kein Grund ersichtlich, diese Fälle im Hinblick auf die Zumutbarkeit der Nacherfüllung für den zur Nacherfüllung Verpflichteten nunmehr anders zu behandeln als zuvor unter der Geltung des Werkvertragsrechts.

Inwieweit sich die Grenze zwischen Kauf- und Werkvertragsrecht zu Gunsten des Kaufrechts verschoben hat, soll zunächst erläutert werden.

I. Auswirkungen der Neufassung des § 651 BGB

Ein (Rück-)Blick auf die Rechtslage vor dem 01.01.2002 erscheint hilfreich, um die Auswirkungen der Neufassung des § 651 BGB, insbesondere das Ausmaß der Verschiebung der Grenze zwischen Kauf- und Werkvertragsrecht besser zu veranschaulichen. Dieser (Rück-)Blick soll deshalb den weiteren Ausführungen vorhergehen.

1. Rechtslage vor dem 01.01.2002

Unter Zugrundelegung der Rechtslage vor dem 01.01.2002 sprach man von einem Werklieferungsvertrag, wenn sich der Unternehmer verpflichtete, das herzu-

---

106 Mit ähnlichen Befunden: vgl. *Mankowski* in MDR 2003, 854; *C. Teichmann* in JuS 2002, 417, 423; *Peters* in *Staudinger* Neubearbeitung 2003 § 651 Rn. 1, *Schudnagies* in NJW 2002, 396, 398; *Ott* in MDR 2002, 361, 363.

stellende Werk aus einem von ihm zu beschaffenden Stoff herzustellen, wobei Zutaten und sonstige Nebensachen außer Betracht blieben, § 651 Abs. 2 BGB a. F. § 651 Abs. 1 S. 2 Hs. 1 BGB a. F. ordnete für Werklieferungsverträge die Geltung des Kaufrechts an. Für unvertretbare Sachen wurden die Regelungen des Kaufrechts allerdings weitgehend[107] durch werkvertragliche Bestimmungen verdrängt, § 651 Abs. 1 S. 2 Hs. 2 BGB a. F.

Die Grenze zwischen Kauf- und Werkvertragsrecht verlief nach altem Recht folglich auf zwei Ebenen:

War ein Werk aus seitens des Bestellers zu beschaffenen Stoffen herzustellen, fand nur Werkvertragsrecht Anwendung. Dem gleichgestellt waren die Fälle, in denen der Unternehmer nur Zutaten oder sonstige Nebensachen zu beschaffen hatte.

Waren hingegen nicht nur Zutaten oder sonstige Nebensachen von dem Unternehmer zu beschaffen, wurde auf einer zweiten Ebene danach unterschieden, ob die Herstellung einer vertretbaren oder nicht vertretbaren Sache geschuldet war. War die Herstellung einer vertretbaren Sache geschuldet, fand Kaufrecht Anwendung, anderenfalls – infolge der vorerwähnten Verdrängung der Regelungen des Kaufrechts – praktisch uneingeschränkt Werkvertragsrecht.[108]

2. *Ausmaß der Verschiebung der Grenze zwischen Kauf- und Werkvertragsrecht*

Nach dem neugefassten § 651 BGB verläuft die Grenze zwischen Kauf- und Werkvertragsrecht nur noch auf einer Ebene:

Gemäß § 651 S. 1 BGB finden auf einen Vertrag, der die Lieferung herzustellender oder zu erzeugender beweglicher Sachen zum Gegenstand hat, die Vorschriften über den Kauf Anwendung. Maßgeblich für die Entscheidung über das anzuwendende Recht ist demnach nur noch, ob es sich um einen Vertrag entsprechenden Inhaltes handelt oder nicht.

Im Gegensatz zu der bisherigen Rechtslage kommt es nicht mehr darauf an, ob die Stoffe für die herzustellende Sache vom Unternehmer oder Besteller stammen.[109]

Ohne Bedeutung für die Wahl zwischen Kauf- und Werkvertragsrecht ist nunmehr auch die Differenzierung zwischen vertretbaren und nicht vertretbaren Sachen. § 651 S. 3 BGB enthält zwar eine Sonderregelung für nicht vertretbare

---

107 Vgl. *Raab* in Anwaltkommentar § 651 Rn. 3; *Seiler* in *Erman* 10. Aufl. § 651 Rn. 8; *Peters* in *Staudinger* Neubearbeitung 2000 § 651 Rn. 32.

108 Vgl. Peters a. a. O. (Fn. 107).

109 Vgl. z. B. *Voit* in BauR 2002, 145, 146; *Sprau* in *Palandt* 63. Aufl. § 651 Rn. 1; *Raab* in Anwaltkommentar § 651 Rn. 5; *Haas* in *H/M/R/S/W* S. 309; a. A. *Peters* in *Staudinger* Neubearbeitung 2003 Rn. 7.

Sachen. Anders als unter der Geltung des § 651 BGB a. F. werden die kaufrechtlichen Vorschriften im Falle unvertretbarer Sachen durch das Werkvertragsrecht aber nur noch ergänzt und nicht mehr weitgehend ersetzt:[110] Soweit es um die Herstellung oder Erzeugung einer nicht vertretbaren Sache geht, ordnet § 651 S. 3 BGB die zusätzliche Geltung der §§ 642, 643, 645, 649 und 650 BGB mit der Maßgabe an, dass an die Stelle der Abnahme der nach den §§ 446 und 447 BGB entscheidende Zeitpunkt tritt.[111]

Die Vereinfachung von § 651 BGB soll ein Regelungsziel der Neufassung dieser Vorschrift gewesen sein. Zudem soll der neugefasste § 651 BGB alle gem. Art. 1 Abs. 4 RL[112] unter die Verbrauchsgüterkaufrichtlinie fallenden Werkverträge erfassen. So soll die Notwendigkeit entfallen, im Werkvertragsrecht verbraucherspezifische Bestimmungen für die Werkverträge im Sinne des Art. 1 Abs. 4 RL vorzusehen.[113]

Dies vorausgeschickt, haben sich die Grenzen zwischen Kauf- und Werkvertragsrecht zu Gunsten des Kaufvertragsrechts wie folgt verschoben:

a. *Vom Besteller zu beschaffende Stoffe*

Auf seit dem 01.01.2002 geschlossene Verträge über die Lieferung herzustellender oder zu erzeugender beweglicher Sachen finden die Vorschriften über den Kauf auch dann Anwendung, wenn der Besteller die zur Herstellung oder Erzeugung einer beweglichen Sache erforderlichen Stoffe zu beschaffen hat.[114] Vormals galt Werkvertragsrecht.

---

110 Vgl. z. B. *Voit* in BauR 2002, 145, 147; *Meub* in DB 2002, 131, 134; *Sienz* in BauR 2002, 181, 192; offenbar zweifelnd *Ott* in MDR 2002, 361, 363.

111 Die Beschränkung der von § 651 S. 3 BGB angeordneten zusätzlichen Anwendung der §§ 642, 643, 645, 649 und 650 BGB auf nicht vertretbare Sachen erscheint verfehlt. Die Anwendung der vorerwähnten Vorschriften ist auch bei herzustellenden oder zu erzeugenden vertretbaren Sachen sinnvoll (vgl. hierzu *Voit* in BauR 2002, 145, 147). Noch weitergehend *Peters* (in NZBau 2002, 113, 121), der die Kündigungsmöglichkeit in § 649 BGB als allgemeinen Gedanken und die Mitwirkung des Bestellers als generelle Obliegenheit bezeichnet.

112 Gem. Art. 1 Abs. 4 RL gelten als Kaufverträge im Sinne der Verbrauchsgüterkaufrichtlinie auch Verträge über die Lieferung herzustellender oder zu erzeugender Verbrauchsgüter.

113 Vgl. zu diesen Regelungszielen: BT-Drucks. 14/6040 S. 267 f.

114 Betritt beispielsweise ein Jäger samt des Fells einer erlegten Kreatur den Laden eines Kürschners und beauftragt die Herstellung einer Pelzkappe aus dem Fell, so finden die §§ 433 ff. BGB Anwendung (ergänzt durch die §§ 642, 643, 645, 649 und 650, wenn es sich um eine Maßanfertigung handelt).

aa. Lieferung

Das Merkmal der Lieferung ist im Sinne des Übereinkommens der Vereinten Nationen über Verträge über den internationalen Warenkauf (CISG) zu verstehen. Ausreichend aber auch erforderlich ist es demnach im Zweifel, dass der Unternehmer dem Besteller die hergestellte oder erzeugte Sache zur Verfügung stellt.[115]

Nicht gefolgt werden kann der abweichenden Ansicht[116], nach der das Merkmal der Lieferung in Abgrenzung zum Begriff der Bearbeitung die Besitz- und Eigentumsverschaffung voraussetze,[117] was angeblich auch dem Sprachgebrauch des BGB entspreche.[118]

§ 651 BGB entspricht nämlich weitgehend Art. 3 Abs. 1 CISG, der offenbar auch Vorbild für Art. 1 Abs. 4 der Verbrauchsgüterkaufrichtlinie war.[119] Im Unterschied zu § 651 BGB sind in Art. 3 Abs. 1 CISG lediglich ausgenommen die Fälle, in denen der Besteller einen wesentlichen Teil der zur Herstellung oder Erzeugung notwendigen Stoffe selbst zu stellen hat. Zudem ist Leistungsgegenstand in Art. 3 Abs. 1 CISG die Ware, während § 651 BGB in Anlehnung an die Verbrauchsgüterkaufrichtlinie die bewegliche Sache nennt. Dass § 651 BGB weitgehend Art. 3 Abs. 1 CISG entspricht, stellen die Verfasser des Fraktionsentwurfs in ihrer Entwurfsbegründung ausdrücklich fest.[120] Den Sprachgebrauch des CISG hatten die Verfasser des Fraktionsentwurfs also bei der Neufassung des § 651 BGB offenbar vor Augen. Dies lässt auf eine entsprechende Regelungsabsicht des Gesetzgebers schließen.[121] Es ist demnach davon auszugehen, dass das Merkmal der Lieferung in § 651 BGB im Sinne des CISG zu verstehen ist.

Einzig die Interpretation des Merkmals der Lieferung im Sinne des CISG verhindert zudem ein teilweises Leerlaufen der Verweisung auf die Vorschriften über den Kauf in § 651 BGB. Wenn das Merkmal der Lieferung selbst auch die Besitz- und Eigentumsverschaffung an der hergestellten oder erzeugten Sache voraussetzte, wäre nämlich die Verweisung in § 651 BGB auch auf die Pflicht zur Eigentumsverschaffung und Übergabe aus § 433 Abs. 1 S. 1 BGB inhaltslos. Geltung erlangt die Verweisung auch auf die Pflicht zur Eigentumsverschaffung

---

115 Vgl. *Magnus* in *Staudinger* Art. 30 CISG Rn. 4 ff.

116 Vgl. *Voit* in BauR 2002, 145, 146 f.; *ders.* in *Bamberger/Roth* § 651 Rn. 8.

117 Vgl. *Voit* in BauR 2002, 145, 147.

118 Vgl. *Voit* in *Bamberger/Roth* § 651 Rn. 8; a. A. wohl *Putzo* in *Palandt* 63. Aufl. § 433 Rn. 15.

119 Vgl. *Pfeiffer* in Anwaltkommentar Art. 1 Kauf-RL Rn. 12; zum Bemühen insgesamt, eine Parallelität mit dem CISG zu wahren, *Staudenmeyer* in NJW 1999, 2393 f.

120 Vgl. BT-Drucks 14/6040 S. 267 f.

121 Vgl. oben: S. 44.

und Übergabe nur, wenn nicht bereits das Merkmal der Lieferung in § 651 BGB die Pflicht zur Besitz- oder Eigentumsverschaffung begründet, das Merkmal der Lieferung also im Sinne des CISG zu verstehen ist. Lieferung im Sinne des CISG bedeutet nur, dass der Unternehmer dem Besteller die hergestellte oder erzeugte Sache im Zweifel zur Verfügung zu stellen hat. Dies beinhaltet weder eine Eigentumsübertragung noch eine Aushändigung der Sache an den Besteller (im Sinne einer Übergabe).[122]

Überhaupt ist für die Anwendung des § 651 BGB und damit auch der Vorschriften über den Kauf nicht erforderlich, dass der Unternehmer (noch) zur rechtsgeschäftlichen Übereignung der hergestellten oder erzeugten beweglichen Sache an den Besteller in der Lage ist.[123]

Das angebliche Erfordernis zur rechtsgeschäftlichen Übereignung der hergestellten oder erzeugten Sache wird neben der vorstehend abgelehnten Auslegung des Merkmals der Lieferung im Sinne einer Besitz- und Eigentumsverschaffungspflicht wie folgt begründet: § 651 BGB verweise auf das Kaufrecht und verpflichte damit zur Verschaffung von Eigentum und Besitz. Diese Verpflichtung sei sinnlos[124], wenn der Besteller bereits Eigentümer der Sache sei.[125] Die Anwendung des § 651 BGB müsse deshalb immer dann ausscheiden und Werkvertragsrecht einschlägig sein, wenn der Besteller bereits im Verlaufe des Herstellungsprozesses Eigentümer der Sache geworden sei,[126] insbesondere nach § 950 BGB[127]. Die Einordnung dieser Fälle unter das Werkvertragsrecht sei auch im Hinblick auf die Sicherungsrechte sachgerecht. Wenn der Besteller Eigentümer nach § 950 BGB werde, könne sich der Unternehmer nicht durch einen Ei-

---

122 Vgl. *Magnus* in *Staudinger* Art. 30 CISG Rn. 4 ff.

123 So aber offenbar: *Voit* in BauR 2002, 145, 147; ders. in *Bamberger/Roth* § 651 Rn. 8 ff.; *Sprau* in *Palandt* 63. Aufl. § 651 Rn. 2.

124 Die Verpflichtung zur Eigentumsverschaffung durch die kaufrechtlichen Vorschriften wäre im Übrigen auch schon dann sinnlos, wenn bereits das Merkmal der Lieferung zur Eigentumsverschaffung verpflichtete. *Voit* setzt sich mit diesem Argument in Widerspruch zu der von ihm selbst vertretenen Auslegung des Merkmals der Lieferung im Sinne einer Pflicht zur Besitz- und Eigentumsverschaffung.

125 Vgl. *Voit* in *Bamberger/Roth* § 651 Rn. 8; in die gleiche Richtung wohl auch *Sprau* in *Palandt* 63. Aufl. § 651 Rn. 2.

126 Vgl. *Voit* in BauR 2002, 145, 147.

127 Als Hersteller im Sinne des § 950 BGB wird ausnahmsweise nach ersichtlich ganz herrschender Meinung (vgl. z. B. BGHZ 14, 114, 117; OLG Frankfurt/M. in OLGZ 1989, 198 f.; *Bassenge* in *Palandt* 63. Aufl. § 950 Rn. 10; *Kindl* in *Bamberger/Roth* § 950 Rn. 12) der Besteller angesehen, wenn dieser die zur Fertigung des Werks erforderlichen Stoffe beschafft. Der Besteller wird daher gem. § 950 BGB Eigentümer, nicht der Unternehmer.

gentumsvorbehalt sichern. Es sei deshalb sachgerecht, ihm über die Anwendung des Werkvertragsrechts ein Pfandrecht einzuräumen.[128]

Die Vertreter der vorstehenden Ansicht gehen zu Unrecht von einer Pflicht zur rechtsgeschäftlichen Übereignung der hergestellten oder erzeugten Sache aus. § 433 Abs. 1 S. 1 BGB, auf den § 651 BGB verweist, verpflichtet lediglich zur Verschaffung des Eigentums. Der Unternehmer hat demnach nur dafür zu sorgen, dass der Besteller Eigentümer der Sache wird. Hierzu hat er alle erforderlichen Handlungen vorzunehmen. Dass das Eigentum rechtsgeschäftlich zu übertragen ist, wird vom Wortlaut des § 433 Abs. 1 S. 1 BGB nicht vorausgesetzt. Vorausgesetzt ist nur der Eigentumserwerb als solcher. Ausreichend ist demzufolge auch ein gesetzlicher Eigentumserwerb – insbesondere nach § 950 BGB –, sofern dieser im Rahmen der von den Parteien vorgesehenen Durchführung des Vertrages erfolgt, also nicht nur zufällig.[129] Im Rahmen der von den Parteien vorgesehenen Durchführung des Vertrags erfolgt der Eigentumserwerb aber gerade, wenn der Besteller das Eigentum durch die zwischen ihm und dem Unternehmer vereinbarte Herstellung der Sache aus von dem Besteller beschafften Stoffen gem. § 950 BGB erwirbt.

Darüber hinaus entfällt die von den §§ 651 i. V. m. 433 Abs. 1 S. 1 BGB statuierte Verpflichtung zur Verschaffung des Eigentums sogar, wenn der Besteller Eigentümer der Sache „bleibt“. Es sind dies die Fälle, in denen es im Zuge der Herstellung oder Erzeugung der Sache aus seitens des Bestellers beschafften Stoffen zu keinem gesetzlichen Eigentumserwerb kommt, sondern sich das Eigentum an den Stoffen im Sinne der Rechtskontinuität an der hergestellten oder erzeugten Sache fortsetzt. Namentlich zu nennen sind: die Trennung von Erzeugnissen und Bestandteilen, § 953 BGB[130]; die Herstellung einer neuen beweglichen Sache im Sinne des § 950 Abs. 1 S. 1 BGB, deren Verarbeitungswert erheblich geringer ist als der Stoffwert, sofern es auch zu keinem gesetzlichen Eigentumserwerb nach § 947 Abs. 1 BGB kommt.[131] Nur die weiteren, nicht die Eigentumsverschaffungspflicht betreffenden Vorschriften über den Kauf finden über § 651 BGB auf solche Verträge Anwendung. Anders würden die von § 651 BGB verfolgten Regelungsziele – Vereinfachung und Erfassung aller unter die Verbrauchsgüterkaufrichtlinie fallenden Werkverträge[132] – verfehlt:

128 Vgl. *Voit* in *Bamberger/Roth* § 651 Rn. 10.

129 Vgl. auch *Köhler* in Staudinger § 433 Rn. 101; *Grunewald* in *Erman* 10. Aufl. § 433 Rn. 23 f.

130 So z. B., wenn ein Pferdebesitzer den Tierarzt mit der Erzeugung eines Fohlens unter Verwendung einer Stute und eines Hengstes des Pferdebesitzers beauftragt.

131 So z. B., wenn ein Bauer den Schlachter damit beauftragt, eines seiner Schweine zu schlachten und fachgerecht zu zerlegen.

132 Vgl. BT-Drucks. 14/6040 S. 267 f.

Dem Regelungsziel der Vereinfachung entgegen würden die Ableitung einer unbedingten Pflicht zur Verschaffung des Eigentums aus den §§ 651 i. V. m. 433 Abs. 1 S. 1 BGB zu erheblichen Problemen bei der Anwendung des neugefassten § 651 BGB führen – auf Kosten der Rechtssicherheit. Im Falle der Annahme einer unbedingten Eigentumsverschaffungspflicht und seitens des Bestellers beschaffter Stoffe wäre die Frage zu entscheiden, ob der Besteller (zumindest) gesetzlich Eigentum an der herzustellenden oder zu erzeugenden Sache erworben hat oder Eigentümer „bleibt". Über § 651 BGB fände Kaufrecht Anwendung, soweit (zumindest) ein gesetzlicher Eigentumserwerb zu bejahen ist; „bliebe" der Besteller hingegen Eigentümer, würde Werkvertragsrecht einschlägig sein. Maßgeblich für die Beantwortung der Frage wäre insbesondere im Falle des § 950 BGB auch das Verhältnis zwischen Verarbeitungs- und Stoffwert. Diese Werte müssten zunächst ermittelt und ins Verhältnis gesetzt werden. Darüber hinaus wäre zu beurteilen, ob der Verarbeitungswert erheblich hinter dem Stoffwert zurückbleibt.[133] Diese Erfordernisse machten es für die Parteien zumindest unnötig schwierig zu beurteilen, welchem Recht der von ihnen geschlossene Vertrag unterliegt. Entsprechende unnötige Schwierigkeiten träfen die Parteien im Übrigen auch bei der Annahme einer Pflicht zur rechtsgeschäftlichen Eigentumsübertragung. Ein möglicher gesetzlicher Eigentumserwerb des Bestellers müsste auch hier geprüft werden.

Auch das Regelungsziel der Erfassung aller unter die Verbrauchsgüterkaufrichtlinie fallenden Werkverträge durch § 651 BGB würde nicht erreicht, wenn man von einer unbedingten Eigentumsverschaffungspflicht oder gar von einer Pflicht zur rechtsgeschäftlichen Übereignung ausginge. Nach dem Wortlaut des Art. 1 Abs. 4 RL gelten als Kaufverträge im Sinne der Verbrauchsgüterkaufrichtlinie auch Verträge über die Lieferung herzustellender oder zu erzeugender Verbrauchsgüter. Hierzu zählen auch Verträge über die Herstellung und Erzeugung aus Stoffen des Bestellers, also Werkverträge im klassischen Sinne. Dies ergibt sich aus der Entstehungsgeschichte des Art. 1 Abs. 4 RL:

Eine Begrenzung der von Art. 1 Abs. 4 RL erfassten Verträge auf solche, in denen die Herstellung oder Erzeugung nicht aus Stoffen des Bestellers erfolgt, war nämlich während des Normsetzungsverfahrens durch die Europäische Kommission vorgeschlagen worden.[134] Durchgesetzt hat sich dieser Vorschlag allerdings nicht, wie aus der endgültigen Fassung des Art. 1 Abs. 4 RL ersichtlich ist. Die vorgeschlagene Begrenzung hätte klassische Werkverträge vom Anwendungsbereich der Verbrauchsgüterkaufrichtlinie ausgenommen und diesen auf

133 Vgl. *Wiegand* in *Staudinger* § 950 Rn. 11 ff..
134 Vgl. *Pfeiffer* in Anwaltkommentar Art. 1 Kauf-RL Rn. 12.

Werklieferungsverträge im Sinne des § 651 BGB a. F. beschränkt.[135] Ohne die Begrenzung fallen demnach alle Verträge über die Lieferung herzustellender oder zu erzeugender Verbrauchsgüter unter die Richtlinie, auch Werkverträge im klassischen Sinne.[136] Für sämtliche dieser Verträge ist das von der Verbrauchsgüterkaufrichtlinie vorgesehene Verbraucherschutz-Mindestniveau zu gewährleisten, unabhängig davon, ob der Besteller rechtsgeschäftlich Eigentümer der Sache wird, nur qua Gesetz dinglich erwirbt oder sogar Eigentümer „bleibt". Einen Eigentumserwerb des Bestellers setzt die Verbrauchsgüterkaufrichtlinie nämlich nicht voraus, schon gar nicht dessen Art und Weise. Alle unter die Verbrauchsgüterkaufrichtlinie fallende Werkverträge werden von § 651 BGB also nur erfasst und so das entsprechende Regelungsziel erreicht, wenn man diesen zur Anwendung bringt, unabhängig davon, ob der Besteller rechtsgeschäftlich Eigentümer der Sache wird, nur qua Gesetz dinglich erwirbt oder sogar Eigentümer „bleibt".

Bei entsprechend engerer Fassung des Anwendungsbereichs des § 651 BGB wäre die Verbrauchsgüterkaufrichtlinie nicht hinreichend umgesetzt. Auf gem. Art. 1 Abs. 4 RL unter die Richtlinie fallende Verträge wäre nämlich Werkvertragsrecht anwendbar, wie aufgezeigt. Das Werkvertragsrecht gewährleistet das von der Verbrauchsgüterkaufrichtlinie vorgesehene Verbraucherschutz-Mindestniveau nicht. Z. B. fehlen die Regelungen der §§ 474 ff. BGB und das Wahlrecht des Bestellers im Rahmen der Nacherfüllung. Auf entsprechende hinreichende Regelungen wurde ausweislich der einschlägigen Gesetzesmaterialien bewusst verzichtet und stattdessen § 651 BGB neugefasst.[137]

Der Ansicht, die von einer Pflicht zur rechtsgeschäftlichen Übereignung ausgeht, ist schließlich zuzugeben, dass es als sachgerecht angesehen werden kann, dem Unternehmer ein gesetzliches Pfandrecht einzuräumen, wenn der Besteller bereits durch die Herstellung der Sache aus von ihm beschafften Stoffen kraft Gesetzes Eigentümer geworden ist[138] oder Eigentümer „bleibt". Dieser Gesichtspunkt allein vermag allerdings eine Anwendung des Werkvertragsrechts auf die vorbenannten Fälle nicht zu rechtfertigen.

bb. Herstellung oder Erzeugung

Die Merkmale der Herstellung und der Erzeugung sind wiederum im Sinne des CISG zu verstehen. Sie bringen demnach zum Ausdruck, dass von § 651 BGB

---

135 Vgl. *Pfeiffer* a. a. O. (Fn. 134).
136 Vgl. *Rieger* in VuR 1999, 287.
137 Vgl. oben: Fn. 113.
138 Für eine entsprechende Anwendung des § 647 BGB im Rahmen der von § 651 BGB erfassten Verträge in diesem Fall *Peters* in *Staudinger* Neubearbeitung 2003 § 651 Rn. 19.

nur künftige, noch nicht existierende bewegliche Sachen erfasst werden,[139] die der Unternehmer noch herzustellen oder zu erzeugen hat.

(a) Herstellung

Das Merkmal der Herstellung kennzeichnet insbesondere die Schaffung von etwas Neuem, in Abgrenzung zu Arbeiten an etwas Vorhandenem.[140] Nur soweit etwas Neues herzustellen ist, finden demnach über § 651 BGB die Vorschriften über den Kauf Anwendung; im Übrigen gilt Werkvertragsrecht.[141]

Zweifelsfälle können in Anwendung der zum ähnlich gelagerten Problem im Rahmen des § 950 BGB – Herstellung einer neuen beweglichen Sache – entwickelten Grundsätze gelöst werden.[142] Maßgeblich ist demnach die Verkehrsanschauung unter Berücksichtung verschiedener Kriterien, wie z. B. dem der Bezeichnung bzw. des Namens der Sache.[143]

Ohne Bedeutung ist dabei allerdings, ob die Verarbeitung oder Umbildung durch den Auftragnehmer den Anforderungen des § 950 Abs. 1 S. 1 Hs. 2 BGB entspricht, der Verarbeitungswert also nicht wesentlich geringer ist als der Wert aller verarbeiteten Stoffe.[144] Als Ausnahmetatbestand hindert § 950 Abs. 1 S. 1 Hs. 2 BGB allein den gesetzlichen Eigentumserwerb, nicht die für das Merkmal der Herstellung allein maßgebliche Neuheit der Sache.[145] Hierfür spricht schon der Wortlaut des § 950 Abs. 1 S. 1 BGB. Dessen zweiter Halbsatz bezieht sich eindeutig auf die Rechtsfolge des ersten, nämlich den gesetzlichen Eigentumserwerb. Das Verhältnis zwischen Verarbeitungs- und Stoffwert ist zudem ungeeignet für die Abgrenzung zwischen der Schaffung von etwas Neuem und Arbeiten an etwas Vorhandenem. So kann der Verarbeitungswert bei Arbeiten an etwas

---

139 Vgl. *Magnus* in *Staudinger* Art. 3 CISG Rn. 13; *Maskow* in *E/M/S* Art. 3 CISG Rn. 2.

140 Vgl. *Voit* in *Bamberger/Roth* § 651 Rn. 5; *Peters* in *Staudinger* Neubearbeitung 2003 § 651 Rn. 7; *Sprau* in *Palandt* 63. Aufl. § 651 Rn. 4.

141 So ist beispielsweise der Nachbau eines Oldtimers über § 651 BGB nach Kaufrecht zu behandeln, dessen Restauration nach Werkvertragsrecht.

142 Vgl. *Voit* in BauR 2002, 145, 146; ders. in *Bamberger/Roth* § 651 Rn. 5; *Peters* in *Staudinger* Neubearbeitung 2003 § 651 Rn. 7.

143 Vgl. hierzu *Wiegand* (in *Staudinger* § 950 Rn. 9 f.) mit umfangreicher Kasuistik.

144 So aber nicht nur für Zweifelsfälle, sondern generell: *Peters* in *Staudinger* Neubearbeitung 2003 § 651 Rn. 7.

145 Vgl. *Kindl* in *Bamberger/Roth* § 950 Rn. 5; *Rothkegel* S. 78; so wohl auch: BGH in NJW 1995, 2633; in JZ 1972, 165, 166; BGHZ 56, 88, 90; *Bassenge* in *Palandt* 63. Aufl. Rn. 7; *Jauernig* in *ders.* 11. Aufl. § 950 Rn. 9; *Eckert* in Hk-BGB § 950 Rn. 5; *Wiegand* in *Staudinger* § 950 Rn. 11; a. A. *Pickart* in RGRK § 950 Rn. 11 f.

eindeutig Vorhandenem weit über dem Stoffwert liegen,[146] während er bei der gleichfalls eindeutigen Schaffung von etwas Neuem deutlich hinter dem Stoffwert zurückbleiben kann.[147]

Verträge über den Einbau einer noch herzustellenden Sache in eine schon vorhandene richten sich regelmäßig auf die Reparatur oder Bearbeitung der vorhandenen Sache, unabhängig davon, ob der Einbau in eine unbewegliche oder bewegliche Sache erfolgen soll; also gilt Werkvertragsrecht. Nur wenn der Einbau der Sache ganz hinter die Lieferung zurücktritt, sodass sich der Einbau als bloße Nebenleistung darstellt, gilt Kaufrecht.[148]

(b) Erzeugung

Das Merkmal des Erzeugens beschreibt die Schaffung von etwas Neuem nicht aus eigener Kraft, sondern mittels der Natur.[149]

cc. Bewegliche Sache

Die Lieferung einer beweglichen Sache muss schließlich Gegenstand des Vertrages sein, um den Anwendungsbereich des § 651 BGB zu eröffnen. Mit der Beschränkung des Anwendungsbereiches des § 651 BGB auf bewegliche Sachen sind die Verfasser des Fraktionsentwurfs der Verbrauchsgüterkaufrichtlinie gefolgt.[150] Auch der Anwendungsbereich der Verbrauchsgüterkaufrichtlinie ist auf bewegliche körperliche Gegenstände beschränkt, Art. 1 Abs. 2 lit. b RL.

Der Begriff der beweglichen Sache in § 651 BGB stimmt mit dem für das Sachenrecht im BGB[151] gebräuchlichen überein allerdings mit einer Ausnahme:

(a) Sache

Sachen sind demnach körperliche Gegenstände, § 90 BGB. Tiere stehen Sachen gem. § 90 a BGB gleich.

---

146 So beispielsweise die aufwendige Restauration eines schrottreifen Oldtimers weitgehend ohne Verwendung von Ersatzteilen.

147 So beispielsweise der Nachbau eines Oldtimers aus einem fertigen Bausatz ohne großen Arbeitsaufwand.

148 Vgl. *Voit* in *Bamberger/Roth* § 651 Rn. 6.

149 Vgl. *Haas* in *H/M/R/S/W* S. 310; *Sprau* in *Palandt* 63. Aufl. § 651 Rn. 2; *Voit* in *Bamberger/Roth* § 651 Rn. 7.

150 Vgl. BT-Drucks. 14/6040 S. 267 f.

151 Hier kann der Reformgesetzgeber keine Anleihen im CISG genommen haben. Das CISG kennt nur den Begriff der Ware und nicht den der beweglichen Sache.

Verträge über die Herstellung geistiger Werke fallen also nicht in den Anwendungsbereich des § 651 BGB. Dies gilt regelmäßig selbst dann, wenn die geistigen Werke ein körperliches Substrat[152] haben, welches dem Besteller zur Verfügung gestellt wird.[153] Durch ihr körperliches Substrat werden die geistigen Werke nämlich in der Regel nur verdeutlicht bzw. verständlich gemacht.[154] Schwerpunkt des Vertrags und damit bestimmend für die rechtliche Einordnung bleibt indes der kreative Akt der Schaffung des Werkes und nicht die Lieferung ihres körperlichen Substrats.[155]

(b) Beweglichkeit

Beweglich sind alle Sachen, die nicht Grundstücke, diesen gleichgestellt oder Grundstücksbestandteile sind.[156]

Grundstück im Rechtssinn ist ein räumlich abgegrenzter, d. h. katastermäßig vermessener und bezeichneter Teil der Erdoberfläche, der im Grundbuch als „Grundstück" geführt wird.[157] Den Grundstücken rechtlich gleichgestellt sind z. B. das Wohnungseigentum, das Erbbaurecht oder das Bergwerkseigentum.[158] Grundstücksbestandteile sind gem. § 94 Abs. 1 BGB die mit dem Grund und Boden fest verbundenen Sachen, insbesondere Gebäude, sowie die Erzeugnisse des Grundstücks, solange sie mit dem Boden zusammenhängen.

Im Gegensatz zu der für das Sachenrecht im BGB üblichen Bestimmung des Begriffs der beweglichen Sache gilt hier allerdings: Keine Berücksichtigung bei der Auslegung des vorerwähnten Begriffs in § 651 BGB kann § 95 BGB finden.[159] Nur auf die Beweglichkeit der Sache im tatsächlichen Sinne kommt es insoweit an.

§ 95 Abs. 1 BGB spricht im Wege einer Fiktion solchen Sachen die Bestandteilseigenschaft ab, die nur zu einem vorübergehenden Zwecke mit dem Grund und Boden eines Grundstücks verbunden sind, auch und gerade wenn die Voraussetzungen für die Begründung der Bestandteilseigenschaft gem. § 94 Abs. 1

---

152 Zum Beispiel Pläne, Skizzen oder schriftliche Gutachten.

153 So auch *Peters* in *Staudinger* Neubearbeitung 2003 § 651 Rn. 14; *Voit* in BauR 2002, 145,146; ders. in *Bamberger/Roth* § 651 Rn. 4; *Vorwerk* in BauR 2002, 165; *Raab* in Anwaltkommentar § 651 Rn. 9.

154 Vgl. *Peters* in *Staudinger* Neubearbeitung 2003 § 651 Rn. 14.

155 Vgl. *Voit* in Bamberger/Roth § 651 Rn. 4.

156 Vgl. RGZ 87, 43, 51; *Holch* in MüKo § 90 Rn. 12.

157 Vgl. *Baur/Stürner* S. 150.

158 Vgl. *Holch* in MüKo § 90 Rn. 11.

159 In diese Richtung auch: *Mankowski* in MDR 2003, 854, 857; *Sienz* in BauR 2002, 181, 190 f.; *Preussner* in BauR 2002, 231, 241; *Thode* in NZBau 2002, 360, 361 ff; *Peters* in *Staudinger* Neubearbeitung 2003 § 651 Rn. 3.

BGB vorliegen. Das gleiche gilt von einem Gebäude oder anderen Werke, das in Ausübung eines Rechts an einem fremden Grundstücke von dem Berechtigten mit dem Grundstück verbunden worden ist. Die von § 95 BGB erfassten Sachen werden aufgrund der Fiktionswirkung der Norm als Scheinbestandteile bezeichnet;[160] sie gelten als selbständige bewegliche Sachen im rechtlichen Sinne.[161]

Berücksichtigte man § 95 BGB auch bei der Auslegung des Begriffs der beweglichen Sache in § 651 BGB, so käme man zu folgendem unbilligen Ergebnis. Auf einen Vertrag über die Herstellung eines Gebäudes fände Kaufrecht Anwendung, wenn das Gebäude nur Scheinbestandteil würde, weil der Besteller z. B. als Pächter des zu bebauenden Grundstücks die Verbindung nur vorübergehend will. Werkvertragsrecht fände hingegen auf den gleichen Vertrag Anwendung, wenn der Besteller z. B. als Eigentümer des Grundstücks eine dauerhafte Verbindung will. Auf ein und denselben Vertrag fände also Kauf- oder Werkvertragsrecht Anwendung, je nach dem auf die Dauerhaftigkeit der Verbindung gerichteten Willen des Bestellers. Maßgeblich für das einschlägige Recht wäre also letztlich der auf die Dauerhaftigkeit der Verbindung gerichtete Wille des Bestellers.

Die Berücksichtigung dieses Willens des Bestellers verbietet sich jedoch bei der Bestimmung des einschlägigen Rechts. Es kann für die rechtliche Einordnung eines Vertrages keinen Unterschied machen, ob § 95 BGB – den Willen des Bestellers berücksichtigend – im Wege einer Fiktion, also der Wirklichkeit entgegen, bestimmte Sachen von den Grundstücksbestandteilen ausnimmt oder nicht.

In der hier vertretenen, vom Sachenrecht des BGB abweichenden Auslegung des Begriffs der beweglichen Sache ist kein Wertungswiderspruch zu sehen;[162] sie ist auch nicht misslich.[163] Die Bedeutung eines Rechtsbegriffs hängt vielmehr von dem Rechtsverhältnis ab, in dem er verwendet wird.[164] Daraus folgt, dass ein Rechtsbegriff in der Rechtsordnung nicht überall im gleichen Sinne verwendet wird. Unterschiede ergeben sich insbesondere durch den jeweiligen Regelungszweck.[165]

---

160 Vgl. *Holch* in MüKo § 95 Rn. 1; *Heinrichs* in *Palandt* 63. Aufl. § 95 Rn. 1.

161 Vgl. *Holch* in MüKo § 95 Rn. 29; *Heinrichs* in Palandt 63. Aufl. § 95 Rn. 1.

162 So aber *Sienz* in BauR 2002, 181, 191.

163 So aber *Mankowski* in MDR 2003, 854, 857.

164 Vgl. *Kaufmann* in Jura 1992, 631, 632.

165 So sind „Gebäude" beim besonders schweren Fall des Diebstahls, § 243 StGB, und „Gebäude" im Sinne der schweren Brandstiftung, § 306 StGB, nicht allenthalben dasselbe. Beim schweren Diebstahl geht es um das Eindringen in eine besonders befriedete Sphäre, so dass ein Rohbau ohne Fenster und Türen nicht tatbestandsmäßig ist, während dem § 306 StGB auch ein solcher Rohbau unterfällt, denn Gesetzeszweck ist hier der Schutz von Menschenleben (vgl. *Kaufmann* in Jura 1992, 631, 632).

Das Sachenrecht des BGB hat die Aufgabe, die Sachen bestimmten Personen zuzuordnen.[166] Insbesondere sollen (wesentliche) Bestandteile von Sachen grundsätzlich nicht Gegenstand besonderer dinglicher Rechte sein. Die Ausnahme von diesem Grundsatz bildet § 95 BGB für Sachen, deren Verbindung mit einer anderen Sache nicht auf Dauer angelegt ist. Diesen Sachen die Sonderrechtsfähigkeit zu versagen, wäre unbillig.[167] Nicht als Bestandteile einer anderen Sache behandelt § 95 BGB sie deshalb im Wege der Fiktion, der Wirklichkeit entgegen.

Hingegen geht es im Rahmen des § 651 BGB nicht um die Sonderrechtsfähigkeit von Sachen, sondern um die Beschränkung des Anwendungsbereichs auf bewegliche Sachen – dem Anwendungsbereich der Verbrauchsgüterkaufrichtlinie folgend.[168] Überhaupt kein Bedürfnis besteht hier deshalb für eine Berücksichtigung des § 95 BGB und damit einer Behandlung von Sachen der Wirklichkeit entgegen. Nicht ein unbilliges Ergebnis hinderte hier die Berücksichtigung des § 95 BGB, wie bezüglich der Frage der Sonderrechtsfähigkeit von Sachen. Ein solches würde gerade erreicht mit der Anwendbarkeit von Kauf- oder Werkvertragsrecht je nach des auf die Dauerhaftigkeit der Verbindung gerichteten Willens des Bestellers.

b. Unvertretbare Sachen

Auch auf einen Vertrag, der die Lieferung einer herzustellenden oder zu erzeugenden beweglichen, unvertretbaren Sache zum Gegenstand hat, findet nunmehr Kaufrecht Anwendung – gem. § 651 S. 3 BGB lediglich ergänzt durch einige werkvertragliche Vorschriften. Vormals wurden die kaufrechtlichen Vorschriften weitgehend durch das Werkvertragsrecht verdrängt.

3. Zusammenfassung

Die Grenze zwischen Kauf- und Werkvertragsrecht hat sich zu Gunsten des Kaufrechts dahingehend verschoben, dass auf Verträge, welche die Lieferung herzustellender oder zu erzeugender beweglicher Sachen zum Gegenstand haben, die Vorschriften über den Kauf nunmehr auch dann Anwendung finden,

- wenn die zur Herstellung oder Erzeugung erforderlichen Stoffe von dem Besteller beschafft werden;
- wenn die Herstellung oder Erzeugung unvertretbarer Sachen geschuldet ist.

---

166 Vgl. *Bassenge* in *Palandt* 63. Aufl. Einf. v. § 854 Rn. 1.
167 Vgl. *Dilcher* in *Staudinger* § 95 Rn. 1.
168 Vgl. BT-Drucks. 14/6040 S. 267 f.

Für das Merkmal der Lieferung reicht es im Zweifel aus, wenn der Unternehmer dem Besteller die Sache zur Verfügung stellt. Überhaupt ist ein rechtsgeschäftlicher Eigentumserwerb des Bestellers an der Sache nicht erforderlich; ein gesetzlicher Eigentumserwerb genügt. Wenn der Besteller Eigentümer der Sache „bleibt“, entfällt sogar das Erfordernis des Eigentumserwerbs.

Die Merkmale der Herstellung und Erzeugung bringen zum Ausdruck, dass nur künftige, noch nicht existierende bewegliche Sachen von § 651 BGB erfasst werden.

Das Merkmal der beweglichen Sache stimmt mit dem für das Sachenrecht im BGB gebräuchlichen im Wesentlichen überein. Keine Berücksichtigung findet allein die Regelung des § 95 BGB.

II. Gemeinsamkeiten und Unterschiede im Besonderen

Gemeinsamkeiten von Kauf- und Werkvertragsrecht im Besonderen sprechen für eine Übertragbarkeit der zu § 633 Abs. 2 S. 3 BGB a. F. entwickelten Grundsätze auf den wertausfüllungsbedürftigen Maßstab der unverhältnismäßigen Kosten in § 439 Abs. 3 S. 1 BGB, entsprechende Unterschiede zwischen Kauf- und Werkvertragsrecht sprechen grundsätzlich dagegen.

Gemeinsamkeiten von und Unterschiede zwischen Kauf- und Werkvertragsrecht gab es vor der Reform des Schuldrechts. Sie sollen dargestellt werden.

Was sich bezüglich der dargestellten Gemeinsamkeiten von und Unterschiede zwischen Kauf- und Werkvertragsrecht zum 01.01.2002 geändert hat, soll Gegenstand der weiteren Untersuchung sein.

Begrifflich unterschieden werden die Rechtslagen vor und nach dem 01.01.2002 in altes und neues Recht.

1. Altes Recht

Vor dem 01.01.2002 gab es hinsichtlich der jeweiligen Mängelrechte folgende

a. Gemeinsamkeiten.

aa. Mängelarten

Sowohl im Kauf- als auch Werkvertragsrecht wurde zwischen Sach- und Rechtsmängeln[169] differenziert.[170] Sach- und Rechtsmängel hatten unterschiedliche Rechtsfolgen:

(a) Rechtsmängel

Bei Rechtsmängeln folgten sowohl die Rechte des Käufers als auch die des Bestellers[171] aus den §§ 434 ff. BGB a. F. (analog). Über die §§ 440, 441 BGB a. F. lösten Rechtsmängel demnach jeweils die allgemeinen Folgen der Nichterfüllung von Verträgen aus, §§ 320 ff. BGB a. F.

Ein Rechtsmangel lag gem. § 434 BGB a. F. (analog) sowohl im Kaufrecht als auch im Werkvertragsrecht vor, wenn ein Dritter Rechte in bezug auf den Kaufgegenstand bzw. das Werk gegenüber dem Käufer bzw. Besteller geltend machen konnte.

(b) Sachmängel

Im Falle eines jedenfalls ab Annahme der Kaufsache bzw. des Werks im Sinne des § 363 BGB seitens des Käufers bzw. des Bestellers zu beweisenden Sachmangels standen Käufer und Besteller die jeweiligen Mängelrechte zur Verfügung, §§ 459 ff. BGB a. F. einerseits und §§ 633 ff. BGB a. F. andererseits.

Der Sachmangelbegriff war im Wesentlichen derselbe. Unter § 459 BGB a. F. und § 633 Abs. 1 BGB a. F. fielen jeweils der Fehler und die zugesicherte Eigenschaft.

---

169 Rechtsmängel waren auch beim Werkvertrag durchaus denkbar (vgl. hierzu *Seiler* in *Erman* 10. Aufl. § 633 Rn. 5). In Betracht kamen insbesondere Urheber-, Patentrechtsverletzungen oder Wettbewerbsverstöße sowie Rechtsmängel hinsichtlich von dem Unternehmer geschuldeten Materials beim Werklieferungsvertrag bzw. geschuldeter Zutaten beim Werkvertrag.

170 Für Werkvertrag: vgl. *Seiler* in *Erman* § 633 Rn. 5; *Glanzmann* in RGRK § 633 Rn. 15; *Peters* in *Staudinger* Neubearbeitung 2000 § 633 Rn. 48;
für Kaufvertrag: vgl. *Honsell* in *Staudinger* Vorbem. zu §§ 459 ff. Rn. 1; *Brox/Elsing* in JuS 1976, 1; *Westermann* in MüKo 3. Aufl. Vor § 459 Rn. 2.

171 Freilich hatte der Besteller zunächst einen entsprechenden Mangelbeseitigungsanspruch (vgl. *Peters* in *Staudinger* Neubearbeitung 2000 § 633 Rn. 172; *Sprau* in *Palandt* 61. Aufl. Vorbem. v. § 633 Rn. 1).

Fehler[172] war im Kauf- wie auch im Werkvertragsrecht eine negative Abweichung der Ist- von der Sollbeschaffenheit,[173] die den Wert der Kaufsache bzw. des Werkes minderte oder die Tauglichkeit zu dem gewöhnlichen oder nach dem Vertrage vorausgesetzten Gebrauch aufhob oder minderte.[174]

Zugesichert wurde die Eigenschaft einer Sache oder die eines Werkes durch eine ausdrückliche bzw. stillschweigende, zum Inhalt des Vertrags gewordene Erklärung, die Gewähr für das Vorhandensein einer bestimmten Eigenschaft übernehmen zu wollen[175] und – nur im Kaufrecht – für die Folgen eines Fehlens dieser Eigenschaft einzustehen.[176]

bb. Mängelrechte

Auch im Hinblick auf die (Sach-)Mängelrechte selbst gab es Gemeinsamkeiten.

(a) Gewährleistungsrechte

Kauf- und Werkvertrag kannten dieselben Gewährleistungsrechte:

- Rückgängigmachung des Vertrags (Wandelung), § 462 BGB a. F. einerseits und § 634 Abs. 1 S. 3 BGB a. F andererseits;

---

172 Ob der Fehlerbegriff subjektiv, objektiv oder subjektiv-objektiv zu bestimmen sei, war umstritten, zuletzt jedoch weitgehend zugunsten eines subjektiven Fehlerbegriffs geklärt (vgl. zu dem entsprechenden Meinungsstand: *U. Huber* in *Soergel* Vor § 459 Rn. 20 ff.).

173 Für Werkvertrag: vgl. *A. Teichmann* in *Soergel* Vor § 633 Rn. 17; *Seiler* in *Erman* 10. Aufl. § 633 Rn. 7;
für Kaufvertrag: vgl. *Grunewald* in *Erman* 10. Aufl. § 459 Rn. 1; *Honsell* in *Staudinger* § 459 Rn. 18; *U. Huber* in *Soergel* § 459 Rn. 20.

174 Im Unterschied zum werkvertraglichen Fehlerbegriff begründeten nur unerhebliche Minderungen des Werts oder der Tauglichkeit gem. § 459 Abs. 1 S. 2 BGB a. F. im Kaufrecht keinen Sachmangel. Unerheblich war ein Fehler beispielsweise dann, wenn er mit nur unerheblichem Aufwand in kurzer Zeit beseitigt werden konnte (vgl. KG in NJW-RR 1989, 972). Im Werkvertragsrecht war bei einer solchen Sachlage nur die Wandelung ausgeschlossen, § 634 Abs. 3 BGB a. F.

175 Für Werkvertrag: vgl. *Peters* in *Staudinger* Neubearbeitung 2000 § 633 Rn. 18; *Sprau* in *Palandt* 61. Aufl. § 633 Rn. 3; *Schlechtriem* in *Jauernig* 9. Aufl. § 633 Rn. 4;
für Kaufvertrag: vgl. *Vollkommer* in *Jauernig* 9. Aufl. § 459 Rn. 28; *Putzo* in *Palandt* 61. Aufl. § 459 Rn. 15; *Grunewald* in *Erman* 10. Aufl. § 459 Rn. 38.

176 Im Werkvertragsrecht war nicht erforderlich, dass der Unternehmer erklärte, er werde für alle Folgen einstehen, wenn die Eigenschaft fehlt (vgl. z. B. BGHZ 96, 111, 115).

- Herabsetzung des Entgelts (Minderung), § 462 BGB a. F. einerseits und § 634 Abs. 1 S. 3 BGB a. F. andererseits;
- Schadensersatz, § 463 BGB a. F. (Stückkauf) bzw. § 480 Abs. 2 BGB a. F. (Gattungskauf) einerseits und § 635 BGB a. F. andererseits.

Alle Gewährleistungsrechte waren als Ansprüche im Sinne der Legaldefinition des § 194 Abs. 1 BGB ausgestaltet.

Unter den ihnen zur Verfügung stehenden Gewährleistungsrechten konnten Käufer und Besteller wählen.[177] Das Wahlrecht erlosch, sobald Verkäufer bzw. Unternehmer sich mit dem gewählten Gewährleistungsrecht einverstanden erklärt hatten oder rechtskräftig verurteilt worden waren.[178]

(aa) Gemeinsame Voraussetzungen und Grenzen der Gewährleistungsrechte

Gemeinsame Voraussetzung der vorbenannten Gewährleistungsrechte sowohl des Käufers als auch des Bestellers war jeweils ein wirksamer Vertrag.[179] Alle Gewährleistungsrechte setzten des Weiteren einen (Sach-)Mangel voraus.[180]

Sowohl der Käufer als auch der Besteller begaben sich – mit Ausnahme des Anspruchs aus § 635 BGB a. F.[181] – ihrer Gewährleistungsrechte, wenn sie die

---

177 Für Werkvertrag: vgl. *Seiler* in *Erman* 10. Aufl. § 634 Rn. 14; *A. Teichmann* in *Soergel* § 634 Rn. 11; *Sprau* in *Palandt* 61. Auflage Vorb. v. § 633 Rn. 5 a;
für Kaufvertrag: vgl. *Putzo* in *Palandt* 61. Aufl. § 463 Rn. 4; *Grunewald* in *Erman* 10. Aufl. § 462 Rn. 9; *Honsell* in *Staudinger* § 463 Rn. 4.

178 Für Werkvertrag: vgl. *A. Teichmann* in *Soergel* § 634 Rn. 11;
für Kaufvertrag: vgl. *Honsell* in *Staudinger* § 463 Rn. 5.

179 Für Werkvertrag und die Wandelung bzw. Minderung: vgl. *Sprau* in *Palandt* 61. Aufl. § 634 Rn. 2, *Soergel* in MüKo § 633 Rn. 3; für den Schadensersatzanspruch galt entsprechendes dem Wortlaut des § 635 BGB a. F. nach: *statt* der Wandelung und Minderung konnte der Besteller Schadensersatz verlangen. Die Voraussetzungen für den Anspruch auf Wandelung bzw. Minderung mussten mithin auch für den Schadensersatzanspruch aus § 635 BGB a. F. erfüllt sein.
Für Kaufvertrag und die Wandelung bzw. Minderung: vgl. *Westermann* in MüKo 3. Aufl. § 462 Rn. 1; *Honsell* in *Staudinger* § 462 Rn. 2; für die Schadensersatzansprüche der §§ 463, 480 Abs. 2 BGB a. F. galt das gleiche Wortlautargument wie vorstehend für § 635 BGB a. F.

180 Für Werkvertrag und die Wandelung bzw. Minderung: vgl. *Peters* in *Staudinger* Neubearbeitung 2000 § 634 Rn. 13; *Sprau* in *Palandt* 61. Aufl. § 634 Rn. 2; für den Schadensersatzanspruch gem. § 635 BGB vgl. oben: Fn. 179
für Kaufvertrag und die Wandelung bzw. Minderung: vgl. *Westermann* in MüKo 3. Aufl. § 462 Rn. 1; *Putzo* in *Palandt* 61. Aufl. § 462 Rn. 9; für die Schadensersatzansprüche der §§ 463, 480 Abs. 2 BGB a. F. vgl. oben: Fn. 179.

181 So die zumindest herrschende Meinung: vgl. z. B. BGHZ 61, 369, 371; 77, 134 ff.; 127, 378, 384; *Soergel* in MüKo § 640 Rn. 20; *Sprau* in *Palandt* 61. Aufl. § 640 Rn. 11; a. A. *Jagenburg* in NJW 1976, 2321, 2324; *Wilhelm* in JZ 1982, 488 ff.

Kaufsache bzw. das Werk in Kenntnis des Mangels im Sinne des § 363 BGB annahmen, [182] ohne sich ihre Rechte wegen des Mangels vorzubehalten, §§ 464, 640 Abs. 2 BGB a. F.

(bb) Inhalt der Schadensersatzansprüche von Käufer und Besteller

Zum Teil glichen sich die Schadensersatzansprüche von Käufer und Besteller inhaltlich. Waren ihre Voraussetzungen erfüllt, konnten Käufer und Besteller Schadensersatz wegen Nichterfüllung[183] verlangen; sie waren also so zu stellen, wie sie gestanden hätten, wenn ordnungsgemäß erfüllt worden wäre.[184] Dabei konnten Käufer und Besteller grundsätzlich[185] jeweils zwischen dem sog. „großen Schadensersatz"[186] und dem sog. „kleinen Schadensersatz"[187] wählen.

(cc) Vollzug von Wandelung und Minderung

Waren Verkäufer bzw. Unternehmer mit der Wandelung des Vertrags oder mit der Minderung der Vergütung einverstanden oder entsprechend rechtskräftig verurteilt, so wurden Wandelung und Minderung nach denselben Vorschriften vollzogen. In § 634 Abs. 4 BGB a. F. wurde auf die entsprechenden kaufvertraglichen Vorschriften, §§ 465 bis 467, 469 bis 475 BGB a. F., verwiesen.

(b) Nacherfüllungsanspruch

Einen gesetzlich geregelten Nacherfüllungsanspruch hatten sowohl der Besteller, § 633 Abs. 2 BGB a. F., als auch der Käufer einer Gattungssache, § 480 Abs. 1 S. 1 BGB a. F.[188] Nicht gesetzlich geregelt war ein Nacherfüllungsanspruch des

---

182 Beim Werkvertrag gleichbedeutend mit der Abnahme.

183 Unter Berücksichtigung der im Zuge der Schuldrechtsreform veränderten Begrifflichkeiten: Schadensersatz statt der Leistung.

184 Sog. positives Interesse (vgl. hierzu *Heinrichs* in *Palandt* 63. Aufl. Vorb. v. § 249 Rn. 16).

185 Ausnahmsweise konnte die Wahl des großen Schadensersatzes gegen Treu und Glauben, § 242 BGB, verstoßen: so z. B. bei nur geringfügigen Mängeln (vgl. BGH in NJW 1986, 920, 922).

186 Käufer und Besteller wiesen Kaufsache bzw. Werk zurück und verlangten Ersatz des durch Nichterfüllung des ganzen Vertrags entstandenen Schadens.

187 Käufer und Besteller behielten die mangelhafte Sache bzw. das mangelhafte Werk und verlangten, so gestellt zu werden, als ob gehörig erfüllt worden wäre.

188 Während der Nacherfüllungsanspruch des Käufers einer Gattungssache auf Lieferung einer anderen mangelfreien Sache gerichtet war (Nachlieferung), ging der des Bestellers auf Behebung des Mangels an dem Werk (Nachbesserung). Die Nachbes-

Käufers einer Speziessache. Vielfach wurde ein Nacherfüllungsanspruch des Käufers jedoch individual- bzw. formularvertraglich begründet.[189]

(aa) Gemeinsame Voraussetzungen und Grenzen der Nacherfüllungsansprüche

Ein wirksamer Vertrag und ein (Sach-)Mangel waren gemeinsame Voraussetzungen der Nacherfüllungsansprüche von Käufer und Besteller.[190]

Wie ihrer Gewährleistungsrechte begaben sich Käufer und Besteller auch ihrer Nacherfüllungsansprüche, wenn sie die Kaufsache in Kenntnis des Mangels im Sinne des § 363 BGB annahmen, ohne sich ihr entsprechendes Recht vorzubehalten, §§ 464, 640 Abs. 2 BGB a. F.

Ausgeschlossen waren sowohl der Nacherfüllungsanspruch des Käufers als auch der des Bestellers ohnehin, wenn die Nacherfüllung unmöglich war.[191]

Trotz möglicher Nachbesserung konnte der Unternehmer diese ausnahmsweise verweigern, wenn sie einen unverhältnismäßigen Aufwand erforderte, § 633 Abs. 2 S. 3 BGB a. F. Auch der (Gattungs-)Verkäufer musste nicht in jedem Fall nachliefern. Für die bei Wahl der Nachlieferung mangels Konkretisierung gem. § 243 Abs. 2 BGB fortbestehende[192] Gattungsschuld war anerkannt, dass die Verantwortlichkeit des Verkäufers entfiel, wenn infolge nicht vorhersehbarer Umstände so erhebliche Leistungshindernisse entstanden waren, dass dem Ver-

---

serungsverpflichtung des Unternehmers konnte jedoch auch auf Neuherstellung des Werks gerichtet sein, wenn nur so die Mängel nachhaltig zu beseitigen waren (vgl. BGHZ 96, 111). Ob der Käufer einer Gattungssache ohne eine entsprechende Vereinbarung statt Nachlieferung auch Nachbesserung verlangen konnte, war umstritten. Die herrschende Meinung lehnte dies ab (vgl. z. B. *Köhler* in JZ 1984, 393, 395 f.; *U. Huber* in *Soergel* § 462 Rn 74; *Reinicke/Tiedtke* S. 195; a. A. *Peters* in JZ 1978, 92, 98: Die Nachbesserung sei ein wesensgleiches Minus gegenüber der in § 480 Abs. 1 S. 1 BGB a. F. vorgesehenen Nachlieferung).

189 Ohne eine solche Vereinbarung lehnte die herrschende Meinung (vgl. oben: Fn. 188) auch einen Nachbesserungsanspruch des Stückkäufers ab.

190 Für Werkvertrag: vgl. *Sprau* in *Palandt* 61. Aufl. § 633 Rn. 5a;
für den Kaufvertrag ergab sich dies bereits aus dem Wortlaut des § 480 Abs. 1 S. 1 BGB a. F.: Statt der Wandelung oder der Minderung konnte der Käufer die Nacherfüllung verlangen (vgl. zu diesem Wortlautargument: Fn. 179).

191 Für Werkvertrag: *Peters* in *Staudinger* Neubearbeitung 2000 § 633 Rn. 190; *Sprau* in *Palandt* 61. Aufl. § 633 Rn. 7;
für Kaufvertrag: *Honsell* in *Staudinger* § 480 Rn. 3; *Westermann* in MüKo 3. Aufl. § 480 Rn. 5.

192 So die herrschende Meinung: vgl. *Putzo* in *Palandt* 61. Aufl. § 480 Rn. 4; *Westermann* in MüKo 3. Aufl. § 480 Rn. 1; *Honsell* in *Staudinger* § 480 Rn. 2; wohl auch *Kesseler* in MDR 2001, 254, 255.

käufer die Beschaffung der nachzuliefernden Kaufsache nicht mehr zugemutet werden konnte.[193]

(bb) Kostentragungspflicht

Sowohl der Verkäufer als auch der Unternehmer hatten grundsätzlich die zum Zwecke der Nacherfüllung erforderlichen Aufwendungen zu tragen, insbesondere Transport-, Wege-, Arbeits- und Materialkosten. Der dies anordnende, direkt nur auf den vertraglich vereinbarten Nachbesserungsanspruch des Käufers anwendbare § 476 a BGB a. F. galt für die Nacherfüllungsansprüche der §§ 633 Abs. 2, 480 Abs. 1 BGB a. F. jeweils entsprechend.[194]

Zu den Kosten der Nacherfüllung zählten im Kauf- und im Werkvertragsrecht jeweils auch die für die zur Nachbesserung erforderlichen Vor- und Nacharbeiten.[195] Erforderliche Vorarbeiten waren z. B. solche zur Feststellung der Mangelursache oder zur Freilegung des Mangels. Erforderliche Arbeiten nach der eigentlichen Mangelbeseitigung waren vor allem solche zur Beseitigung der Nachbesserungsspuren. Die Kosten für die Vor- und Nacharbeiten konnten die für die eigentliche Mangelbeseitigung weit übersteigen.[196]

Nicht über die Kosten der Nacherfüllung auszugleichen war sowohl im Kauf- als auch im Werkvertragsrecht der während der Reparaturzeit anfallende Nutzungsausfall. Diesen konnten Käufer und Besteller vielmehr nur unter den Voraussetzungen der jeweils in Betracht kommenden Schadensersatzansprüche beanspruchen.[197]

---

193 Vgl. BGH in NJW 1972, 1702, 1703; 1994, 515, 516 (jeweils für den ursprünglichen Erfüllungsanspruch). Nach herrschender Meinung handelte es sich um Fälle des Wegfalls der Geschäftsgrundlage: vgl. *Löwisch* in *Staudinger* § 279 Rn. 24; *Heinrichs* in *Palandt* 61. Aufl. § 279 Rn. 8.

194 Für Werkvertrag: §§ 633 Abs. 2 S. 2 i. V. m. 476 a BGB a. F.
für Kaufvertrag: §§ 480 Abs. 1 S. 2 i. V. m. 476 a BGB a. F.

195 Für Werkvertrag: vgl. *Seiler* in *Erman* 10. Aufl. § 633 Rn. 27; *Peters* in *Staudinger* Neubearbeitung 2000 § 633 Rn. 180;
für Kaufvertrag: *Grunewald* in *Erman* 10. Aufl. § 476 a Rn. 2; *U. Huber* in *Soergel* § 476 a Rn. 14 ff.

196 So z. B., wenn bei der Nachbesserung unter dem Estrich verlegter undichter Heizungsrohre die Rohre zunächst freizulegen waren und nach deren Verlötung neuer Estrich und Teppichboden verlegt sowie der angefallene Bauschutt abgefahren werden musste (vgl. hierzu BGH in BB 1979, 804, 805). Die Kosten für die eigentliche Mängelbeseitigung, nämlich das Verlöten der Rohre, waren dabei erheblich geringer als die für die anderen erforderlichen Maßnahmen.

197 Für Werkvertrag: vgl. BGHZ 72, 31; *Peters* in *Staudinger* Neubearbeitung 2000 § 633 Rn. 180;
für Kaufvertrag: vgl. *U. Huber* in *Soergel* § 476 a Rn. 17.

Zu einer Durchbrechung der grundsätzlichen Kostentragungspflicht des Unternehmers konnte es im Wege der Vorteilsausgleichung kommen.[198] Aus einer seitens des Unternehmers vorgenommenen Nacherfüllung sollte der Besteller nicht zu Unrecht bereichert hervorgehen.[199] Bestimmte, im Wege der Wertung zu ermittelnde, auf der vorgenommenen Nachbesserung beruhende Vorteile musste sich der Besteller deshalb anrechnen lassen und ausgleichen.

In drei Fallkonstellationen wurden ausgleichspflichtige Vorteile infolge einer durch den Unternehmer vorgenommenen Nacherfüllung angenommen:[200] bei einer über die „Sowieso"-Kosten hinausgehenden Wertsteigerung,[201] bei ersparten Instandhaltungs- bzw. Instandsetzungsaufwendungen[202] und bei einer verlängerten Lebensdauer des Werks.[203]

Auch im Rahmen des Nacherfüllungsanspruchs des (Gattungs-) Käufers konnte es – zumindest faktisch – zu einer Vorteilsausgleichung kommen. Auf den Nacherfüllungsanspruch des Käufers fanden gem. § 480 Abs. 1 S. 2 BGB a. F. die für die Wandelung geltenden Vorschriften der §§ 464 bis 466, des § 467 Satz 1 und der §§ 469, 470, 474 bis 479 BGB a. F. entsprechende Anwendung. Über § 467 S. 1 BGB a. F. galten folglich die für das vertragsmäßige Rücktrittsrecht

---

198 Vgl. *Peters* in *Staudinger* Neubearbeitung 2000 § 633 Rn. 183; *A. Teichmann* in *Soergel* § 633 Rn. 7 f.; *Soergel* in MüKo § 633 Rn. 123; *Sprau* in *Palandt* 61. Aufl. § 633 Rn. 6.

199 Zu trennen von der hier zu behandelnden Vorteilsausgleichung war die Durchbrechung der Kostentragungspflicht des Unternehmers bei der Entstehung sog. „Sowieso"-Kosten (für diese Trennung: vgl. *Gross* in FS *Korbion*, S. 123, 131; *Brandt* in BauR 1982, 524, 533; *Schubert/Petersen-Thrö* in JR 1999, 368, 370; a. A. BGHZ 91, 206 ff.; *Wirth* in *Ingenstau/Korbion* § 13 VOB/B Rn. 829; *Werner/Pastor* Rn. 2474). Bei der Vorteilsausgleichung werden Vorteile ausgeglichen, die der Besteller aufgrund einer Nachbesserung im Rahmen des vertraglich Geschuldeten erlangt. „Sowieso"-Kosten entstehen bei der Erbringung „zusätzlicher", vertraglich nicht geschuldeter Leistungen im Rahmen der Nachbesserung; es handelt sich um solche Leistungen, die bei ursprünglich ordnungsgemäßer Herstellung hätten ausgeführt und auch gesondert vergütet werden müssen.

200 Vgl. hierzu *Gross* in FS *Korbion* S. 123, 133 ff.

201 Z. B., wenn bei der Nachbesserung ein nunmehr den Regeln der Technik entsprechendes, wenig teureres Material mit einer wesentlich höheren Lebensdauer verwendet wird.

202 Z. B., wenn ein über den bloßen Mangeldefekt hinausgehend defektes Werk im Zuge der Nacherfüllung neu hergestellt wird (Instandsetzungsaufwendungen); wenn eine zum weiteren Gebrauch eines Werks demnächst erforderliche Zertifizierung (z. B. Eichung) zugleich mit der Nacherfüllung vorgenommen wird (Instandhaltungsaufwendungen).

203 Z. B., wenn sich bei kurzlebigen Werken ein Mangel erst kurz vor Ablauf der Gewährleistungsfrist nach zuvor unbeeinträchtigem Gebrauch zeigt und die Nachbesserung nur durch Neuherstellung des Werks erfolgen kann.

geltenden Vorschriften der §§ 346 bis 348, 350 bis 354, 356 BGB a. F. entsprechend. Vorbenannte Vorschriften über das vertragsmäßige Rücktrittsrecht sahen unter anderem die Herausgabe bzw. die Vergütung von Nutzungen vor, § 347 S. 2 BGB a. F. Die dem Käufer aus der Nachlieferung ggf. erwachsenden Vorteile – z. B. eine längere Lebensdauer der gekauften Sache infolge Nachlieferung – konnten auf diesem Wege auszugleichen sein.

(cc) Ersatzvornahmerecht und Vorschussanspruch

Der Besteller hatte gem. § 633 Abs. 3 BGB a. F. das Recht zur Ersatzvornahme, wenn sich der Unternehmer mit der von ihm geschuldeten Nachbesserung im Verzug befand. Soweit der Käufer aufgrund vertraglicher Vereinbarung einen Nacherfüllungsanspruch hatte,[204] konnte auch er vorhandene Mängel entsprechend § 633 Abs. 3 BGB a. F. auf Kosten des Verkäufers selbst beseitigen.[205]

Wie der zur Ersatzvornahme berechtigte Besteller hatte auch der entsprechend § 633 Abs. 3 BGB a. F. berechtigte Käufer den bis zum 01.01.2002 bei unklarer dogmatischer Basis jedenfalls gewohnheitsrechtlich anerkannten[206] Anspruch auf Zahlung eines Vorschusses in Höhe der mutmaßlichen Mängelbeseitigungskosten.[207]

cc. Verjährung der Mängelrechte

Die Mängelrechte sowohl des Käufers als auch des Bestellers verjährten grundsätzlich in kurzer, also von der regelmäßigen Verjährungsfrist abweichender Frist, § 477 BGB a. F. einerseits und § 638 BGB a. F. andererseits:

---

204 Dass auch der gesetzlich gem. § 480 Abs. 1 S. 1 BGB nacherfüllungsberechtigte Käufer ein Ersatzvornahmerecht habe, wurde ersichtlich nicht vertreten.

205 So die zuletzt einhellige Auffassung: vgl. z. B. BGH in NJW 1991, 1882; BGH in ZIP 1992, 1559; OLG Düsseldorf in NJW-RR 1997, 1419; *U. Huber* in *Soergel* § 462 Rn. 68, *Westermann* in MüKo 3. Aufl. § 462 Rn. 13; *Götz* S. 113 f.; des Weiteren wohl auch *Medicus* in JuS 1992, 273, 276.

206 Vgl. *Seiler* in *Erman* 10. Aufl. § 633 Rn. 36; *Peters* in *Staudinger* Neubearbeitung 2000 § 633 Rn. 198.

207 Für Werkvertrag: vgl. *A. Teichmann* in *Soergel* § 633 Rn. 25; *Soergel* in MüKo § 633 Rn. 157;
für Kaufvertrag: vgl. BGH in ZIP 1992, 1559; *Westermann* in MüKo 3. Aufl. § 462 Rn. 13.

- grundsätzlich innerhalb von sechs Monaten verjährten sowohl die Mängelrechte des Käufers als auch die des Bestellers, unabhängig davon, ob der Mangel erkennbar oder verborgen war;[208]
- war ein Grundstück verkauft oder Arbeiten an einem solchen Gegenstand des Werkvertrages, verjährten die Mängelrechte in einem Jahr.[209]

Nur wenn Verkäufer oder Unternehmer einen Mangel arglistig verschwiegen hatten, galt die regelmäßige Verjährungsfrist von 30 Jahren, § 195 BGB a. F.

Grundsätzlich war eine Erleichterung der Verjährung der Mängelrechte von Käufer und Besteller möglich, zum Beispiel durch Abkürzung der Verjährungsfrist oder durch Festsetzung eines vorzeitigen Verjährungsbeginns, § 225 S. 2 BGB a. F. Enge Grenzen bildeten dabei allerdings für individualvertragliche Vereinbarungen die §§ 138, 242 BGB bzw. bei der Erleichterung der Verjährung durch AGB die §§ 9 ff. AGBG.[210]

dd. Abänderlichkeit der Mängelrechte

In Grenzen konnten sowohl die Mängelrechte des Käufers als auch die des Bestellers von den Parteien modifiziert, insbesondere abbedungen werden.

Die Grenzen waren: spezialgesetzlich jeweils die Arglist des Verkäufers bzw. des Unternehmers, §§ 476, 637 BGB a. F. für den Sachmangel einerseits und § 443 BGB a. F. (analog) für den Rechtsmangel andererseits. Allgemeingesetzliche Grenzen waren bei individualvertraglichen Vereinbarungen die §§ 138, 242 BGB und bei formularmäßigen Regelungen die §§ 9 ff. AGBG.[211]

ee. Verhältnis der Mängelrechte zu den allgemeinen Vorschriften

Schließlich gab es Gemeinsamkeiten hinsichtlich des Verhältnisses des jeweiligen (Sach-)Mängelrechts zu den allgemeinen Vorschriften. Sowohl im Kauf-

208 Für Werkvertrag: *Peters* in Staudinger Neubearbeitung 2000 § 638 Rn. 23; *Glanzmann* in RGRK § 638 Rn. 16; *Seiler* in *Erman* 10. Aufl. § 638 Rn. 1;
für Kaufvertrag: vgl. *Putzo* in *Palandt* 61. Aufl. § 477 Rn. 2; *U. Huber* in *Soergel* § 477 Rn. 49; *Westermann* in MüKo 3. Aufl. § 477 Rn. 14.
Die strikte Festlegung des Verjährungsbeginns der Mängelrechte konnte im Einzelfall unbefriedigend sein, wenn der Mangel erst nach Ablauf der Verjährungsfrist zu Tage trat. Vgl. dieser Problematik: *Westermann* in MüKo 3. Aufl. § 477 Rn. 14 (Kaufvertrag); *Jakobs* in JuS 1975, 76 (Werkvertrag).

209 Abweichend von der kurzen Verjährung im Kaufrecht gab es im Werkvertragsrecht noch eine fünfjährige Verjährungsfrist bei Bauwerken.

210 Vgl. zum Ganzen: *Peters* in *Staudinger* Neubearbeitung 2001 § 225 Rn. 15 ff.

211 Für Werkvertrag: vgl. *Sprau* in *Palandt* 61. Aufl. § 637 Rn. 1;
für Kaufvertrag: vgl. *Putzo* in *Palandt* 61. Aufl. Vorbem. v. § 459 Rn. 21 f.

recht[212] als auch im Werkvertragsrecht[213] war man sich darüber einig, dass die allgemeinen Vorschriften grundsätzlich[214] ab Gefahrübergang ausgeschlossen sein sollten. Dies, soweit es sich nicht um Ansprüche handelte, die mit Mängeln nichts zu tun hatten (beispielsweise aus der Verletzung von Nebenpflichten).[215]

b. Unterschiede

Soweit wegen des unmittelbaren Sachzusammenhangs noch nicht vorbenannt, gab es vor dem 01.01.2002 folgende Unterschiede zwischen den Mängelrechten des Käufers und denen des Bestellers:

aa. Gewährleistungsrechte

Die Gewährleistungsrechte des Käufers hatten zum Teil andere Voraussetzungen als die des Bestellers; die Schadensersatzansprüche unterschieden sich auch inhaltlich:

(a) Unterschiedliche Voraussetzungen

Als unterschiedliche Voraussetzungen der Gewährleistungsansprüche von Käufer und Besteller sind zu nennen:

(aa) Fristsetzung mit Ablehnungsandrohung

Um seine Gewährleistungsrechte geltend machen zu können, musste der Besteller dem Unternehmer grundsätzlich[216] eine angemessene Frist zur Beseitigung des

212 Vgl. BGHZ 114, 34, 36 f.; *Grunewald* in *Erman* 10. Aufl. Vor § 459 Rn. 5; *Putzo* in *Palandt* 61. Aufl. Vorbem. v. § 459 Rn. 3.

213 Vgl. BGH in NJW 1999, 2046, 2047; *Seiler* in *Erman* 10. Aufl. § 633 Rn. 43; *Sprau* in *Palandt* 61. Aufl. Vorb. v. § 633 Rn. 17.

214 Nicht ausgeschlossen sollten z. B. sein: der Anspruch aus § 326 BGB a. F. des nachlieferungsberechtigten Gattungskäufers; Ansprüche aus cic, sofern Verkäufer/Unternehmer vorsätzlich gehandelt hatten; Ansprüche aus PosFV bei (entfernten) Mangelfolgeschäden; die Arglistanfechtung gem. § 123 BGB; deliktische Ansprüche.

215 Vgl. zu den Einzelheiten die Darstellungen bei *Reinicke/Tiedtke* S. 229 ff. (Kaufvertrag) sowie bei *Sprau* in *Palandt* 61. Aufl. Vorb. v. § 633 Rn. 17 ff. (Werkvertrag).

216 Der Bestimmung einer Frist bedurfte es ausnahmsweise nicht, wenn die Beseitigung des Mangels unmöglich war, die Beseitigung des Mangels vom Unternehmer ernsthaft und endgültig verweigert worden war oder wenn die sofortige Geltendmachung der Gewährleistungsrechte durch ein besonderes Interesse des Bestellers gerechtfer-

Mangels gesetzt haben, verbunden mit der Erklärung, dass er die Beseitigung des Mangels nach dem Ablaufe der Frist ablehne, § 634 Abs. 1 S. 1 BGB a. F.

Aus vorbenanntem Erfordernis der Fristsetzung mit Ablehnungsandrohung und dem Erfordernis des Verzugs in § 633 Abs. 3 BGB a. F. wurde ein „Recht zur zweiten Andienung" des Unternehmers abgeleitet. Mit dem Nachbesserungsanspruch des Bestellers korrespondierte also ein Nachbesserungsrecht des Unternehmers.[217]

Dagegen kein Nachbesserungsrecht hatte – vorbehaltlich einer entsprechenden Parteivereinbarung – grundsätzlich[218] der Verkäufer (einer Gattungssache[219]).[220] Ohne jede Fristsetzung konnte der Käufer in diesen Fällen seine Gewährleistungsrechte geltend machen.

(bb) Vertretenmüssen im Sinne des § 460 BGB a. F.

Der Verkäufer musste den Mangel der verkauften Sache im Sinne des § 460 BGB a. F.[221] zu vertreten haben. Nicht zu vertreten hatte der Verkäufer den Mangel, wenn der Käufer diesen bei Abschluss des Kaufvertrages kannte. Nicht zu vertreten hatte der Verkäufer des weiteren einen Fehler im Sinne des § 459 Abs. 1 BGB a. F., wenn dem Käufer bei Abschluss des Kaufvertrages der Fehler infolge grober Fahrlässigkeit unbekannt geblieben war. Letzteres galt nicht, wenn der Verkäufer die Abwesenheit des Fehlers zugesichert oder diesen arglistig verschwiegen hatte.

Der Unternehmer musste den (Sach-)Mangel nicht in vorbenannter Weise zu vertreten haben. Eine dem § 460 BGB a. F. vergleichbare Regelung gab es im Werkvertragsrecht nicht.[222]

---

tigt war, namentlich auch bei Unzumutbarkeit der Nachbesserung für den Besteller (vgl. hierzu *Seiler* in *Erman* 10. Aufl. § 634 Rn. 7 ff.).

217 Vgl. BGHZ 142, 278, 281; *Seidel* in JZ 1991, 391; *Sprau* in *Palandt* 61. Aufl. § 633 Rn. 3; *Peters* in *Staudinger* Neubearbeitung 2000 § 634 Rn. 6.

218 In der Literatur wurde ein Nachlieferungsrecht des Verkäufers unter Gesichtpunkten von Treu und Glauben diskutiert: Wenn z. B. der Verkäufer sofortige Ersatzlieferung anbiete und diese für den Käufer akzeptabel sei, dürfe der Käufer sie nicht ablehnen (vgl. z. B. *Grunewald* in *Erman* 10. Aufl. § 480 Rn. 1; *Westermann* in MüKo 3. Aufl. § 480 Rn. 4; *Ballerstedt* in FS *Nipperdey* S. 261, 275 ff.).

219 Beim Stückkauf fehlte es nach herrschender Meinung bereits an einem gesetzlichen Nachbesserungsanspruch des Käufers (vgl. oben: S. 64 f.).

220 Vgl. BGH in NJW 1967, 33; *U. Huber* in *Soergel* § 480 Rn. 1; *Honsell* in *Staudinger* § 480 Rn. 8; *Westermann* in MüKo 3. Aufl. § 480 Rn. 4.

221 Für Rechtsmängel galt § 439 BGB a. F., nach dem vorbehaltlich dessen Absatz 2 nur positive Kenntnis relevant war.

222 Auf den Zeitpunkt des Vertragsschlusses abzustellen, wäre hier schon deshalb nicht sinnvoll gewesen, weil zu diesem Zeitpunkt das Werk regelmäßig noch gar nicht er-

(cc) Maßgebliche(r) Zeitpunkt(e)

Der stets notwendige (Sach-)Mangel musste hinsichtlich der Gewährleistungsrechte des Käufers zu einem bestimmten Zeitpunkt bzw. zu bestimmten Zeitpunkten vorliegen:

Zur Begründung der Ansprüche auf Wandelung und Minderung bzw. auf Schadensersatz gem. § 480 Abs. 2 BGB a. F. musste der Mangel grundsätzlich im Zeitpunkt des Gefahrübergangs vorhanden sein, § 459 BGB a. F. Für den Schadensersatzanspruch aus § 463 BGB a. F. musste die Kaufsache zusätzlich[223] bereits im Zeitpunkt des Vertragsschlusses mangelhaft sein, § 463 BGB a. F. Vor Gefahrübergang hatte der Käufer folglich regelmäßig keine Gewährleistungsrechte.[224]

Hingegen konnten im Werkvertragsrecht zumindest die Gewährleistungsrechte der Wandelung und der Minderung bereits vor Gefahrübergang begründet sein, nämlich mit Ablauf der zur Ablieferung des Werkes bestimmten Frist, § 634 Abs. 1 S. 2 BGB a. F. [225] Ob auch der Schadensersatzanspruch aus § 635 BGB a. F. bereits vor Gefahrübergang begründet sein konnte, war umstritten. Nach der wohl herrschenden Meinung[226] musste das Werk regelmäßig[227] bereits abgenommen bzw. im Sinne des § 646 BGB a. F. ausgeführt worden sein.

---

stellt war. Im Rahmen der Beratungen der Zweiten Kommission war ein Antrag negativ beschieden worden, nach welchem im Zeitpunkt der Abnahme die grob fahrlässige Unkenntnis von einem Mangel mit einem Rechtsverlust belegt werden sollte. Unter anderem führte die Zweite Kommission diesbezüglich aus: Es erscheine nicht gerechtfertigt, dem nicht sachkundigen Besteller im einseitigen Interesse des sachkundigen Unternehmers der Ansprüche wegen derjenigen Mängel für verlustig zu erklären, die er bei Abnahme nicht erkannt habe, obwohl er sie hätte erkennen können (vgl. Protokolle Band II S. 315 ff.).

223 Vgl. *Putzo* in *Palandt* 61. Aufl. § 463 Rn. 8; *U. Huber* in *Soergel* § 463 Rn. 7; *Honsell* in *Staudinger* § 463 Rn. 9.

224 Ausnahmsweise konnte der Käufer seine Gewährleistungsrechte bereits vor Gefahrübergang geltend machen, wenn der Mangel unbehebbar war oder der Verkäufer die Beseitigung des Mangels ernsthaft und endgültig verweigert hatte (vgl. BGHZ 34, 32, 34 f.; BGH in NJW 1995, 1737, 1738; *Grunewald* in *Erman* 10. Aufl. § 459 Rn. 30; *Vollkommer* in *Jauernig* 9. Aufl. § 459 Rn. 40).

225 Vgl. auch *Soergel* in MüKo § 634 Rn. 4; *Sprau* in *Palandt* 61. Aufl. § 634 Rn. 3; mit Einschränkungen auch *A. Teichmann* in *Soergel* § 634 Rn. 3.

226 Vgl. RGZ 62, 210, 214; BGH in NJW 1969, 838, 839; 1996, 1749, 1750, *Sprau* in *Palandt* 61. Aufl. § 635 Rn. 5; a. A. im Wesentlichen unter Hinweis darauf, dass der Wortlaut des § 634 Abs. 1 S.2 BGB a. F. gegen die wohl herrschende Meinung streite: vgl. *Seiler* in *Erman* 10. Aufl. § 635 Rn. 5; *Soergel* in MüKo § 635 Rn. 5; *Peters* in JZ 1977, 458, 463.

227 Ausnahmsweise kamen bereits vor Gefahrübergang Schadensersatzansprüche in Betracht. So z. B. bei rechtmäßiger Verweigerung der Abnahme durch den Besteller

(dd) Zusätzliche Voraussetzungen der Schadensersatzansprüche

Die Schadensersatzansprüche des Käufers gem. den §§ 463, 480 Abs. 2 BGB a. F. setzten zusätzlich zu den allgemeinen Voraussetzungen das Fehlen einer zugesicherten Eigenschaft oder einen arglistig täuschenden Verkäufer voraus. Allerdings brauchte der Verkäufer den Mangel nicht zu vertreten haben. Es handelte sich folglich um eine verschuldensunabhängige Schadensersatzhaftung.[228]

Der Schadensersatzanspruch des Bestellers aus § 635 BGB a. F. war stets verschuldensabhängig.

(b) Inhalt der Schadensersatzansprüche

Hinsichtlich des ersatzfähigen Schadens unterschieden sich die Schadensersatzansprüche des Käufers und der des Bestellers auch inhaltlich. Während die vorbenannten Schadensersatzansprüche des Käufers grundsätzlich[229] lediglich den Mangelschaden[230] umfassten, waren über § 635 BGB a. F. auch sog. nahe Mangelfolgeschäden[231] zu ersetzen.[232]

bb. Nacherfüllungsansprüche

Die Nacherfüllungsansprüche des Käufers (einer Gattungssache) und des Bestellers unterschieden sich zum Teil in ihren Voraussetzungen und Grenzen. Unterschiede gab es des Weiteren im Hinblick auf die grundsätzliche Kostentragungspflicht von Verkäufer und Unternehmer.

(vgl. BGHZ 132, 96) oder bei Mängeln, hinsichtlich derer eine Nachbesserung nicht mehr in Betracht kommt (vgl. BGH in NJW 2000, 132).

228 Vgl. *Westermann* (in MüKo 3. Aufl. § 463 Rn. 1), der § 463 BGB a. F. einen der wichtigsten Fälle einer verschuldensunabhängigen Schadensersatzhaftung im BGB nennt.

229 Ausnahmsweise waren Mangelfolgeschäden gem. den §§ 463, 480 Abs. 2 BGB a. F. ersatzfähig. So bei der Zusicherung von Eigenschaften, wenn die Mangelfolgeschäden vom objektiven Sinn der Zusicherung umfasst waren (vgl. z. B. BGH in NJW 1973, 843, 845).

230 Vgl. *Putzo* in *Palandt* 61. Aufl. § 463 Rn. 15; *Vollkommer* in *Jauernig* 9. Aufl. § 463 Rn. 15.

231 Zur Abgrenzung zwischen Mangel- und Mangelfolgeschaden: vgl. *Peters* in NJW 1978, 665 ff.; zur Abgrenzung zwischen nahem und entferntem Mangelfolgeschaden: vgl. BGHZ 58, 85 ff.

232 Vgl. z. B. BGHZ 58, 85, 89; BGH in NJW 1993, 923, 924.

(a) Unterschiedliche Voraussetzungen und Grenzen

Als unterschiedliche Voraussetzungen und Grenzen der Nacherfüllungsansprüche von Käufer und Besteller sind zu nennen:

(aa) Vertretenmüssen im Sinne des § 460 BGB a. F.

Wie im Rahmen der Gewährleistungsrechte: Den Mangel im Sinne des § 460 BGB a. F. zu vertreten haben musste der Verkäufer auch zur Begründung des Nacherfüllungsanspruchs des Käufers.[233]

Keine entsprechende Vorschrift gab es für den Nacherfüllungsanspruch des Bestellers.

(bb) Maßgeblicher Zeitpunkt

Ebenfalls wie im Rahmen der Gewährleistungsrechte: Damit der Käufer seinen Anspruch auf Nacherfüllung berechtigt geltend machen konnte, musste der Mangel grundsätzlich[234] im Zeitpunkt des Gefahrübergangs vorliegen.[235]

Der Besteller konnte Nacherfüllung bereits vor Gefahrübergang verlangen, nämlich mit Ablauf der für die Ablieferung des Werks bestimmten Frist, § 634 Abs. 1 S. 2 BGB a. F.[236]

(cc) Grenzen

Kein Nacherfüllungsanspruch des Bestellers sollte nach wohl ganz herrschender Meinung[237] bei Mängeln bestehen, die ihre Ursache ausschließlich im Verant-

---

233 Dies ergab sich aus dem Wortlaut des § 480 Abs. 1 S. 1 BGB a. F.: Statt der Wandelung oder der Minderung konnte der Käufer Nachlieferung verlangen.

234 Zu den Ausnahmen vgl. oben: Fn. 224.

235 Dies ergab sich einmal mehr aus dem Wortlaut des § 480 Abs.1 S. 1 BGB a. F. (vgl. oben: Fn. 233).

236 *Sprau* in *Palandt* 61. Aufl. Vorb. v. § 633 Rn 4; *Peters* in *Staudinger* Neubearbeitung 2000 § 633 Rn. 2; weitergehend *Busche* in DB 1999, 1250, 1251: Maßgebend sei der Zeitpunkt, in dem der Unternehmer seine Arbeit als abgeschlossen ansieht; a. A. *Jakobs* in FS *Beitzke* S. 67, 73 ff.: Der Zeitpunkt der Abnahme trenne den – hinsichtlich der Erfüllungsmodi in das Belieben des Unternehmers gestellten – Erfüllungsanspruch von dem auf die Beseitigung der Mängel eines bestimmten Werks beschränkten Anspruch aus § 633 Abs. 2 BGB a. F.

237 Vgl. BGH LM § 633 Nr. 3; in BauR 1977, 420, 421; *Peters* in *Staudinger* Neubearbeitung 2000 § 633 Rn. 39; *A. Teichmann* in *Soergel* Vor. § 633 Rn. 25 ff.; *Soergel* in MüKo § 633 Rn. 56 ff.; *Sprau* in *Palandt* 61. Aufl. § 633 Rn. 1 a; *Kohler* in NJW

wortungsbereich des Bestellers hatten. Ausschließlich im Verantwortungsbereich des Bestellers hatte ein Mangel seine Ursache etwa, weil er auf von dem Besteller gelieferten Stoffen oder seiner Anweisung zur Ausführung des Werkes beruhte und der Unternehmer seiner Prüfungs- und Hinweispflicht bezüglich Stoffen bzw. Ausführungsanweisung nachgekommen war.[238]

Auf Treu und Glauben wurde das vorerwähnte Freiwerden des Unternehmers von der Gewährleistungspflicht und damit der Ausschluss des Nacherfüllungsanspruchs des Bestellers mehrheitlich gestützt.[239]

Zum Nacherfüllungsanspruch des Käufers wurde gleiches ersichtlich nicht vertreten.[240]

(b) Kostentragungspflicht

Neben den vorstehend aufgezeigten Unterschieden, die Voraussetzungen und Grenzen der Nacherfüllungsansprüche von Käufer und Besteller betreffend, gab es zusätzliche im Hinblick auf die Frage, wer inwieweit die Kosten der Nacherfüllung zu tragen hat.

Im Kaufrecht unbekannte Durchbrechungen der grundsätzlichen Kostentragungspflicht des Unternehmers kamen bei Entstehung von „Sowieso"-Kosten[241] bzw. bei Mitverursachung des Mangels durch den Besteller[242] in Betracht.

1993, 417, 423; a. A. *Siegburg* in FS *Korbion*, S. 411, 421 ff., der von einem Fortbestand der Gewährleistungspflicht des Unternehmers ausging, unter entsprechender Anhebung der dem Unternehmer zustehenden Vergütung im Wege der ergänzenden Vertragsauslegung.

238 Eine ähnliche Einschränkung der Gewährleistungspflicht des Unternehmers ist in § 13 Nr. 3 VOB/B geregelt.

239 Vgl. BGH LM § 633 Nr. 3; in BauR 1977, 420, 421; *A. Teichmann* in *Soergel* Vor § 633 Rn. 26; *Soergel* in MüKo § 633 Rn. 58; *Wirth* in *Ingenstau/Korbion* § 13 Rn. 179; a. A. z. B. *Kohler* in NJW 1993, 417, 423, der einen Rückschluss aus § 645 Abs. 1 S. 1 BGB und eine entsprechende Anwendung von § 13 Nr. 3 VOB/B für maßgeblich hielt.

240 Obwohl Mängel, die ihre Ursache ausschließlich im Verantwortungsbereich des Käufers haben, durchaus möglich waren. Man denke z. B. an den Mangel einer nach Mustern des Käufers gefertigten, vertretbaren (Gattungs-)Sache (vgl. hierzu BGH in NJW 1971, 1793, 1794), deren Mangel ursächlich allein auf den Mustern des Käufers beruht. Auf diesen seinerzeit sog. uneigentlichen Werklieferungsvertrag (Lieferungskauf) fand § 480 Abs. 1 S. 1 BGB a. F. Anwendung, § 651 Abs.1 S. 2 Alt. 1 BGB a. F.

241 Vgl. BGHZ 90, 344; *A. Teichmann* in *Soergel* § 633 Rn. 6; *Soergel* in MüKo § 633 Rn. 123; *Peters* in *Staudinger* Neubearbeitung 2000 § 633 Rn. 184.

242 Vgl. BGHZ 90, 344; BGH in BB 1961, 430; in NJW 1981, 1448, 1449; 1999, 416, 417; *A. Teichmann* in *Soergel* § 633 Rn. 9; *Soergel* in MüKo § 633 Rn. 73; *Peters* in *Staudinger* Neubearbeitung 2000 § 633 Rn. 185.

(aa) Mitverursachung des Mangels

Im Hinblick auf die Durchbrechung der Kostentragungspflicht des Unternehmers bei Mitverursachung des Mangels durch den Besteller[243] wurde die Frage nach dem Rechtgrund für die Durchbrechung uneinheitlich beantwortet.

Als Rechtsgrund wurde zum einen § 254 BGB genannt.[244] Dagegen ist vor allem eingewandt worden, § 254 BGB sei auf (modifizierte) Erfüllungsansprüche, wie den Nacherfüllungsanspruch des Bestellers nicht anwendbar. Vielmehr ergebe sich die Durchbrechung der Kostenlast aus Treu und Glauben.[245] Vermittelnd wurde als Rechtsgrund zwar § 242 BGB genannt, jedoch auf die Rechtfolgen des § 254 BGB zurückgegriffen.[246]

Ein nur ganz geringer dogmatischer Unterschied folgte aus dem vorskizzierten Meinungsbild, wenn man berücksichtigt, dass § 254 BGB nach richtiger Ansicht nur eine Ausprägung des Grundsatzes von Treu und Glauben, namentlich des venire contra factum propium, ist.[247]

Unabhängig von der Frage des Rechtsgrunds: Im Ergebnis war man sich jedenfalls dahingehend einig, dass es zu einer Kostenbeteiligung des Bestellers entsprechend seines Mitverursachungsanteils komme.[248]

Zum Nacherfüllungsanspruch des Käufers wurde eine Durchbrechung der Kostentragungspflicht bei Mitverursachung des Mangels durch den Käufer ersichtlich nicht vertreten.[249] Selbst wenn also der Käufer den Mangel mitverursacht hatte blieb es bei der Kostentragungspflicht des Verkäufers.

---

243 Es waren dies z. B. die Fälle, in denen der Besteller einen ungeeigneten Stoff zur Verfügung gestellt hatte, gleichzeitig der Unternehmer jedoch fahrlässig gegen seine Prüfungs- und Hinweispflicht verstoßen hatte (vgl. *A. Teichmann* in *Soergel* § 633 Rn. 9).

244 So vor allem *Peters* in *Staudinger* Neubearbeitung 2000 § 633 Rn. 185; vgl. aber auch: BGH in BB 1961, 430; *Sprau* in *Palandt* 61. Aufl. § 633 Rn. 6.

245 Vgl. *A.Teichmann* in *Soergel* § 633 Rn. 9; für eine Anwendung von § 242 BGB wohl auch: BGHZ 90, 344, 348; BGH in NJW 1981, 1448, 1449; *Seiler* in *Erman* 10. Aufl. § 633 Rn. 29.

246 So OLG Koblenz in NJW-RR 1996, 919; in diese Richtung wohl auch *Soergel* in MüKo § 633 Rn. 112.

247 So BGHZ 34, 355, 363 f.; 36, 329, 342; 50, 112, 115; *Heinrichs* in *Palandt* 63. Aufl. § 254 Rn. 2; *Kuckuk* in *Erman* 11. Aufl. § 254 Rn. 4; a. A. *Greger* in NJW 1985, 1130, 1132; *Mertens* in *Soergel* § 254 Rn. 4, *Oetker* in MüKo 4. Aufl. § 254 Rn. 4.

248 Vgl. z. B. *Peters* in *Staudinger* Neubearbeitung 2000 § 633 Rn. 188 einerseits und BGHZ 90, 344 andererseits.

249 Mit den in Fn. 240 angestellten Erwägungen wäre eine (nur) Mitverursachung des Mangels durch den Käufer durchaus denkbar gewesen, wenn der Verkäufer den in

(bb) „Sowieso"-Kosten

„Sowieso"-Kosten[250] im Rahmen des werkvertraglichen Nacherfüllungsanspruches waren solche (Mehr-)Kosten der Nacherfüllung, um die das Werk bei ordnungsgemäßer Ausführung von vornherein teurer geworden wäre.[251]

Insoweit erwuchs dem nacherfüllenden Unternehmer ein zusätzlicher Vergütungsanspruch, gerechtfertigt unter dem Gesichtspunkt der ergänzenden Vertragsauslegung.[252] Im Wege der ergänzenden Vertragsauslegung wurde davon ausgegangen, dass sich der Besteller redlicherweise auf eine höhere Vergütung eingelassen hätte, wenn den Parteien die Erforderlichkeit eines höheren Aufwands bewusst gewesen wäre.[253] Die Höhe des zusätzlichen Vergütungsanspruchs richtete sich danach, was der Unternehmer hätte ursprünglich für die Erbringung der zusätzlichen Leistungen berechnen können. Maßgeblich war also der Preisstand zum Zeitpunkt des Vertragsschlusses.[254]

Anknüpfungspunkt für die Annahme der Entstehung von „Sowieso"-Kosten war, dass man den Unternehmer nicht mit den Kosten solcher Maßnahmen belasten wollte, die er nach dem Vertrag gar nicht zu erbringen hatte. Andererseits wollte man es dem Unternehmer aber auch nicht gestatten, sich auf diese Weise seiner werkvertraglichen Erfolgshaftung zu entziehen. In jedem Einzelfall war deshalb die geschuldete Leistung konkret zu ermitteln und aus dem Vertrag heraus festzulegen. Hatte der Unternehmer einen bestimmten Erfolg zu einem bestimmten Preis versprochen, so blieb er an seine Zusage auch dann gebunden, wenn sich die beabsichtigte, aber nicht vertraglich vereinbarte Ausführungsart nachträglich als unzureichend erwies und aufwendigere Maßnahmen erforderlich wurden. Richtete sich die Kalkulation des Unternehmers hingegen nicht allein nach seinen Vorstellungen, sondern in erster Linie nach einem Leistungsver-

---

den Mustern des Käufers angelegten Mangel bei Anwendung der im Verkehr erforderlichen Sorgfalt hätte erkennen können und müssen.

250 Als „Sowieso"-Kosten wurden z. B. angesehen die (Mehr-)Kosten für ein aufwendigeres Wärmedämmschutzsystem als vertraglich vorgesehen, welches allerdings von vornherein technisch geboten gewesen wäre (vgl. BGHZ 91, 206 ff.).

251 Vgl. z. B. BGHZ 91, 206, 211; BGH in NJW-RR 1990, 89; 728, 729; in NJW 1994, 2825, 2826; *Peters* in *Staudinger* Neubearbeitung 2000 § 633 Rn. 184; *A. Teichmann* in *Soergel* § 633 Rn. 6.

252 Vgl. *A. Teichmann* in *Soergel* § 633 Rn. 6; *Peters* in *Staudinger* Neubearbeitung 2000 § 633 Rn. 184; *Gross* in FS *Korbion* S. 123, 131; *Schubert/Petersen-Thrö* in JR 1999, 368, 370; einen Fall der Vorteilsausgleichung nahmen abweichend an: BGHZ 91, 206 ff; *Wirth* in *Ingenstau/Korbion* § 13 VOB/B Rn. 829; *Werner/Pastor* Rn. 2474.

253 Vgl. *A. Teichmann* in *Soergel* § 633 Rn. 6.

254 Vgl. z. B. BGH in NJW-RR 1994, 148, 149.

zeichnis, so umfasste der vereinbarte Preis die Werkleistung nur in der dort angegebenen Größe, Güte und Herstellungsart. Gleiches galt, wenn die Vertragsparteien auf Anregung des Unternehmers oder des Bestellers nicht nur den Leistungserfolg, sondern eine ganz bestimmte Ausführungsart ausdrücklich zum Vertragsgegenstand gemacht hatten. Im Rahmen der Nacherfüllung notwendig werdende Zusatzarbeiten waren dann gesondert zu vergüten.[255]

Für den Nacherfüllungsanspruch des Käufers wurde eine Durchbrechung der Kostentragungspflicht des Verkäufers bei der Entstehung von „Sowieso"-Kosten ersichtlich nicht vertreten.[256]

2. Neues Recht

Im Hinblick auf die dargestellten Gemeinsamkeiten von und Unterschiede zwischen Kauf- und Werkvertragsrecht im Besonderen haben sich seit dem 01.01.2002 folgende Veränderungen[257] ergeben.

---

255 Vgl. BGHZ 91, 206, 211; BGH in NJW-RR 1990, 89; in JR 1999, 367, 368; OLG Celle in BauR 1998, 801; OLG Düsseldorf in NJW-RR 1992, 23, 24; *Soergel* in MüKo § 633 Rn. 123; *Peters* in *Staudinger* Neubearbeitung 2000 § 633 Rn. 184; *A. Teichmann* in *Soergel* § 633 Rn. 6; *Wirth* in *Ingenstau/Korbion* § 13 VOB/B Rn. 829; *Werner/Pastor* Rn. 2475; *Gross* in FS *Korbion* S. 123, 131; *Früh* in BauR 1992, 160, 162 f.

256 Vor dem Hintergrund der seinerzeit einhelligen Auffassung, nach der der Nachlieferungsanspruch entfiel, wenn alle der versprochenen Gattung angehörigen Sachen nicht die vereinbarten Eigenschaften hatten (vgl. BGHZ 50, 200, 206; *U. Huber* in *Soergel* § 480 Rn. 17; *Honsell* in *Staudinger* § 480 Rn. 5; *Westermann* in MüKo 3. Aufl. § 480 Rn. 5; *Reinicke/Tiedtke* S. 181, *Grunewald* in *Erman* 10. Aufl. § 480 Rn. 3), erscheint dies richtig. Dies soll an folgendem Beispiel verdeutlicht werden. Im Rahmen eines Lieferungskaufs gem. § 651 Abs. 1 S. 2 Alt. 1 BGB a. F. über eine Gattungssache legt der Käufer besonderen Wert auf eine bestimmte Eigenschaft des Kaufgegenstands, der Verkäufer sichert diese Eigenschaft zu. Die Eigenschaft fehlt. Der Käufer verlangt Nachlieferung. Es stellt sich heraus, dass dem Kaufgegenstand die Eigenschaft nur durch eine wesentlich aufwendigere und zugleich teurere Herstellungsmethode verliehen werden könnte. Bei den durch die aufwendigere Herstellungsmethode verursachten Mehrkosten könnte es sich um „Sowieso"-Kosten handeln. Sie wären es allerdings nur dann, wenn die zunächst gewählte Herstellungsmethode vertraglich vorgesehen gewesen wäre (vgl. BGHZ 91, 206, 211 f.). Wäre die zunächst gewählte Herstellungsmethode vertraglich vorgesehen gewesen, dürfte sie zugleich Gattungsmerkmal sein. Ist die (unzulängliche) Herstellungsmethode jedoch zugleich Gattungsmerkmal, entfällt nach der vorbenannten einhelligen Auffassung der Nachlieferungsanspruch. Keine Sache aus der durch die (unzulängliche) Herstellungsmethode mitbestimmten Gattung könnte nämlich die zugesicherte Eigenschaft aufweisen. Ohne einen entsprechenden Nachlieferungsanspruch stellt sich das Problem der „Sowieso"-Kosten nicht.

a. Gemeinsamkeiten

Die vorstehend dargestellten Gemeinsamkeiten betreffend, haben sich einige Änderungen ergeben. Die Änderungen folgen zum Teil aus dem Gesetz selbst, zum Teil sind sie das Ergebnis vorzunehmender Rechtsfortbildungen.

Die Mehrheit der Änderungen betreffen Kauf- und Werkvertragsrecht gleichermaßen, sodass alte Gemeinsamkeiten in neuer Form fortbestehen. Weitere Änderungen führen zu Gemeinsamkeiten, die bisher nur im Ergebnis bestanden, bzw. erweitern zuvor nur partiell bestehende Gemeinsamkeiten. Vereinzelt führen Änderungen auch zu neuen Unterschieden zwischen Kauf- und Werkvertragsrecht.

aa. Mängelarten

Sowohl im Kauf- als auch im Werkvertragsrecht wird nach wie vor zwischen Sach- und Rechtsmangel unterschieden, § 434 BGB (Sachmangel) und 435 BGB (Rechtsmangel) einerseits bzw. § 633 Abs. 2 BGB (Sachmangel) und § 633 Abs. 3 BGB (Rechtsmangel) andererseits.

Seit dem 01.01.2002 haben Sach- und Rechtsmangel allerdings keine unterschiedlichen Rechtsfolgen mehr. Dem Käufer und dem Besteller stehen die in § 437 bzw. § 634 BGB geregelten Mängelrechte zur Verfügung; unabhängig davon, ob es sich um einen Sach- oder Rechtsmangel handelt.

Beim Sachmangel wird sowohl im Kauf- als auch im Werkvertragsrecht nicht mehr zwischen Fehler[258] und zugesicherter Eigenschaft unterschieden. In Übernahme eines subjektiv-objektiven Fehlerbegriffs wird vielmehr einheitlich abgestellt:

- auf die vereinbarte Beschaffenheit;
- mangels entsprechender Vereinbarung auf die Eignung für die nach dem Vertrag vorausgesetzte Verwendung;

---

257 Was sich offensichtlich nicht verändert hat, soll unerwähnt bleiben. Gedanklich kann insoweit die vorstehende, in der Vergangenheitsform gehaltene Darstellung in die Gegenwart überführt werden.

258 Die seinerzeit in § 459 Abs. 1 S. 2 BGB a. F. geregelte Unerheblichkeitsgrenze, die den kaufrechtlichen Fehlerbegriff vom werkvertraglichen unterschied, gibt es nicht mehr. Auch im Kaufrecht begründet nunmehr eine nur unerhebliche Vertragswidrigkeit einen Sachmangel. Unerheblichkeitsgrenzen gibt es jedoch im neuen Schuldrecht für Kauf- und Werkvertrag einheitlich in den §§ 281 Abs. 1 S. 3 (Ausschluss des Schadensersatzanspruchs statt der ganzen Leistung), 323 Abs. 5 S. 2 (Ausschluss des Rücktrittsrechts) BGB.

– mangels nach dem Vertrag vorausgesetzter Verwendung auf die Eignung für die gewöhnliche Verwendung und die Beschaffenheit, die bei Sachen bzw. Werken gleicher Art üblich ist und die nach der Art der Sache bzw. des Werkes erwartet werden kann, §§ 434 Abs. 1, 632 Abs. 2 BGB.[259]

Dem Sachmangel gleichgestellt ist jetzt jeweils das aliud und die negative Mengenabweichung, §§ 434 Abs. 3, 633 Abs. 2 S. 3 BGB.

Ein neuer Unterschied zwischen Kauf- und Werkvertragsrecht ist für den Sachmangel in beweisrechtlicher Hinsicht zu verzeichnen. Gem. § 476 BGB wird im Rahmen des Verbrauchsgüterkaufs vermutet, dass eine Sache bereits bei Gefahrübergang mangelhaft war, wenn sich ein Sachmangel innerhalb der ersten sechs Monate seit Gefahrübergang zeigt. Dies gilt nicht, wenn die Vermutung mit der Art der Sache oder des Mangels unvereinbar ist. § 476 BGB setzt Art. 5 Abs. 3 RL in Form einer gesetzlichen Vermutung um.[260]

Eine dem § 476 BGB entsprechende Regelung gibt es im Werkvertragsrecht nicht. § 476 BGB ist auf den (Verbraucher-)Werkvertrag auch nicht entsprechend anwendbar. Die analoge Anwendung der §§ 474 ff. BGB verbietet sich insgesamt.[261] Es fehlt schon an einer entsprechenden Regelungslücke. Der Begründung zum Fraktionsentwurf ist zu entnehmen, dass die Schaffung der §§ 474 ff. BGB nur erfolgte, weil man dies aufgrund der Verbrauchsgüterkaufrichtlinie für geboten hielt.[262] Bei den §§ 474 ff. BGB dürfte es sich also aus Sicht des Reformgesetzgebers um allein aufgrund der Verbrauchsgüterkaufrichtlinie erforderliches Sonderrecht handeln. Dies verdeutlicht auch die Schaffung des gesonderten Untertitels über den Verbrauchsgüterkauf, in dem die §§ 474 ff. BGB zusammengefasst sind. Die Schaffung eines entsprechenden Sonderrechts auch im Werkvertragsrecht wollte man ausweislich der Begründung zum Fraktionsentwurf gerade vermeiden, indem man durch die Neufassung des § 651 BGB die unter die Verbrauchsgüterkaufrichtlinie fallenden Werkverträge der Anwendbarkeit der Vorschriften über den Kauf unterstellte.[263]

bb. Mängelrechte

Hinsichtlich der Mängelrechte selbst gilt folgendes:

---

259 Besondere Regelungen gibt es im Kaufrecht: vgl. § 434 Abs. 1 S. 3 BGB (Eigenschaften, die aufgrund öffentlicher Äußerungen zu erwarten sind) und § 434 Abs. 2 BGB (Montagemängel).

260 Vgl. *Büdenbender* in Anwaltkommentar § 476 Rn. 1.

261 A. A. wohl *C. Teichmann* in JuS 2002, 417, 424.

262 Vgl. BT-Drucks. 14/6040 S. 242 ff.

263 Vgl. BT-Drucks. 14/6040 S. 267 f.

(a) Gewährleistungsrechte

Einen Anspruch auf Wandelung des Vertrags haben Käufer und Besteller nicht mehr. Stattdessen kann nunmehr vom Vertrag zurückgetreten werden, §§ 437 Nr. 2 BGB, 634 Nr. 3 BGB. Statt eines auf Rückgängigmachung des Vertrags gerichteten Anspruchs steht Käufer und Besteller jetzt also ein entsprechendes Gestaltungsrecht zu.

Auch das Gewährleistungsrecht der Minderung ist jeweils nicht mehr als Anspruch im Sinne der Legaldefinition des § 194 Abs. 1 BGB ausgestaltet, sondern ebenfalls als Gestaltungsrecht.[264] Die Ausübung des Minderungsrechts durch den Käufer bzw. durch den Besteller führt deshalb unmittelbar und einseitig zur Herabsetzung des Kaufpreises[265] bzw. des Werklohns[266].

Zwischen bestehenden Gewährleistungsrechten können Käufer und Besteller weiterhin wählen. Seit dem 01.01.2002 gilt jedoch: Auch nach Ausübung des Minderungs- bzw. Rücktrittsrechts können Käufer und Besteller noch Schadensersatzansprüche geltend machen. Für das Rücktrittsrecht ergibt sich dies unmittelbar aus § 325 BGB. Auf das Minderungsrecht findet § 325 BGB zumindest seinem Rechtsgedanken nach Anwendung.[267]

Als neuer Unterschied, die Gewährleistungsrechte von Käufer und Besteller betreffend, ist zu nennen: Im Gegensatz zum Besteller muss der Käufer keinen Ausschluss seiner Gewährleistungsrechte mehr fürchten, wenn er die Sache in Kenntnis des Mangels im Sinne des § 363 BGB annimmt, ohne sich seine Rechte wegen des Mangels vorzubehalten. Die den Ausschluss unter der Geltung des alten Rechts anordnende Regelung des § 464 BGB a. F. ist im Kaufrecht ersatzlos gestrichen worden. Die Verfasser des Fraktionsentwurfs hielten die Regelung für unvereinbar mit Art. 2 Abs. 3 RL.[268]

---

264 Durch die Umgestaltung der Minderung in ein Gestaltungsrecht sollen die Probleme bei der Anwendung des § 465 BGB a. F. (Vollzug von Wandelung bzw. Minderung) vermieden werden (vgl. BT-Drucks. 14/6040 S. 235). § 465 BGB a. F. fand über § 634 Abs. 4 BGB a. F. auch auf die Minderung im Rahmen des Werkvertrags Anwendung.

265 Vgl. *Büdenbender* in Anwaltkommentar § 437 Rn. 21.

266 Vgl. *Raab* in Anwaltkommentar § 634 Rn. 11.

267 Für Werkvertrag: vgl. *Raab* in Anwaltkommentar § 634 Rn. 13;
für Kaufvertrag: vgl. *Büdenbender* in Anwaltkommentar § 441 Rn. 9; a. A. *Putzo* in *Palandt* 63. Aufl. § 437 Rn. 31.

268 Vgl. BT-Drucks. 14/6040 S. 205.

(b) Nacherfüllungsansprüche

Hinsichtlich der vor dem 01.01.2002 bestehenden Gemeinsamkeiten der Nacherfüllungsansprüche von Käufer und Besteller gilt:

(aa) Grenzen

Ein neuer Unterschied beruht auch hier auf der Streichung des § 464 BGB a. F. Im Gegensatz zu dem Besteller muss der Käufer keinen Verlust seines Nacherfüllungsanspruchs mehr fürchten, wenn er die Sache in Kenntnis des Mangels vorbehaltlos im Sinne des § 363 BGB annimmt.

Zur Verweigerung der (gewählten Art der) Nacherfüllung sind nunmehr Verkäufer und Unternehmer berechtigt. Voraussetzung für dieses Recht sind unter der Geltung des reformierten Schuldrechts einheitlich unverhältnismäßige Kosten, §§ 439 Abs. 3, 635 Abs. 3 BGB. Bisher war der Unternehmer zur Verweigerung der Nacherfüllung bei unverhältnismäßigem Aufwand berechtigt. [269] Der Verkäufer konnte nach den Grundsätzen des Wegfalls der Geschäftsgrundlage von der Pflicht zur Nacherfüllung befreit werden.[270]

(bb) Kostentragungspflicht

Nachdem es zu einer Abschöpfung von Vorteilen, die der Käufer durch die Nacherfüllung des (Gattungs-)Verkäufers erlangte, bisher nur faktisch über die §§ 480 Abs. 1 S. 2, 467, 346 ff. BGB a. F. kommen konnte: [271] eine Durchbrechung der grundsätzlichen Kostentragungspflicht sowohl des Verkäufers als auch der des Unternehmers könnte nunmehr einheitlich im Wege der Vorteilsausgleichung anzunehmen sein.

Eine Durchbrechung der Kostentragungspflicht sowohl des Verkäufers als auch der des Unternehmers im Wege der Vorteilsausgleichung wäre unter folgenden Voraussetzungen anzunehmen.

Zunächst dürfte das Bedürfnis für die Vornahme einer Vorteilsausgleichung im Werkvertragsrecht durch die Schuldrechtsreform nicht weggefallen sein. Des Weiteren müsste ein Bedürfnis für die Vornahme einer Vorteilsausgleichung auch im Kaufrecht bestehen. Schließlich dürfte die Anwendung der Grundsätze

---

269 Inhaltlich unterscheidet sich der Begriff des Aufwands von dem der Kosten allerdings nur insoweit, als bei dem Begriff der Kosten die zur Nacherfüllung notwendigen Aufwendungen in Geldmitteln zu bemessen sind (vgl. oben: S. 15 f.).

270 Vgl. oben: S. 65 f.

271 Vgl. oben: S. 67 f.

über die Vorteilsausgleichung im Kaufrecht nicht gegen die Verbrauchsgüterkaufrichtlinie verstoßen.

Die bisherige Literatur zum neuen § 635 BGB geht ersichtlich ohne weiteres von einer Fortgeltung der Grundsätze über die Vorteilsausgleichung im Werkvertragsrecht aus.[272]

Gänzlich undifferenziert ist dies unrichtig. Im Anwendungsbereich des neuen § 635 Abs. 4 BGB ist das Bedürfnis für die Vornahme einer Vorteilsausgleichung – mit einer Einschränkung – jedenfalls für zwei der drei Fallkonstellationen weggefallen, für die unter der Geltung des alten Rechts das Bedürfnis für die Vornahme einer Vorteilsausgleichung bejaht wurde.[273]

Gem. § 635 Abs. 4 BGB kann der Unternehmer vom Besteller die Rückgewähr des mangelhaften Werks nach Maßgabe der §§ 346 bis 348 BGB verlangen, wenn das Werk im Zuge der Nacherfüllung neu hergestellt wird. Der Anspruch des Unternehmers aus § 635 Abs. 4 BGB richtet sich indes nicht nur auf Rückgewähr des mangelhaften Werks, sondern gem. den §§ 346 bis 348 BGB auch auf die Herausgabe von Nutzungen.[274] Sind die Rückgewähr bzw. die Herausgabe unmöglich, so ist grundsätzlich Wertersatz zu leisten.[275] Der Unternehmer ist also in der Lage, über den Anspruch aus § 635 Abs. 4 BGB unter den Voraussetzungen der §§ 346 bis 348 BGB eine Rückabwicklung des von ihm bislang nur schlecht erfüllten Vertrags herbeizuführen.

Einer Vorteilsausgleichung bedarf es daneben zum einen nicht, soweit der Vorteil in einer längeren Lebensdauer des Werks besteht, weil der Mangel erst nach einiger Zeit des unbeeinträchtigten Gebrauchs zu Tage tritt und durch Neuherstellung behoben wird.[276] § 635 Abs. 4 BGB ist insoweit eine abschließende Regelung.

---

272 Vgl. z. B. *Peters* in *Staudinger* Neubearbeitung 2003 § 634 Rn. 19; *Voit* in *Bamberger/Roth* § 635 Rn. 21; *Sprau* in *Palandt* 63. Aufl. § 635 Rn. 7.

273 Vgl. oben: S. 67.

274 So ausdrücklich die Begründung zum Fraktionsentwurf ohne fehlsame Erwägungen: vgl. BT-Drucks. 14/6040 S. 265 i. V. m. S. 232 f.; für den entsprechenden Anspruch des Verkäufers gem. § 439 Abs. 4 BGB: vgl. auch *Faust* in *Bamberger/Roth* § 439 Rn. 32; *Putzo* in *Palandt* 63. Aufl. § 439 Rn. 25; *Berger* in *Jauernig* 11. Aufl. § 439 Rn. 18; a. A. für § 439 Abs. 4 BGB: *Hoffmann* in ZRP 2001, 347, 349; *Schwab* in JuS 2002, 630, 636.

275 Vgl. *Voit* in *Bamberger/Roth* § 635 Rn. 24.

276 Wird z. B. der bestellte Austauschmotor nach 2000 km einwandfreier Arbeit aufgrund eines sich erst dann zeigenden Mangels ausgetauscht, kann der Unternehmer gem. § 635 Abs. 4 BGB Rückgewähr des Motors und Herausgabe der Gebrauchsvorteile verlangen. Damit ist es dem Unternehmer unter den Voraussetzungen der §§ 346 bis 348 BGB möglich, alle Vorteile des Bestellers „abzuschöpfen", die sich ohne die Regelung des § 635 Abs. 4 BGB in einer (vorteils-)ausgleichspflichtigen längeren Lebensdauer des bestellten Austauschmotors niederschlagen würden.

§ 635 Abs. 4 BGB gilt ferner nicht nur für Fälle der Neuherstellung des Werks. Die Regelung ist vielmehr entsprechend anwendbar, wenn im Zuge einer Nachbesserung Teile des Werks ausgetauscht werden müssen.[277] Auch hier besteht kein Bedürfnis für eine Vorteilsausgleichung, wenn der Vorteil in einer längeren Lebensdauer besteht, weil der Mangel erst nach einiger Zeit des unbeeinträchtigten Gebrauchs des Werks zu Tage tritt. Dies gilt allerdings nur unter der Einschränkung, dass sich die längere Lebensdauer auf das ausgewechselte Teil beschränkt und nicht auf das Gesamtwerk durchschlägt. Nur die Gebrauchsvorteile des ausgetauschten Teiles und nicht des Gesamtwerks können nämlich entsprechend § 635 Abs. 4 BGB herausverlangt werden und zur Abschöpfung der Vorteile führen, die sich sonst in einer ausgleichspflichtigen längeren Lebensdauer niederschlagen würden.[278]

Des Weiteren besteht kein Bedürfnis mehr für die Vornahme einer Vorteilsausgleichung im Anwendungsbereich des § 635 Abs. 4 BGB, wenn die Nacherfüllung erst nach einiger Zeit des unbeeinträchtigten Gebrauchs vorgenommenen wird und der Besteller Instandhaltungs- oder Instandsetzungsarbeiten erspart. Auch insoweit ist § 635 Abs. 4 BGB eine abschließende Regelung. Instandsetzungsaufwendungen kann der Besteller denklogisch nur ersparen, wenn er dem Unternehmer ein über den Mangel hinausgehend defektes Werk zurückgewährt. Hinsichtlich letzterer Verschlechterung hat er dem Unternehmer Wertersatz zu leisten, jedenfalls aber eine verbleibende Bereicherung nach den Vorschriften der §§ 812 ff. BGB[279] herauszugeben, § 346 Abs. 3 Nr. 2 bzw. S. 2 BGB. Daneben ist für eine Vorteilsausgleichung kein Platz. Gleiches gilt mit anderen Erwägungen für ersparte Instandhaltungsaufwendungen. Diese bekäme der Besteller, hätte er sie denn getätigt, als notwendige Verwendungen Zug-um-Zug gegen die Rückgewähr des mangelhaften Werks zurück, § 347 Abs. 2 S. 1 BGB. Diese gesetzliche Wertung, nach der getätigte Instandhaltungsaufwendungen zu Lasten des Unternehmers als Rückgewährgläubiger gehen sollen, zeigt, dass ersparte Instandhaltungsaufwendungen kein ausgleichspflichtiger Vorteil (mehr) sein können. Es kann keinen Unterschied machen, ob sich der Mangel erst kurz nach oder kurz vor der Tätigung entsprechender Aufwendungen zeigt.

---

277 Vgl. *Peters* in *Staudinger* Neubearbeitung 2003 § 635 Rn. 12; *Voit* in *Bamberger/Roth* § 635 Rn. 24.

278 Wird z. B. in einem Bauwerk der Heizungskessel nach zwei Jahren unbeeinträchtigten Gebrauchs wegen eines dann zu Tage tretenden Mangels ausgetauscht, ist neben § 635 Abs. 4 BGB kein Raum für eine Vorteilsausgleichung. Anders verhält es sich, wenn bei dem bestellten Austauschmotor der Vergaser ausgetauscht wird und dies zu einer längeren Lebensdauer des gesamten Motors führt.

279 Es handelt sich insoweit um eine Rechtsfolgenverweisung (vgl. *Kohler* in JZ 2002, 682, 684 ff.).

Bei einem Bedürfnis für die Vornahme einer Vorteilsausgleichung im Werkvertragsrecht verbleibt es danach nur noch:

- außerhalb des weiten (entsprechenden) Anwendungsbereichs des § 635 Abs. 4 BGB;[280]
- wenn im Zuge der durch einen erst nach einiger Zeit des unbeeinträchtigten Gebrauchs hervortretenden Mangel veranlassten Nachbesserung Teile des Werks ausgetauscht werden und sich dadurch eine längere Lebensdauer des Gesamtwerks ergibt;
- sowie schließlich bei einer über entstehende „Sowieso"-Kosten hinausgehenden, von diesen nicht abgedeckten Wertsteigerung, z. B. in Form einer längeren Lebensdauer aufgrund der die „Sowieso"-Kosten auslösenden „zusätzlichen" Leistungen.[281]

Weil auch § 439 Abs. 4 BGB auf die §§ 346 bis 348 BGB verweist, gelten die vorstehenden Ausführungen entsprechend. Überhaupt nur in den soeben erarbeiteten, auf das Kaufrecht übertragenen Fallkonstellationen kann ein Bedürfnis für eine Durchbrechung der Kostentragungspflicht des Verkäufers gem. § 439 Abs. 2 BGB im Wege der Vorteilsausgleichung in Betracht kommen.

Ob insoweit ein entsprechendes Bedürfnis besteht, gilt es weiterführend zu fragen. Was die Fälle angeht, auf die wegen des neuen § 651 BGB statt Werkvertragsrecht nunmehr Kaufrecht Anwendung findet,[282] ist ein Bedürfnis für die Vornahme einer Vorteilsausgleichung ohne weiteres zu bejahen, wenn dem Käufer durch die Nacherfüllung ausgleichspflichtige Vorteile entstehen. Ein solches,

---

280 Außerhalb des (entsprechenden) Anwendungsbereichs des § 635 Abs. 4 BGB steht nach dem zuvor Gesagten nur die Vornahme einer Nachbesserung ohne den Austausch von Teilen des Werks. Dass es infolge einer solchen Nachbesserung zu ausgleichspflichtigen Vorteilen, insbesondere zu einer längeren Lebensdauer des Werks kommt, erscheint eher ein Ausnahmefall zu sein.

281 Im Einzelfall kann das Bedürfnis für die Vornahme einer Vorteilsausgleichung aufgrund des neu geschaffenen § 635 Abs. 4 BGB auch hier entfallen. Die wohl nur ganz ausnahmsweise vorliegenden, hierfür erforderlichen Voraussetzungen sind: Die im Anwendungsbereich des § 635 Abs. 4 BGB nach Maßgabe der §§ 346 bis 348 BGB „abzuschöpfenden" Gebrauchsvorteile müssen wertmäßig größer/gleich zu denen sind, die bei Gebrauch des „neuen" Werks im gleichen Umfang entstanden wären; die aufgrund der „zusätzlichen" Leistungen verlängerte Lebensdauer des Werks muss dem Zeitraum der unbeeinträchtigten Nutzung des ursprünglichen Werks entsprechen. Nur für den letzteren Zeitraum können nämlich über § 635 Abs. 4 BGB Gebrauchsvorteile „abgeschöpft" werden. Regelmäßig werden jedoch die Gebrauchsvorteile des „neuen" Werks aufgrund der „zusätzlichen" Leistungen höherwertig und die aufgrund vorbenannter Leistungen verlängerte Lebensdauer unterschiedlich zu dem Zeitraum der unbeeinträchtigten Nutzung des ursprünglichen Werks sein.

282 Vgl. hierzu oben: S. 47 ff.

unter der vormaligen Anwendbarkeit des Werkvertragsrechts angenommenes Bedürfnis[283] kann nicht deshalb entfallen sein, weil sich die (Mängel-)Rechte des Bestellers nunmehr nach den §§ 437 ff. BGB richten. Auch hier gilt, dass es zu einer ungerechtfertigten Bereicherung des Bestellers durch die Nacherfüllung nicht kommen darf – ebenso wenig wie durch den entsprechenden Schadensersatzanspruch.[284]

Aber auch im Bereich des klassischen Kaufrechts dürfen dem Käufer infolge der Nacherfüllung keine ungerechtfertigten Vorteile verbleiben. Ein Bedürfnis für die Vornahme einer Vorteilsausgleichung besteht folglich auch im Bereich des klassischen Kaufrechts. Es kann auch hier für die Frage der Anwendbarkeit der Grundsätze über die Vorteilsausgleichung keinen Unterschied machen, ob die Vorteile im Rahmen des Nacherfüllungs- oder des Schadensersatzanspruchs[285] entstehen.

Schließlich muss die erwogene Anwendung der Grundsätze über die Vorteilsausgleichung auch auf den Nacherfüllungsanspruch des Käufers mit der Verbrauchsgüterkaufrichtlinie zu vereinbaren sein.

Zweifel an der Vereinbarkeit mit der Verbrauchsgüterkaufrichtlinie könnten sich im Hinblick auf Art. 3 Abs. 2 RL ergeben. Nach dieser Regelung hat der Verbraucher Anspruch auf die unentgeltliche Herstellung des vertragsgemäßen Zustands. Wenn also in der Herausgabe des ausgleichspflichtigen Vorteils durch den Käufer ein Entgelt für die Herstellung des vertragsgemäßen Zustands zu sehen wäre, würde dies Art. 3 Abs. 2 RL entgegenstehen.[286]

Der Begriff „unentgeltlich" ist legaldefiniert in Art. 3 Abs. 4 RL. Er umfasst danach die für die Herstellung des vertragsgemäßen Zustands des Verbrauchsguts notwendigen Kosten, insbesondere Versand-, Arbeits- und Materialkosten. Diese Kosten hat der Verkäufer zu tragen. Nur sie dürfen dem Verbraucher nicht aufgebürdet werden.

Mit der Herstellung des vertragsgemäßen Zustands des Verbrauchsguts hat die Herausgabe eines ausgleichspflichtigen Vorteils nur insoweit zu tun, als der Verkäufer die Nacherfüllung lediglich Zug-um-Zug gegen die Herausgabe des

---

283 Vgl. oben: S. 67.

284 Vgl. zum (alten) Werkvertragsrecht: *Peters* in *Staudinger* Neubearbeitung 2000 § 633 Rn. 183; *Brandt* in BauR 1982, 524, 535.

285 Dort gelten die Grundsätze unzweifelhaft: vgl. nur *Heinrichs* in *Palandt* 63. Aufl. Vorb. v. § 249 Rn. 124.

286 Für den ähnlich gelagerten Fall des über §§ 439 Abs. 4 i. V. m. 346 bis 348 BGB zu leistenden Nutzungsersatzes nehmen dies an: *Hoffmann* in ZRP 2001, 347, 349; *Roth* in JZ 2001, 475, 489; a. A. die wohl herrschende Meinung: z. B. *Westermann* in JZ 2001, 530, 537; *Faust* in *Bamberger/Roth* § 439 Rn. 32, der Begründung des Fraktionsentwurfs folgend (vgl. BT-Drucks. 14/6040 S. 233).

Vorteils vorzunehmen hat.[287] Zu Kosten für die Herstellung des vertragsgemäßen Zustands wird die Herausgabe des ausgleichspflichtigen Vorteils damit nicht.

Die Herausgabe des ausgleichspflichtigen Vorteils führt zudem dazu, dass die Vertragsparteien so gestellt werden, als sei von Anfang an ordnungsgemäß erfüllt worden. Dieses Ziel verfolgt ersichtlich auch die Verbrauchsgüterkaufrichtlinie, indem sie den Verkäufer zur unentgeltlichen Nacherfüllung verpflichtet. Sie steht der Anwendung der Grundsätze über die Vorteilsausgleichung auch auf den Nacherfüllungsanspruch des Käufers nicht entgegen.

Nach allem: Was hinsichtlich der Vorteilsausgleichung für den Nacherfüllungsanspruch des Bestellers gilt, gilt entsprechend auch für den Nacherfüllungsanspruch des Käufers[288].

Außerhalb des weiten Anwendungsbereichs[289] des § 439 Abs. 4 BGB können folglich ausgleichspflichtige Vorteile entstehen, wenn es im Zuge einer nach einiger Zeit des unbeeinträchtigten Gebrauchs der Kaufsache vorgenommenen Nachbesserung ohne den Austausch von Teilen zu einer längeren Lebensdauer der Kaufsache kommt.[290]

Ausgleichspflichtige Vorteile können ferner entstehen, wenn nach einiger Zeit des unbeeinträchtigten Gebrauchs der Kaufsache eine Nachbesserung durch den Austausch eines Teils vorgenommen wird und dies zu einer längeren Lebensdauer der gesamten Kaufsache führt.

Schließlich könnte es zu ausgleichspflichtigen Vorteilen kommen,[291] bei über die „Sowieso"-Kosten hinausgehenden, von diesen nicht abgedeckten Wertsteigerungen. Ob und ggf. inwieweit „Sowieso"-Kosten im Rahmen der Nacherfüllung im Kaufrecht überhaupt entstehen können, ist eine an anderer Stelle[292] noch zu beantwortende Frage.

Im Rahmen sowohl des Nacherfüllungsanspruchs des Bestellers als auch in dem des Nacherfüllungsanspruchs des Käufers sind heute die Grundsätze der Vorteilsausgleichung zur Anwendung zu bringen.

---

287 Der auf Nachlieferung bzw. Nachbesserung gerichtete Nacherfüllungsanspruch und der regelmäßig in Geld herauszugebende Vorteil sind nämlich ungleichartig (vgl. BGHZ 27, 241, 248 f.).

288 A. A. *Westermann* in MüKo 4. Aufl. § 439 Rn. 16.

289 § 439 Abs. 4 BGB gilt wie die Parallelnorm des § 635 Abs. 4 BGB entsprechend, wenn im Zuge einer Nachbesserung Teile der Kaufsache ausgetauscht werden müssen.

290 Auch hier dürfte dies eher der Ausnahmefall sein (vgl. für das Werkvertragsrecht oben: Fn. 280).

291 Mit dem oben in Fn. 281 gemachten Vorbehalt.

292 Vgl. unten: S. 114 ff.

(cc) Ersatzvornahmerecht und Vorschussanspruch

Das Recht zur Ersatzvornahme des nacherfüllungsberechtigten Bestellers ist nunmehr in §§ 634 Nr. 2, 637 Abs. 1 BGB geregelt. Einen Verzug des Unternehmers mit der Nacherfüllung setzt § 637 Abs. 1 BGB nicht mehr voraus, anders als noch die alte Regelung des § 633 Abs. 3 BGB a. F. Lediglich der erfolglose Ablauf einer dem Unternehmer grundsätzlich[293] zu setzenden, angemessenen Frist ist noch erforderlich. Der Unternehmer braucht den fruchtlosen Ablauf der Nacherfüllungsfrist folglich nicht mehr zu vertreten haben.[294]

Der zuvor jedenfalls gewohnheitsrechtlich anerkannte Vorschussanspruch des ersatzvornahmeberechtigten Bestellers ist jetzt in § 637 Abs. 3 BGB kodifiziert.

Obwohl für das vertraglich begründete Nachbesserungsrecht des Käufers sowohl das Ersatzvornahmerecht als auch der Vorschussanspruch in entsprechender Anwendung der werkvertraglichen Regelungen bzw. Grundsätze einhellig anerkannt waren,[295] hat der Reformgesetzgeber für den jetzigen Nacherfüllungsanspruch des Käufers weder Ersatzvornahmerecht noch Vorschussanspruch kodifiziert.

Zu klären ist deshalb, ob für den Nacherfüllungsanspruch des Käufers in entsprechender Anwendung der §§ 634 Nr. 2, 637 BGB auf die werkvertraglichen Regelungen und Grundsätze zurückgegriffen werden kann.

Die herrschende Meinung[296] lehnt eine entsprechende Anwendung der in den §§ 634 Nr. 2, 637 BGB geregelten Rechte auf den kaufrechtlichen Nacherfüllungsanspruch trotz zum Teil vorhandener rechtspolitischer Bedenken[297] ab:

Für eine analoge Anwendung der in Rede stehenden werkvertraglichen Vorschriften fehle es bereits an einer planwidrigen Regelungslücke. Der Reformgesetzgeber habe wie die Schuldrechtskommission bewusst von der Regelung eines

---

293 Zu den Ausnahmen vgl. § 637 Abs. 2 BGB.

294 Vgl. *Voit* in *Bamberger/Roth* § 637 Rn. 1; *P. Huber* in *Huber/Faust* S. 436.

295 Vgl. oben: S. 68.

296 So ausdrücklich: *Büdenbender* in Anwaltkommentar § 439 Rn. 14; *Saenger* in HK-BGB § 439 Rn. 7; *Faust* in *Bamberger/Roth* § 439 Rn. 4; *Schubel* in *Schwab/Witt* S. 182 ff.; *Mankowski* in MDR 2003, 854, 858; *Voit* in BauR 2002, 145, 148; *Meub* in DB 2002, 131, 134; *Ott* in MDR 2002, 361, 364; *Kraus* in BauR 2002, 524, 526; des weiteren wohl auch: *Hertel* in DNotZ 2002, 6, 19; *Thode* in NZBau 2002, 297, 298 f.; *Lorenz* in NJW 2003, 1417; 1418; *Voit* in *Bamberger/Roth* § 634 Rn. 18; *Haas* in *H/M/R/S/W* S. 299; *Westermann* in MüKo 4. Aufl. § 439 Rn. 10.

297 Vgl. *Büdenbender* in Anwaltkommentar § 439 Rn. 14; *Mankowski* in MDR 2003, 854, 858; *Schubel* in *Schwab/Witt* S. 184, der das Fehlen eines Ersatzvornahmerechts des Käufers als „offenkundige Systemwidrigkeit" bezeichnet.

Ersatzvornahmerechts des Käufers abgesehen;[298] die enumerative Aufzählung der Rechte des Käufers in § 437 BGB sei abschließend.[299]

Im Übrigen werde der Käufer durch die anderen Rechtsbehelfe ausreichend geschützt; insbesondere auch dadurch, dass der Verkäufer auf Schadensersatz hafte, wenn er infolge von Umständen, die er zu vertreten habe, nicht nacherfülle.[300] Der entsprechende Schadensersatzanspruch des Käufers ergebe sich sodann aus den §§ 280, 281 Abs. 1 BGB.[301]

Die nur vereinzelt vertretene Gegenansicht[302] meint, dem Käufer sollten nach Fristablauf die Befugnis zur eigenen Mängelbehebung und der Vorschussanspruch nicht versagt werden. Anderenfalls zwinge man den Käufer auf den umständlichen Weg über § 887 ZPO.[303]

Der Gegenansicht ist zu folgen. Eine entsprechende Anwendung der Rechte aus §§ 634 Nr. 2, 637 BGB auf den Nacherfüllungsanspruch des Käufers aus § 439 Abs. 1 BGB ist zu befürworten.

Entgegen der herrschenden Meinung besteht sehr wohl eine planwidrige Regelungslücke. Zuzugeben ist der überwiegenden Ansicht diesbezüglich zwar, dass sich der Abschlußbericht der Schuldrechtskommission mit einem Ersatzvornahmerecht für den Käufer auseinandersetzt und das Bedürfnis für ein solches verneint.[304] Auch lässt sich sowohl dem Fraktionsentwurf[305] wie auch der Beschlussempfehlung des Rechtsausschusses[306] in der Tat entnehmen, dass sowohl die Verfasser des Fraktionsentwurfs als auch die der Beschlussempfehlung des Rechtsausschusses durchaus das fehlende Ersatzvornahmerecht des Käufers gesehen haben und diese Lücke offenbar auch nicht durch Rechtsprechung und Literatur geschlossen wissen wollten. Dass der Reformgesetzgeber bewusst – und damit in einer die Annahme einer planwidrigen Regelungslücke ausschließenden Weise – auf die Kodifizierung eines Ersatzvornahmerechts des nachbesserungsberechtigten Käufers verzichtet hätte, lässt sich dem jedoch nicht entnehmen. Dies ergibt sich aus Folgendem:

Die Schuldrechtskommission war lediglich eine beratende Kommission. Ihre Mitglieder waren weder einzeln noch in ihrer Gesamtheit der Reformgesetzgeber.

---

298 Vgl. *Schubel* in *Schwab/Witt* S. 183.
299 Vgl. *Büdenbender* in Anwaltkommentar § 437 Rn.1.
300 Vgl. *Faust* in *Bamberger/Roth* § 439 Rn. 4.
301 Vgl. *Schubel* in *Schwab/Witt* S. 184.
302 Vgl. *Berger* in *Jauernig* 11. Aufl. § 439 Rn. 8; *Peters* in JR 2004, 353 ff.; *ders.* in Staudinger Neubearbeitung 2003 § 651 Rn. 5.
303 Vgl. *Berger* in *Jauernig* 11. Aufl. § 439 Rn. 8.
304 Vgl. Abschlußbericht S. 213 f.
305 Vgl. BT-Drucks. 14/6040 S. 95.
306 Vgl. BT-Drucks. 14/7052 S. 177.

Die Ausführungen in ihrem Abschlußbericht stellen demzufolge nur eine – keinesfalls bindende – Richtschnur im Hinblick auf die Ermittlung des gesetzgeberischen Willens dar.[307] Von den Ausführungen kann unter anderem dann abgewichen werden, wenn sie auf einer falschen Einschätzung der Normsituation beruhen.[308] Dies ist der Fall.

In ihrem Abschlussbericht geht die Kommission nämlich davon aus, dass – anders als beim Werkvertrag – der Käufer, der die Sache behalten wolle, bei Verzug des Verkäufers mit der Mängelbeseitigung die Kosten der Mängelbeseitigung als Schadensersatz oder als Minderungsbetrag beanspruchen könne, darüber hinaus ein Interesse an einer Ersatzvornahme in der Regel aber nicht erkennbar sei.[309] Wie die heute herrschende Meinung war also auch die Schuldrechtskommission bereits der Auffassung, der Käufer werde durch die ihm sonst zustehenden Rechtsbehelfe ausreichend geschützt. Dies trifft jedoch nicht zu.

Zum einen wird dem selbst nacherfüllenden Käufer mit dem nach § 441 Abs. 3 BGB zu berechnenden Minderungsbetrag oftmals nicht gedient sein. Dieser kann zwar im Einzelfall mit den Kosten der Nacherfüllung übereinstimmen, wird es aber häufig zulasten des selbst nacherfüllenden Käufers nicht. Dies liegt daran, dass der für die Berechnung des Minderungsbetrages auch maßgebliche Minderwert in vielen Fällen unterhalb der Kosten für die Nacherfüllung liegt. Der Minderwert kann insbesondere deshalb niedriger sein, weil die Beseitigung eines Mangels oftmals hohe Kosten erfordert und eine mangelhafte Sache im Geschäftsverkehr und Gebrauch einen nur wenig geminderten Wert haben kann.[310] Die Kommission ging im Übrigen an anderer Stelle ihres Abschlußberichts selbst davon aus, dass die Berechnung des Minderungsbetrags nicht von den Kosten der Nachbesserung abhängig sein solle.[311] Selbst wenn aber der Minderwert mit den Kosten der Nacherfüllung übereinstimmt, ist dem Käufer mit dem Minderungsbetrag immer dann nicht geholfen, wenn der Kaufpreis unter dem Wert der Sache im mangelhaften Zustand liegt. Der Minderungsbetrag ist dann verhältnismäßig geringer als der Minderwert.[312]

Zum anderen bilden auch die von der Kommission erwähnten Schadensersatzansprüche keinen billigen Ausgleich für das fehlende Ersatzvornahmerecht

---

307 Vgl. BVerfGE 54, 277, 298.
308 Vgl. *Larenz/Canaris* S. 150.
309 Vgl. Abschlußbericht S. 213 f.
310 Vgl. *Putzo* (in *Palandt* 63. Aufl. § 441 Rn. 15), der als Beispiele den Gebrauchtwagen mit einem Motor höherer Laufleistung und den fehlenden Airbag für den Beifahrer nennt.
311 Vgl. Abschlußbericht S. 219.
312 Zur Berechnung des Minderungsbetrags vgl. *Putzo* in *Palandt* 63. Aufl. § 441 Rn. 12.

des Käufers. Sie begründen allenfalls ein „Ersatzvornahmerecht 2. Klasse"[313]. Dies zeigt ein Blick auf die in Betracht kommenden Schadensersatzansprüche.

Einen Ausgleich für das fehlende Ersatzvornahmerecht des Käufers können Schadensersatzansprüche überhaupt nur dann bilden, wenn über sie die Kosten der eigenen Nachbesserung durch den Käufer liquidiert bzw. im Vorwege eingefordert werden können. Diesbezüglich kommen insbesondere in Frage: Der Anspruch auf Schadensersatz statt der Leistung wegen der mangelhaften Leistung als solcher und der Anspruch auf Schadensersatz statt der Leistung wegen der schuldhaften Nichtvornahme der Nacherfüllung, §§ 280, 281 BGB.[314] Hier kann der Käufer den sog. „kleinen Schadensersatz" fordern; den schadensbedingten Minderwert der Kaufsache also, der nach den erforderlichen Reparaturkosten berechnet werden kann.[315]

Sowohl die mangelhafte Lieferung als auch die Nichtvornahme der Nachbesserung muss der Verkäufer jedoch zu vertreten haben, § 280 Abs. 1 S. 2 BGB. Insoweit besteht eine durch nichts gerechtfertigte Schlechterstellung des Käufers im Vergleich zum verschuldensunabhängigen Ersatzvornahmerecht des Bestellers. Der Käufer wird nämlich in aller Regel nicht beurteilen können, ob der Verkäufer die mangelhafte Lieferung bzw. die Nichtvornahme der Nachbesserung zu vertreten hat.[316] Er läuft deshalb Gefahr, die von ihm zur Nachbesserung aufgewandten Kosten nicht im Wege des Schadensersatzes beanspruchen zu können, wenn der Verkäufer sich entlastet. Vor dieser Gefahr wollte man ausweislich des Fraktionsentwurfs[317] den Besteller gerade schützen, indem man auf das Erfordernis des (verschuldensabhängigen) Schuldnerverzuges zur Begründung des Ersatzvornahmerechts des Bestellers verzichtete. Es gibt keinen Grund, den Käufer nicht für ähnlich schutzwürdig zu halten.

Der hinsichtlich der Kosten für die eigene Nachbesserung auf Schadensersatzansprüche verwiesene Käufer steht im Vergleich zu dem zur Ersatzvornahme berechtigten Besteller auch insoweit schlechter, als der Anspruch auf die Leistung ausgeschlossen ist, sobald der Käufer Schadensersatz statt der Leistung ver-

---

313 *Schubel* in *Schwab/Witt* S. 184.

314 Zu dieser Differenzierung vgl. *Faust* in *Bamberger/Roth* § 437 Rn. 43. Davon abweichend halten lediglich die Nichtvornahme bzw. die Verzögerung der Nacherfüllung für haftungsbegründend: *Lorenz/Riehm* S. 288 f.; *Lorenz* in NJW 2002, 2497, 2503; *Schur* in ZGS 2002, 243. Letztere Ansicht ist abzulehnen. Sie führt zu dem unbilligen Ergebnis, dass ein vorsätzlich mangelhaft liefernder Verkäufer nicht auf Schadensersatz haftete, wenn er sich nur redlich um Nacherfüllung bemühte.

315 Vgl. BGH in NJW 1983, 1424, 1425.

316 Was im Falle der Nichtvornahme der Nacherfüllung häufiger der Fall sein wird, als bei der mangelhaften Leistung als solcher (so auch Schubel in Schwab/Witt S. 184; Faust in Bamberger/Roth § 437 Rn. 43).

317 Vgl. BT-Drucks. 14/6040 S. 266.

langt hat, § 281 Abs. 4 BGB. Keine Nacherfüllung könnte der die fiktiven Reparaturkosten verlangende Käufer also mehr beanspruchen, wenn z. B. der Verkäufer nach Beseitigung eines Personal- oder Materialengpasses wieder zur Nacherfüllung in der Lage ist; der Kostenvorschuss verlangende Besteller hingegen schon.[318] Der „Wechsel" zurück auf den Nacherfüllungsanspruch kann durchaus im Interesse des Käufers liegen, wenn z. B. der Verkäufer nach Beseitigung des vorbenannten Engpasses schnell und kompetent nacherfüllen kann; die käufereigene Nacherfüllung hingegen längere Zeit in Anspruch nehmen würde und ungewissen Ausgangs wäre. Auch für diese Schlechterstellung des Käufers gegenüber dem Besteller gibt es keinen sachlichen Grund.

Schließlich ist der auf die Geltendmachung von Schadensersatzansprüchen verwiesene Käufer grundlos benachteiligt, soweit die Ersatzvornahme der Nachlieferung in Rede steht. Schadensersatzrechtlich handelt es sich hier nämlich um die Geltendmachung von Schadensersatz statt der ganzen Leistung. Diese ist bei Vorliegen einer nur unerheblichen Pflichtverletzung ausgeschlossen, § 281 Abs. 1 S. 3 BGB. Nachlieferung kann jedoch grundsätzlich auch bei nur unerheblichen Mängeln verlangt werden.[319] Ein entsprechendes Ersatzvornahmerecht würde also ebenfalls bei nur unerheblichen Mängeln bestehen.

Weder durch den Minderungsbetrag noch durch mögliche Schadensersatzansprüche erhält der Käufer mithin einen billigen Ausgleich für das im Kaufrecht nicht ausdrücklich geregelte Ersatzvornahmerecht. Die Schuldrechtskommission hat jedoch das Erfordernis eines Ersatzvornahmerechts gerade mit dem Hinweis auf den Ausgleich über den Minderungsbetrag bzw. die Schadensersatzansprüche verneint, wie ausgeführt. Dies beruhte – jedenfalls unter der hier vorgenommenen Zugrundelegung des geltenden Rechts – auf einer Fehleinschätzung der Normsituation. Die entsprechenden Ausführungen der Schuldrechtskommission sind deshalb im Hinblick auf die Ermittlung des reformgesetzgeberischen Willens nicht ausschlaggebend zu berücksichtigen.

Dass der Reformgesetzgeber hinsichtlich des kaufrechtlichen Nachbesserungsanspruchs bewusst auf die Regelung des Ersatzvornahmerechts verzichtet habe, lässt sich des Weiteren weder dem Fraktionsentwurf noch der Beschlussempfehlung des Rechtsausschusses entnehmen.[320] Ein bewusster, zur Annahme des Fehlens einer planwidrigen Regelungslücke führender Verzicht kann nämlich

318 Vgl. *Peters* in *Staudinger* Neubearbeitung 2003 § 634 Rn. 62; *Sprau* in *Palandt* 63. Aufl. § 634 Rn. 4; *Voit* in *Bamberger/Roth* § 637 Rn. 6.

319 Vgl. *Putzo* in *Palandt* 63. Aufl. § 437 Rn. 8; *Berger* in *Jauernig* 11. Aufl. § 439 Rn. 2.

320 Wobei jedenfalls die entsprechenden Ausführungen in der Beschlussempfehlung des Rechtsausschusses als „Wille des Gesetzgebers" anzusehen sind (vgl. *Larenz/Canaris* S. 150).

nicht angenommen werden, wenn der Verzicht mit einer Fehleinschätzung der (seinerzeit) geltenden Rechtslage einhergeht. Eine solche Fehleinschätzung ist sowohl der fraglichen Formulierung des Fraktionsentwurfs als auch der wortgleichen Passage der Beschlussempfehlung des Rechtsausschusses zu entnehmen. In beiden Schriftstücken heißt es:

„Als Unterschied verbleiben insbesondere... und das im Kaufrecht fehlende Recht zur Ersatzvornahme."

Ausweislich der vorbenannten Formulierung (...*verbleiben*...) ging man also offensichtlich von einem vormals fehlenden Ersatzvornahmerecht des Käufers aus. Hier irrte man. Wie ausgeführt, waren sowohl das Ersatzvornahmerecht als auch der Vorschussanspruch des vertraglich zur Nachbesserung berechtigten Käufers in analoger Anwendung der entsprechenden werkvertraglichen Vorschriften und Grundsätze einhellig anerkannt.

Anzunehmen ist, dass man sich auf Seiten des Reformgesetzgebers unter Berücksichtigung der wahren Rechtslage der grundsätzlichen Bestrebung – die Unterschiede zwischen Kauf- und Werkvertrag zu beseitigen oder beträchtlich zu verringern[321] – erinnert und eine den §§ 634 Nr. 2, 637 BGB entsprechende Regelung im Kaufrecht getroffen hätte.

Jedenfalls kann der offensichtlich in Verkennung der seinerzeit geltenden Rechtslage geäußerte Verzicht nicht als bewusst bewertet und damit zur Verneinung einer planwidrigen Regelungslücke herangezogen werden. Eine solche ist vielmehr mangels bewussten Verzichts zu bejahen.

Zu füllen ist die Lücke durch eine entsprechende Anwendung der §§ 634 Nr. 2, 637 BGB.

Hierfür besteht ein unabwendbares Bedürfnis, da die dem nacherfüllungsberechtigten Käufer ausdrücklich zustehenden Rechte, namentlich Minderung und Schadensersatz, keinen billigen Ausgleich zu begründen vermögen, wie aufgezeigt.

Mit den Befürwortern der auch hier vertretenen Ansicht ist ein Bedürfnis für eine entsprechende Anwendung der §§ 634 Nr. 2, 637 BGB aber auch deshalb zu bejahen, weil es unbillig wäre, den die Nacherfüllung verlangenden Käufer auf den Umweg über eine Titulierung seines Nacherfüllungsanspruchs und die Vollstreckung aus diesem Titel zu verweisen. Dies, um letztlich erst so ein Ersatzvornahmerecht – nämlich aus § 887 Abs. 1 ZPO – zu begründen.

Die Regelung des § 887 Abs. 1 ZPO zeigt zudem, dass dem geschriebenen Recht ein Ersatzvornahmerecht des Käufers nicht fremd ist, wobei § 887 Abs. 2 ZPO auch noch einen Kostenvorschuss vorsieht. Der Weg zu Ersatzvornahme und Kostenvorschuss über § 887 ZPO ist lediglich zu umständlich und langwie-

321 Vgl. BT-Drucks. 14/7052 S. 176.

rig. Er setzt zunächst eine Klage des Käufers auf Nacherfüllung voraus, ohne Rücksicht auf das tatsächliche Verhältnis der Parteien des Kaufvertrags. Unter Umständen kann dieses Verhältnis so zerrüttet sein, dass es § 637 Abs. 2 BGB gestatten würde, sofort, ohne Fristsetzung, zur Ersatzvornahme zu schreiten. Der Käufer müsste also auf etwas klagen, was ihm nach der Wertung des § 637 Abs. 2 BGB unzumutbar ist. Ein Ergebnis, welches die hier vorgesehene Analogie vermeidet[322].

Gegen die hier vorgesehene Analogie spricht schließlich nichts, insbesondere auch nicht die Verbrauchsgüterkaufrichtlinie. Diese sieht zwar in ihrem Geltungsbereich ein Ersatzvornahmerecht des zur Nacherfüllung berechtigten Käufers nicht vor. Das Ersatzvornahmerecht als zusätzliches Recht gewährleistet jedoch ein höheres Schutzniveau für die Verbraucher und ist daher von Art. 8 Abs. 2 RL gedeckt.

cc. Verjährung der Mängelrechte

Die Verjährung der Mängelansprüche, also der Ansprüche auf Nacherfüllung, Ersatzvornahme und Schadensersatz, von Käufer und Besteller, ist nach wie vor weitgehend gleichgeschaltet. Der einzig nennenswerte, zuvor bestehende Unterschied ist gar beseitigt worden. Drei neue Unterschiede sind indes im Zuge der Schuldrechtsreform geschaffen worden.

Die Gestaltungsrechte von Käufer und Besteller auf Rücktritt und Minderung unterliegen zwar nicht der Verjährung.[323] Der (Ab-)Lauf der für die Mängelansprüche geltenden Verjährungsfristen spielt jedoch eine entscheidende Rolle für die Frage, ob die Gestaltungsrechte auf Rücktritt und Minderung noch wirksam ausgeübt werden können.

(a) Mängelansprüche

In fünf Jahren verjähren nunmehr grundsätzlich die Mängelansprüche des Käufers bei einem Bauwerk bzw. bei einer Sache, die entsprechend ihrer üblichen Verwendungsweise für ein Bauwerk verwendet worden ist und dessen Mangelhaftigkeit verursacht hat, § 438 Abs. 1 Nr. 2 BGB.

In gleicher Frist verjähren grundsätzlich die Mängelansprüche des Bestellers bei einem Bauwerk und bei einem Werk, dessen Erfolg in der Erbringung von Planungs- oder Überwachungsleistungen hierfür besteht, § 634 a Abs. 1 Nr. 2 BGB.

---

322 Vgl. *Peters* in JR 2004, 353, 355.

323 Dies ergibt sich aus einem Umkehrschluss zu § 194 Abs. 1 BGB.

Auf die Kenntnis des Käufers bzw. Bestellers von dem Mangel kommt es nicht an.[324]

Mit der fünfjährigen Verjährungsfrist auch im Kaufrecht ist der zuvor bestehende, einzig nennenswerte Unterschied beseitigt worden.

In zwei Jahren verjähren seit dem 01.01.2002 grundsätzlich die Mängelansprüche des Bestellers bei einem Werk, dessen Erfolg in der Herstellung, Wartung oder Veränderung einer Sache oder in der Erbringung von Planungs- oder Überwachungsleistungen hierfür besteht, § 634 a Abs. 1 Nr. 1 BGB. In gleicher Frist verjähren grundsätzlich auch die Mängelansprüche des Käufers, sofern es sich nicht um die in § 438 Abs. 1 Nr. 1 BGB benannten Rechtsmängel und nicht um die vorbenannten Bauwerksmängel handelt, § 438 Abs. 1 Nr. 3 BGB.

Auf die Kenntnis des Käufers bzw. Bestellers von dem Mangel kommt es auch hier nicht an.[325]

Sofern Verkäufer bzw. Unternehmer einen Mangel arglistig verschwiegen haben, verjähren die Mängelansprüche von Käufer und Besteller statt in fünf bzw. zwei Jahren in der regelmäßigen Verjährungsfrist, also grundsätzlich in drei Jahren ab Entstehung des und Kenntnis von dem Anspruch(s), §§ 195, 199 Abs. 1 BGB. Im Falle eines Bauwerkmangels oder eines diesem gem. §§ 438 Abs. 1 Nr. 2 bzw. 634 a Abs. 1 Nr. 2 BGB gleich gestellten Mangels tritt die Verjährung jedoch nicht vor Ablauf von fünf Jahren ein, §§ 438 Abs. 3, 634 a Abs. 3 BGB.

Einer der drei neuen Unterschiede zwischen der Verjährung von Mängelansprüchen des Käufers und der Verjährung der entsprechenden Ansprüche des Bestellers ist die Regelung des § 634 a Abs. 1 Nr. 3 BGB. Nach § 634 a Abs. 1 Nr. 3 BGB verjähren die Mängelansprüche des Bestellers in Abgrenzung zu § 634 a Abs. 1 Nr. 1 und 2 BGB in der regelmäßigen Verjährungsfrist, §§ 195, 199 Abs. 1 BGB. Erfasst werden von § 634 a Abs. 1 Nr. 3 BGB insbesondere unkörperliche Werke, die keine Planungs- oder Überwachungsleistungen an Sachen betreffen.[326] Der nunmehr in § 634 a Abs. 1 Nr. 3 BGB geregelte Auffangtatbestand wurde ausweislich des Fraktionsentwurfs zum einen geschaffen, weil die Feststellung etwaiger Mängel bei Vorliegen eines unkörperlichen Arbeitsergebnisses für den Besteller tendenziell schwieriger sei; zum anderen, weil unkörperliche Werke den Dienstleistungen regelmäßig sehr nahe stünden, und so hinsichtlich der Verjährung auf der Sekundärebene ein Wertungsgleichklang erzielt werden könne.[327]

---

324 Für Werkvertrag: vgl. *Sprau* in *Palandt* 63. Aufl. § 634 a Rn. 1.
für Kaufvertrag: vgl. *Faust* in *Bamberger/Roth* § 438 Rn. 1.

325 Vgl. oben: Fn. 324.

326 Vgl. *Voit* in *Bamberger/Roth* § 634 a Rn. 21; *Sprau* in *Palandt* 63. Aufl. § 634 a Rn. 12.

327 Vgl. BT-Drucks. 14/6040 S. 264.

Der zweite neue Unterschied ist die dreißigjährige Verjährung für bestimmte Rechtsmängel im Kaufrecht. Gem. § 438 Abs. 1 Nr. 1 BGB verjähren die Mängelansprüche des Käufers in dreißig Jahren ab Gefahrübergang, wenn der Mangel in einem dinglichen Recht eines Dritten besteht, aufgrund dessen die Herausgabe der Kaufsache verlangt werden kann, oder in einem sonstigen Recht, das im Grundbuch eingetragen ist. Auf die Kenntnis des Käufers von dem Mangel kommt es auch hier nicht an.[328]

Als dritter neuer Unterschied ist zu nennen, dass im Rahmen eines Verbrauchsgüterkaufs die Verjährung der Mängelansprüche des Käufers vor Mitteilung eines Mangels durch Rechtsgeschäft auch nicht mehr in den zuvor bestehenden engen Grenzen[329] erleichtert werden kann, wenn die Vereinbarung zu einer Verjährungsfrist ab dem gesetzlichen Verjährungsbeginn von weniger als zwei Jahren, bei gebrauchten Sachen von weniger als einem Jahr, führt, § 475 Abs. 2 BGB. Keine Anwendung findet § 475 Abs. 2 BGB allerdings auf den Anspruch auf Schadensersatz, § 475 Abs. 3 BGB.

(b) Rücktritt und Minderung

Im Hinblick auf die Gestaltungsrechte Rücktritt und Minderung gilt für Kauf- und Werkvertrag gleichermaßen:

Der durch den Käufer bzw. den Besteller erklärte Rücktritt ist unwirksam, wenn der Nacherfüllungsanspruch[330] verjährt ist und Verkäufer bzw. Unternehmer sich darauf berufen, §§ 438 Abs. 4 S. 1, 634 a Abs. 4 S. 1, 218 Abs. 1 BGB. Haben der Verkäufer bzw. der Unternehmer die Nacherfüllung zu Recht gem. §§ 439 Abs. 3, 635 Abs. 3 oder § 275 Abs. 2 und 3 BGB verweigert oder ist die Nacherfüllung gem. § 275 Abs. 1 BGB unmöglich, so ist der Rücktritt von Käufer bzw. Besteller auch dann unwirksam, wenn der Nacherfüllungsanspruch, wäre er entstanden oder jedenfalls nicht untergegangen, verjährt wäre, § 218 Abs. 1 S. 2 BGB.

Gem. §§ 438 Abs. 4 S. 2, 634 a Abs. 4 S. 2 BGB können Käufer bzw. Besteller trotz unwirksamen Rücktritts die (noch nicht geleistete) Zahlung auch dann

328 Vgl. oben: Fn. 324.

329 Vgl. oben: S. 69.

330 Nur auf die Verjährung des Nacherfüllungsanspruchs kommt es hier an. Durch die mangelhafte Leistung von Verkäufer bzw. Unternehmer hat sich der ursprüngliche Erfüllungsanspruch in den Nacherfüllungsanspruch konkretisiert (vgl. *Henrich* in *Bamberger/Roth* § 218 Rn. 3; *Heinrichs* in *Palandt* 63. Aufl. § 218 Rn. 4; *Faust* in *Bamberger/Roth* § 438 Rn. 48; a. A. *Putzo* in *Palandt* 63. Aufl. § 438 Rn. 18, der offenbar auch die Verjährung des ursprünglichen Erfüllungsanspruchs für relevant hält).

noch insoweit verweigern, als sie aufgrund des wirksamen Rücktritts dazu berechtigt wären. Allerdings sind Verkäufer und Unternehmer gem. §§ 438 Abs. 4 S. 3, 634 a Abs. 4 S. 3 BGB zum Rücktritt berechtigt, wenn Käufer bzw. Besteller von vorbenanntem Leistungsverweigerungsrecht Gebrauch machen.

Vorstehendes gilt entsprechend für das Minderungsrecht von Käufer und Besteller, §§ 438 Abs. 5, 634 a Abs. 5 BGB; mit der Ausnahme,[331] dass Verkäufer und Unternehmer selbstverständlich[332] nicht zum Rücktritt berechtigt sind, wenn Käufer bzw. Besteller entsprechend den §§ 438 Abs. 4 S. 2, 634 a Abs. 4 S. 2 BGB die Zahlung insoweit verweigern, als sie aufgrund der wirksamen Minderung dazu berechtigt sein würden.

Die erst durch Ausübung des jeweiligen Gestaltungsrechts entstehenden Rechte aus Rücktritt und aus Minderung verjähren sowohl für den Käufer als auch für den Besteller in der regelmäßigen Verjährungsfrist, §§ 195, 199 Abs. 1 BGB. Sie werden von den §§ 438, 634 a BGB nicht erfasst.[333]

dd. Abänderlichkeit der Mängelrechte

In Grenzen können weiter sowohl die Mängelrechte des Käufers als auch die des Bestellers von den Parteien modifiziert, insbesondere abbedungen werden. Unwirksam ist eine Haftungsbegrenzung spezialgesetzlich nunmehr auch, wenn Verkäufer bzw. Unternehmer eine Garantie für die Beschaffenheit der Sache bzw. des Werkes übernommen haben, §§ 444 Alt. 2, 639 Alt. 2 BGB. Im Übrigen vollzieht sich die Inhaltskontrolle formularmäßig vereinbarter Haftungsbeschränkungen nach Integration des AGBG in das BGB nunmehr anhand der §§ 307 ff. BGB.

Anders als bei der Bestellung eines Werks kann sich der Verkäufer im Rahmen eines Verbrauchsgüterkaufs auf eine vor Mitteilung eines Mangels vereinbarte Haftungsbegrenzung nicht mehr berufen, § 475 Abs. 1 BGB. Dies stellt einen neuen Unterschied zwischen Kauf- und Werkvertragsrecht im Besonderen

331 Die §§ 438 Abs. 5 und 634 a Abs. 5 BGB verweisen nicht auf den jeweiligen Abs. 4 S. 3 dieser Vorschriften.

332 Es wird nur die Lage hergestellt, die bei wirksamer Ausübung des Minderungsrechts bestünde: Der Käufer behält die mangelhafte Sache und der Verkäufer erhält den durch den Minderungsbetrag gekürzten Kaufpreis. Für eine Rückabwicklung des Vertrags durch einen seitens des Verkäufers erklärten Rücktritt besteht insoweit kein Grund.

333 Vgl. *Harms* in BRAK-Mitt. 2001, 278, 281; *Reinking* in ZGS 2002, 140, 141; *Haas* in *H/M/R/S/W* S. 216 und 245; a. A. *Wagner* (in ZIP 2002, 789, 790 ff.), der meint, Sinn und Zweck der gewährleistungsrechtlichen Verjährung – Rechtssicherheit binnen kurzer Frist – geböten die Anwendung der entsprechenden Vorschriften auch auf die Ansprüche aus Rücktritt und Minderung.

dar. Keine Anwendung findet § 475 Abs. 1 BGB allerdings auf den Schadensersatzanspruch des Käufers, § 475 Abs. 3 BGB.

ee. Verhältnis der Mängelrechte zu den allgemeinen Vorschriften

Das Verhältnis des jeweiligen Mängelrechts zu den Vorschriften des allgemeinen Leistungsstörungsrechts hat sich grundlegend verändert. Die Sachmängelhaftung im Kauf- und Werkvertragsrecht war bis zum Ablauf des 31.12.2001 vom allgemeinen Leistungsstörungsrecht abgetrennt und als Gewährleistungsrecht verselbständigt. Trotz der fortbestehenden Sonderregelungen der §§ 434 ff. BGB einerseits und der §§ 633 ff. BGB andererseits sind sowohl das Kauf- als auch das Werkmängelrecht nunmehr ein (besonderer) Teil des allgemeinen Leistungsstörungsrechts.[334] Die fortbestehenden Sonderregelungen kommen ab Gefahrübergang zur Anwendung. Zuvor gilt das allgemeine Leistungsstörungsrecht unmittelbar.[335]

b. Unterschiede

Nachhaltige Veränderungen hat es bezüglich der vorerwähnten und wegen des unmittelbaren Sachzusammenhangs noch nicht vorstehend abgehandelten Unterschiede zwischen den kauf- und werkvertraglichen Mängelrechten zum 01.01.2002 gegeben.

aa. Gewährleistungsrechte

Die für den Käufer bzw. den Besteller vormals in Betracht kommenden Gewährleistungsrechte unterschieden sich in ihren Voraussetzungen zum Teil, wie dargestellt.[336] Weitestgehend beseitigt sind diese Unterschiede im Hinblick auf die dem Käufer bzw. dem Besteller nunmehr zustehenden Gewährleistungsrechte.

Die Schadensersatzansprüche von Käufer und Besteller unterscheiden sich auch nicht mehr inhaltlich.

(a) (Unterschiedliche) Voraussetzungen

Diesbezüglich haben sich folgende Veränderungen ergeben:

---

334 Vgl. *Heinrichs* in *Palandt* 63. Aufl. Vorb. v. § 275 Rn. 17.

335 Vgl. *Stadler* in *Jauernig* 11. Aufl. Vor. §§ 275-292 Rn. 15; *Heinrichs* in *Palandt* 63. Aufl. Vorb. v. § 275 Rn. 17.

336 Vgl. oben: S. 70 ff.

(aa) Fristsetzung mit Ablehnungsandrohung

Die Ablehnung der Beseitigung des Mangels durch den Unternehmer für den Fall des fruchtlosen Ablaufs der gesetzten Nacherfüllungsfrist muss der Besteller nicht mehr erklären, um die Gewährleistungsrechte Rücktritt, Minderung und Schadensersatz geltend machen zu können;[337] die sog. Ablehnungsandrohung ist nicht mehr erforderlich.[338] Ausreichend, aber auch grundsätzlich[339] erforderlich, ist der fruchtlose Ablauf einer angemessenen Frist zur Nacherfüllung.[340]

Andererseits kann der Käufer die vorbenannten, auch ihm zustehenden Gewährleistungsrechte grundsätzlich[341] nicht mehr sofort, sondern ebenfalls erst nach fruchtlosem Ablauf einer angemessenen Nacherfüllungsfrist geltend machen.[342]

Sowohl der Käufer als auch der Besteller sind nunmehr also regelmäßig auf den Ablauf einer Verkäufer bzw. Unternehmer gesetzten Nacherfüllungsfrist zur Geltendmachung ihrer Gewährleistungsrechte angewiesen. Für Verkäufer und Unternehmer wird daraus ein „Recht zur zweiten Andienung“ abgeleitet.[343]

(bb) Vertretenmüssen im Sinne des § 460 BGB a. F.

Eine dem § 460 BGB a. F. entsprechende Regelung findet sich seit dem 01.01.2002 in § 442 BGB. § 442 BGB übernimmt mit geringfügigen Änderungen und Anpassungen an die neue Rechtslage den alten § 460 BGB.[344] § 442 BGB gilt auch für Rechtsmängel und tritt damit des Weiteren an die Stelle des § 439 BGB a. F.[345] Mit Letzterem verbunden ist eine Haftungseinschränkung des Ver-

---

337 Vgl. z. B. *Peters* in *Staudinger* Neubearbeitung 2003 § 634 Rn. 44; *Voit* in *Bamberger/Roth* § 636 Rn. 7 (Rücktritt), 45 (Schadensersatz) und § 638 Rn. 2 (Minderung).

338 Der Besteller muss sich also nicht mehr durch Erklärung der Ablehnungsandrohung – aufschiebend bedingt – seines Erfüllungsanspruchs begeben.

339 Vgl. zu den Ausnahmen: §§ 636, 281 Abs. 2, 323 Abs. 2 BGB.

340 Vgl. z. B. *Peters* in *Staudinger* Neubearbeitung 2003 § 634 Rn. 42.

341 Vgl. zu den Ausnahmen: §§ 440, 281 Abs. 2, 323 Abs. 2 BGB.

342 Vgl. z. B. *Berger* in *Jauernig* 11. Aufl. § 440 Rn. 1 (Rücktritt und Schadensersatz) und § 441 Rn. 3 (Minderung); *Buck* in *Westermann* S. 105, 122.

343 Für Werkvertrag: vgl. *Peters* in *Staudinger* Neubearbeitung 2003 § 634 Rn. 31; *Lorenz/Riehm* S. 362.
für Kaufvertrag: vgl. *Büdenbender* in Anwaltkommentar § 437 Rn. 6; *Buck* in *Westermann* S. 105, 122.

344 Vgl. *Faust in Bamberger/Roth* § 442 Rn. 1.

345 Vgl. *Putzo* in *Palandt* 63. Aufl. § 442 Rn. 1.

käufers. Auch bei Vorliegen eines Rechtsmangels kann dem Käufer nunmehr grob fahrlässige Unkenntnis schaden.[346]

Eine der beschriebenen Haftungseinschränkung des Verkäufers entsprechende Vorschrift gibt es im Werkvertragsrecht nach wie vor nicht.[347]

(cc) Maßgeblicher Zeitpunkt

Grundsätzlich maßgeblicher Zeitpunkt, zu dem ein dann (noch) vorliegender (Sach-[348])Mangel die Käufer und Besteller zustehenden Gewährleistungsrechte begründen kann, ist nunmehr einheitlich der des Übergangs der Preisgefahr.

Für den Kaufvertrag folgt dies bereits aus dem Gesetz selbst. Gem. § 434 Abs. 1 S. 1 BGB ist eine Sache frei von Sachmängeln, wenn sie bei Gefahrübergang[349] die vereinbarte Beschaffenheit hat. Fehlt die vereinbarte Beschaffenheit bei Gefahrübergang, ist die Sache mangelhaft und dem Käufer stehen regelmäßig[350] erst dann die Gewährleistungsrechte Rücktritt, Minderung und Schadensersatz zu, § 437 BGB.[351]

Im Werkvertragsrecht entspricht § 633 Abs. 2 BGB der Regelung des § 434 Abs. 1 S. 1 BGB. Dort ist allerdings von einem bestimmten Zeitpunkt keine Re-

---

346 Gem. § 439 BGB a. F. konnte nur positive Kenntnis von dem Rechtsmangel schaden.

347 Im Hinblick auf Sachmängel besteht noch immer kein Bedürfnis für eine solche Regelung (vgl. oben: Fn. 222). Was die Rechtsmängel des Werks angeht erscheint dies jedenfalls zweifelhaft: Solche können nämlich bereits im Zeitpunkt des Vertragsschlusses zumindest sicher vorhersehbar sein. Als Beispiel sei genannt, der Besteller, der wissentlich ein fremde gewerbliche Schutzrechte verletzendes Werk in Auftrag gibt.

348 Für den nunmehr auch für die Gewährleistungsrechte von Käufer und Besteller relevanten Rechtsmangel kommt es auf den Zeitpunkt des (Voll-)Rechtserwerbs an der Sache (vgl. *Putzo* in *Palandt* 63. Aufl. § 435 Rn. 7) bzw. im Fall des Rechtskaufs auf die Übertragung oder die Entstehung des (künftigen) Rechts (*Putzo* in *Palandt* 63. Aufl. § 453 Rn. 29) an.

349 Maßgeblich ist der Übergang der Preisgefahr (vgl. *Faust* in *Bamberger/Roth* § 434 Rn. 35).

350 Die oben in Fn. 224 genannten Ausnahmen dürfte fortbestehen.

351 Vgl. auch *Putzo* in *Palandt* 63. Aufl. § 434 Rn. 8; *von Wilmowsky* in JuS 2002, Beilage zu Heft 1, S. 19; *Haas* in *H/M/R/S/W* S. 199 f.; a. A. trotz des eindeutigen Gesetzeswortlauts: *Faust* (in *Bamberger/Roth* § 437 Rn. 6), der den Zeitpunkt der Annahme im Sinne des § 363 BGB für maßgeblich hält; *Berger* (in *Jauernig* 11. Aufl. § 437 Rn. 9), der den Rücktritt wegen der Nichterfüllung des Nacherfüllungsanspruchs offenbar bereits vor Gefahrübergang, nämlich ab Fälligkeit des Erfüllungsanspruchs, für möglich hält. Berger übersieht auch, dass es für den Rücktritt wegen Nichterfüllung des Nacherfüllungsanspruchs auf dessen Fälligkeit und nicht auf die Fälligkeit des Erfüllungsanspruches ankommt.

de. Ein Blick auf die Gesetzeshistorie zeigt jedoch, dass auch im Werkvertragsrecht nunmehr der Zeitpunkt des Übergangs der Preisgefahr entscheidend für die Begründung der dem Besteller zustehenden Gewährleistungsrechte ist. Dass der Besteller unter der Geltung des alten Schuldrechts bereits ab dem vereinbarten Liefertermin zur Geltendmachung jedenfalls seiner Rechte auf Wandelung und Minderung berechtigt sein sollte, wurde nämlich auf den Wortlaut des § 634 Abs. 1 S. 2 BGB a. F. gestützt.[352] Eine dieser Norm entsprechende Regelung hat der Reformgesetzgeber nicht in das neue Schuldrecht übernommen. Aufgrund des dadurch zum Ausdruck kommenden gesetzgeberischen Willens aber auch mangels einer einen anderweitigen Anknüpfungspunkt bietenden Regelung, ist davon auszugehen, dass das Erfüllungsstadium für nach dem 31.12.2001 geschlossene Werkverträge mit dem Übergang der Preisgefahr endet und der Besteller grundsätzlich[353] erst danach seine in § 634 BGB erwähnten Rechte auf Rücktritt, Minderung und Schadensersatz geltend machen kann.[354]

(dd) Zusätzliche Voraussetzungen der Schadensersatzansprüche

Die Schadensersatzansprüche des gewährleistungsberechtigten Käufers sind nicht mehr von zusätzlichen Voraussetzungen, wie dem Fehlen einer zugesicherten Eigenschaft oder der Arglist des Verkäufers, abhängig. Andererseits setzen die vorbenannten Schadensersatzansprüche nunmehr voraus, dass der Verkäufer die mangelhafte Leistung zu vertreten hat, §§ 437 Nr. 3, 440, 280, 281, 283, 311 a BGB. Dies gilt auch für die Schadensersatzansprüche des gewährleistungsberechtigten Bestellers, §§ 634 Nr. 4, 636, 280, 281, 283 und 311 a BGB.

Sowohl der Käufer als auch der Besteller können anstelle[355] des Schadensersatzes den Ersatz vergeblicher Aufwendungen verlängen, §§ 437 Nr. 3, 284 BGB einerseits und §§ 637 Nr. 4, 284 BGB andererseits.

---

352 Vgl. oben: S. 72.

353 Die oben in Fn. 227 genannten Ausnahmen dürften fortbestehen und nunmehr auch über den Schadensersatzanspruch hinaus Anwendung finden.

354 Vgl. auch *Voit* in *Bamberger/Roth* § 634 Rn. 2; *Sprau* in *Palandt* 63. Aufl. Vorb. v. § 633 Rn. 6 f.; *Heinrichs* in *Palandt* 63. Aufl. Vorb. v. § 275 Rn. 17; mit Einschränkungen auch *Peters* in *Staudinger* Neubearbeitung 2003 § 634 Rn. 9 f.; a. A. *Sienz* in BauR 2002, 181, 184: wohl im Sinne der bisherigen, durch § 634 Abs. 1 S. 2 BGB a. F. gerechtfertigten, auf den vereinbarten Liefertermin abstellenden Ansicht.

355 Vgl. *Ott* in Anwalts-Checkbuch S. 544; *Tonner/Echtermeyer* in Kompakt-Kommentar § 437 Rn. 14; *P. Huber* in *Huber/Faust* S. 363.

(b) Inhalt der Schadensersatzansprüche

Auch inhaltlich, namentlich im Hinblick auf den ersatzfähigen Schaden, unterscheiden sich die dem gewährleistungsberechtigten Käufer zustehenden Schadensersatzansprüche nicht mehr von denen des Bestellers.[356]

bb. Nacherfüllungsansprüche

Als seit dem 01.01.2002 bestehende, weitere Gemeinsamkeiten sind hier zunächst zu nennen: Der nunmehr auch für den Käufer einer Stücksache gesetzlich geregelte Nacherfüllungsanspruch. Des Weiteren der für den Gattungskäufer jetzt ohne eine entsprechende vertragliche Vereinbarung neben dem Nachlieferungsanspruch bestehende Nachbesserungsanspruch, § 439 Abs. 1 BGB.[357]

(a) (Unterschiedliche) Voraussetzungen

Die Voraussetzungen der Nacherfüllungsansprüche von Käufer und Besteller unterschieden sich zum Teil, wie ausgeführt.[358] Folgende Veränderungen haben sich diesbezüglich ergeben:

(aa) Vertretenmüssen im Sinne des § 460 BGB a. F. und maßgeblicher Zeitpunkt

Im Hinblick auf die diesbezüglichen Änderungen kann auf die entsprechenden Ausführungen zu den Gewährleistungsrechten Bezug genommen werden.[359]

(bb) Grenzen

Kein Nacherfüllungsanspruch des Bestellers sollte nach wohl ganz herrschender Meinung bei solchen Mängeln bestehen, die ihre Ursache ausschließlich im Verantwortungsbereich des Bestellers hatten – etwa weil der Mangel auf seitens des Bestellers gelieferten Stoffen oder einer Anweisung des Bestellers zur Ausfüh-

---

356 Von Relevanz bleibt jedoch die Unterscheidung zwischen Mangel- und Mangelfolgeschaden für Kauf- und Werkvertrag gleichermaßen. Mangelschäden werden nach §§ 281, 283 BGB ersetzt, Mangelfolgeschäden nach § 280 BGB (vgl. *P. Huber* in *Huber/Faust* S. 364, 445).

357 Vgl. *Putzo* in *Palandt* 63. Aufl. § 439 Rn. 2; *Andres* in Frankfurter Handbuch S. 464.

358 Vgl. oben: S. 74.

359 Vgl. oben: S. 99 ff.

rung des Werks beruhte und der Unternehmer seine Prüfungs- und Hinweispflicht bezüglich Stoffen bzw. Ausführungsanweisung erfüllt hatte. Entsprechendes wurde für den Nacherfüllungsanspruch des Käufers zum alten Recht ersichtlich nicht vertreten.[360]

Eine neue Gemeinsamkeit von Kauf- und Werkvertragsrecht im Besonderen würde es folglich bedeuten, wenn der vorerwähnte Anspruchsausschluss seit dem 01.01.2002 nicht mehr nur im Werkvertragsrecht, sondern auch im Kaufrecht anzunehmen wäre.

Hierzu müssten die entsprechenden Grundsätze im Werkvertragsrecht fortgelten und des Weiteren auch im Kaufrecht Anwendung finden.

Zweifel an der Fortgeltung der Grundsätze im Werkvertragsrecht könnten bestehen, weil der Reformgesetzgeber trotz des zum alten Recht vertretenen, mehrheitlich aus Treu und Glauben abgeleiteten[361] Freiwerdens des Unternehmers von der Gewährleistungspflicht keine entsprechende, ausdrückliche Regelung in die §§ 631 ff. BGB aufgenommen hat.[362] Hierdurch könnte sich der Reformgesetzgeber zumindest schlüssig[363] gegen die Annahme eines Ausschlusses der Gewährleistungspflicht des Unternehmers ausgesprochen haben.

Diesen Zweifeln kann indes in hinreichendem Maße Schweigen geboten werden:

Die Annahme eines Ausschlusses der Gewährleistungspflicht bei Mängeln ausschließlich aus dem Verantwortungsbereich des Bestellers ist alt. Sie stammt aus der Zeit vor Erlass des BGB. Ausweislich der Motive zu dem Entwurfe eines Bürgerlichen Gesetzbuchs ist bereits seinerzeit von der ersten Kommission überlegt worden, ob eine entsprechende, anspruchsausschließende Regelung in den Gesetzestext aufzunehmen sei.

Eine solche Regelung wurde indes mit folgenden Ausführungen für überflüssig gehalten: Dass der Übernehmer wegen solcher Mängel, welche ihren Grund in der Fehlerhaftigkeit des von dem Besteller gelieferten Stoffes oder in den von dem Letzteren für die Ausführung erteilten Anweisungen haben, an und für sich nicht hafte, sei als selbstverständlich zu betrachten, da insoweit die Haftung des Übernehmers nach dem Sinne des Vertrages als ausgeschlossen anzusehen sei, mithin eine vertragswidrige Herstellung des Werkes nicht vorliege.[364]

---

360 Vgl. oben: S. 74 f.

361 Vgl. oben: S. 75.

362 Z. B. in Form einer an § 13 Nr. 3 VOB/B angelehnten Regelung.

363 Dass der Reformgesetzgeber der Annahme eines Ausschlusses des Nacherfüllungsanspruchs bei Mängeln ausschließlich aus dem Verantwortungsbereich des Bestellers ausdrücklich eine Absage erteilt hätte, lässt sich den entsprechenden Gesetzesmaterialien nicht entnehmen – sie „schweigen“ diesbezüglich.

364 Vgl. Motive Band II S. 485.

Auch ohne gesetzliche Regelung ging man folglich schon vor Erlass des BGB von dem hier behandelten Anspruchsausschluss im Werkvertragsrecht aus.

Aus der bloßen Fortschreibung dieses – den Motiven zum BGB zufolge – bereits ursprünglich gewollten, gesetzlich nicht näher geregelten Zustands durch das Schuldrechtsmodernisierungsgesetz kann deshalb mangels eines ausdrücklichen, dahingehenden Willens des Reformgesetzgebers keine Abkehr von der Annahme eines Ausschlusses des Nacherfüllungsanspruchs bei Mängeln ausschließlich aus dem Verantwortungsbereich des Bestellers angenommen werden. Ein anderes könnte in Betracht kommen, wenn der Ausschluss des Nacherfüllungsanspruchs des Bestellers erst unter der Geltung des BGB von Rechtsprechung und/oder Lehre entwickelt worden und umstritten gewesen wäre; eine Klärung durch den Reformgesetzgeber also angestanden hätte.

Von einer Fortgeltung der zu einem Freiwerden des Unternehmers von der Gewährleistungspflicht entwickelten Grundsätze im Werkvertragsrecht ist nach allem auszugehen.[365]

Ansätzen, nach denen die Gewährleistungspflicht des Unternehmers bei Mängeln ausschließlich aus dem Verantwortungsbereich des Bestellers fortbestehen soll,[366] ist nicht zu folgen. Zwar ist zuzugeben, dass die Interessen des nacherfüllenden Unternehmers grundsätzlich auch durch eine (volle) Kostentragungspflicht des Bestellers gewahrt werden können. Eine Bestrebung des Reformgesetzgebers war jedoch gerade die weitgehende Angleichung des kaufrechtlichen Mängelrechts an das des Werkvertrages.[367] Im Kaufrecht hat sich der Reformgesetzgeber aber gerade für einen Ausschluss der Mängelrechte entschieden, §§ 651 S. 2, 442 Abs. 1 S. 1 BGB. Es liefe also der vorerwähnten reformgesetzgeberischen Bestrebung zuwider, im Werkvertragsrecht nunmehr von einem Fortbestand der Mängelrechte des Bestellers auszugehen.

Im Kaufrecht ist für die Prüfung der Frage, ob hier in entsprechender Anwendung der zum Werkvertragsrecht entwickelten Grundsätze von einem Ausschluss des Nacherfüllungsanspruchs des Käufers auszugehen ist, zwischen dem Bereich des klassischen Kaufrechts und Verträgen im Sinne des § 651 BGB zu differenzieren.

Für Verträge im Sinne des § 651 BGB und soweit ein Mangel ausschließlich auf einen vom Besteller gelieferten Stoff zurückzuführen ist, besteht ein Bedürfnis für die Übertragung der Grundsätze nur zum Teil. Es gibt dort nämlich die bereits erwähnte Spezialregelung der §§ 651 S. 2 i. V. m. 442 Abs. 1 S. 1 BGB.

---

365 So auch *Sprau* in *Palandt* 63. Aufl. § 633 Rn. 4.

366 Vgl. *Voit* in *Bamberger/Roth* § 633 Rn. 20; *Peters* in *Staudinger* Neubearbeitung 2003 § 633 Rn. 182.

367 Vgl. BT-Drucks. 14/7052 S. 176.

Danach ist, wenn der Mangel auf einen vom Besteller gelieferten Stoff zurückzuführen ist, der Nacherfüllungsanspruch ebenso ausgeschlossen wie alle anderen Mängelrechte auch.[368]

Ihrem Wortlaut nach ist die Regelung der §§ 651 S. 2 i. V. m. 442 Abs. 1 S. 1 BGB allerdings weiter als die im Werkvertragsrecht fortgeltenden Grundsätze. Eine Erfüllung der Prüfungs- und Hinweispflicht bezüglich des gelieferten Stoffes durch den Unternehmer wird hier nicht gefordert. Dem Wortlaut der §§ 651 S. 2 i. V. m. 442 Abs. 1 S. 1 BGB nach wird der Unternehmer folglich selbst dann von seiner Gewährleistungspflicht befreit, wenn er die Untauglichkeit des gelieferten Stoffes erkannt hat bzw. hätte erkennen müssen. Dies ist unbillig und bedarf der Korrektur im Wege der teleologischen Reduktion dahingehend, dass es zu einer Befreiung von der Gewährleistungspflicht nur kommt, wenn der Unternehmer die Untauglichkeit des gelieferten Stoffes bei ordnungsgemäßer Ausübung seiner Prüfungs- und Hinweispflicht nicht erkannt hat bzw. hätte erkennen können.[369] Insoweit sind hier die im alten Werkvertragrecht geltenden Grundsätze zu übertragen.

Auch von den folgenden Erwägungen wird die vorgeschlagene teleologische Reduktion getragen:

Die Regelung des § 651 S. 2 BGB beruht auf der Verbrauchsgüterkaufrichtlinie.[370] Die Verbrauchsgüterkaufrichtlinie wird gestützt auf Art. 95 EGV. Durch Maßnahmen nach Art. 95 EGV leistet die europäische Gemeinschaft einen Beitrag zur Erreichung eines hohen Verbraucherschutzniveaus, Art. 153 Abs. 1 und Abs. 3 EGV.[371] Es ist daher kein Grund ersichtlich, weshalb die Regelung des § 651 S. 2 BGB einen bestellenden Verbraucher im Vergleich zum Werkvertragsrecht gerade dadurch schlechter stellen sollte, dass die Erfüllung der Prüfungs- und Hinweispflicht zur Annahme des Freiwerdens des Unternehmers von der Gewährleistungspflicht nicht gefordert wird.

---

368 Bei § 651 S. 2 BGB handelt es sich um eine Rechtsfolgenverweisung, was gelegentlich übersehen wird. Z. B. meint *Mankowski* (in MDR 2003, 854, 858), der Besteller müsse den Mangel bei der Materialgestellung zusätzlich kennen oder grob fahrlässig verkennen. Hierzu ist zu sagen: Das Abstellen auf grob fahrlässige Unkenntnis ist schon deshalb unrichtig, weil § 651 S. 2 BGB nur auf § 442 Abs. 1 S. 1 BGB verweist. Aber auch einer Kenntnis des Mangels bedarf es nicht. § 651 S. 2 BGB beruht ausweislich des Regierungsentwurfs auf Art. 2 Abs. 3 RL (vgl. BT-Drucks. 14/6040 S. 268). In Art. 2 Abs. 3 RL wird ausdrücklich differenziert zwischen der Kenntnis der Vertragswidrigkeit und der Rückführbarkeit der Vertragswidrigkeit auf den vom Verbraucher gelieferten Stoff.

369 So auch *Voit* in *Bamberger/Roth* § 651 Rn. 16; *Peters* in *Staudinger* Neubearbeitung 2003 § 651 Rn. 18.

370 Vgl. BT-Drucks. 14/6040 S. 268.

371 So der erste Erwägungsgrund zur Verbrauchsgüterkaufrichtlinie.

Ohne die hier vorgeschlagene teleologische Reduktion käme es zudem zu einem durch nichts gerechtfertigten Wertungswiderspruch jedenfalls im Falle von Verträgen über die Herstellung bzw. Erzeugung unvertretbarer Sachen. Auf diese Verträge findet gem. § 651 S. 3 BGB auch § 645 BGB Anwendung. [372] Für die aufgrund von § 645 BGB zu beurteilende Frage eines Anspruchs des Unternehmers auf Teilvergütung vor dem nach den §§ 446 und 447 BGB maßgeblichen Zeitpunkt wäre demnach die Erfüllung der Prüfungs- und Hinweispflicht zu berücksichtigen;[373] für die Frage des Freiwerdens des Unternehmers von der Gewährleistungspflicht ausweislich des Wortlauts der §§ 651 S. 2 i. V. m. 442 Abs. 1 S. 1 BGB hingegen nicht.

Unvereinbar mit der Verbrauchsgüterkaufrichtlinie ist die hier vorgeschlagene teleologische Reduktion schließlich nicht. Die Beschränkung des Ausschlusses des Nacherfüllungsanspruchs des Bestellers auf die Fälle, in denen der Unternehmer seiner Prüfungs- und Hinweispflicht nachgekommen ist, verbessert das Verbraucherschutzniveau und ist deshalb von der Mindestschutzklausel des Art 8 Abs. 2 RL gedeckt.

Für Verträge im Sinne des § 651 BGB und soweit ein Mangel ausschließlich auf eine Ausführungsanweisung des Bestellers zurückzuführen ist, ist ein Bedürfnis für die – mangels einer den §§ 651 S. 2 i. V. m. 442 Abs. 1 S. 1 BGB entsprechenden Spezialregelung – vollständige Übertragung der im Werkvertragsrecht fortgeltenden Grundsätze augenscheinlich.[374] Insbesondere für die Verträge, die vor dem 01.01.2002 noch dem Werkvertragsrecht unterfielen,[375] ist kein Grund ersichtlich, warum ein zuvor von der ganz herrschenden Meinung[376] angenommenes Bedürfnis für einen Anspruchsausschluss entfallen sein sollte.

Zudem entstünde im Hinblick auf den dann gem. § 651 S. 3 BGB anwendbaren § 645 BGB auch hier ein Wertungswiderspruch jedenfalls im Falle der Herstellung bzw. Erzeugung unvertretbarer Sachen. Im Rahmen des § 645 BGB wären nämlich Ausführungsanweisungen des Bestellers zu berücksichtigen, für die Frage eines Freiwerdens des Unternehmers von der Gewährleistungspflicht hingegen nicht.

---

372 Die Anwendung des § 645 BGB sowie aller anderen, von § 651 S. 3 BGB genannten Vorschriften ist auch auf Verträge über die Herstellung bzw. Erzeugung von vertretbaren Sachen sinnvoll sein (vgl. oben: Fn. 111).

373 Vgl. *Sprau* in *Palandt* 63. Aufl. § 645 Rn. 7; *Voit* in *Bamberger/Roth* § 645 Rn. 12 f.

374 Ebenfalls für eine Übertragung *Peters* in *Staudinger* Neubearbeitung 2003 § 651 Rn. 17.

375 Vgl. hierzu oben: S. 47 ff.

376 Vgl. oben: Fn. 237.

Trotz des augenscheinlichen Bedürfnisses: Ernstliche Zweifel an der Übertragbarkeit der zum alten Werkvertragsrecht entwickelten Grundsätze auf Verträge im Sinne des § 651 BGB könnten gleichwohl bestehen, soweit der Mangel ausschließlich auf Ausführungsanweisungen des Bestellers zurückzuführen ist.

Die Verbrauchsgüterkaufrichtlinie sieht nämlich ein Freiwerden des Unternehmers von der Gewährleistungspflicht im Falle der ausschließlichen Rückführbarkeit eines Mangels auf Ausführungsanweisungen des Bestellers nicht vor. Art. 2 Abs. 3 RL lässt die Vertragswidrigkeit im Wege einer Fiktion – und damit im Ergebnis die Gewährleistungspflicht – nur entfallen, wenn der Verbraucher zum Zeitpunkt des Vertragsschlusses Kenntnis von der Vertragwidrigkeit hatte oder vernünftigerweise nicht in Unkenntnis darüber sein konnte oder wenn die Vertragwidrigkeit auf den vom Verbraucher gelieferten Stoff zurückzuführen ist.

Wenn die Regelung des Art. 2 Abs. 3 RL im Hinblick auf das Freiwerden des Unternehmers als abschließend anzusehen wäre, wäre die Annahme weiterer Fälle eines Freiwerdens im hiesigen Recht jedenfalls im Anwendungsbereich der Richtlinie mit dieser nicht vereinbar.[377] Die Annahme eines Ausschlusses des Nacherfüllungsanspruchs des Bestellers auch im Falle der ausschließlichen Rückführbarkeit des Mangels auf seine Ausführungsanweisungen verböte sich folglich.

Für einen abschließenden Charakter des Art. 2 Abs. 3 RL spricht dessen Wortlaut. Nicht etwa beispielhaft werden die Fälle genannt, in denen die Vertragsmäßigkeit des Verbrauchsguts fingiert wird, sondern abschließend enumerativ.

Die Bewertung des Art. 2 Abs. 3 RL als abschließend würde jedoch dem nur teilharmonisierenden Charakter der Richtlinie zuwiderlaufen; insbesondere auch im Hinblick auf den Ausschluss des Nacherfüllungsanspruchs bei Mängeln, die ausschließlich auf eine Ausführungsanweisung des Bestellers zurückzuführen sind.

Dass die Verbrauchsgüterkaufrichtlinie konzeptionell nur auf eine Teilharmonisierung ausgerichtet ist, ergibt sich unter anderem aus Art. 8 Abs. 1 RL.[378] Nach Art. 8 Abs. 1 RL werden andere Ansprüche, die der Verbraucher aufgrund innerstaatlicher Rechtsvorschriften über die vertragliche oder außervertragliche Haftung geltend machen kann, durch die aufgrund dieser Richtlinie gewährten Rechte nicht berührt.

---

377 Für nicht vereinbar mit Art. 2 Abs. 3 RL hielten die Verfasser des Fraktionsentwurfs z. B. eine Fortschreibung der Regelung des § 464 BGB a. F. (vgl. BT-Drucks. 14/6040 S. 205).

378 Vgl. auch *Pfeiffer* in Anwaltkommentar Art. 8 Kauf-RL Rn. 2; *Lehmann* (in JZ 2000, 280, 281), der von einer partiellen Mindestharmonisierung spricht.

„Ergänzt“ wird Art. 8 Abs. 1 RL durch den 6. Erwägungsgrund zur Richtlinie.[379] Nach dessen Satz 3 darf die von der Richtlinie vorgesehene Angleichung der einzelstaatlichen Rechtsvorschriften über den Verbrauchsgüterkauf nicht die Bestimmungen und Grundsätze des innerstaatlichen Rechts über die Regelung der vertraglichen und außervertraglichen Haftung beeinträchtigen. Nicht nur die in Art. 8 Abs. 1 RL erwähnten Rechtsvorschriften, sondern auch sämtliche Bestimmungen und Grundsätze über die Regelung der vertraglichen und außervertraglichen Haftung sollen demnach von der Richtlinie unberührt bleiben.

Aus Art. 8 Abs. 1 RL i. V. m. dem 6. Erwägungsgrund zur Richtlinie folgt eine Selbstbeschränkung des Richtliniengebers, namentlich der Europäischen Kommission, auf die Regelung spezifisch gewährleistungsrechtlicher Probleme. Bei der Lösung allgemein-rechtlicher Fragestellungen auf der Ebene des innerstaatlichen Rechts steht die Verbrauchsgüterkaufrichtlinie deshalb nicht entgegen.[380] Die Lösung von allgemeinrechtlichen Fragestellungen soll vielmehr auf der Ebene des innerstaatlichen Rechts erfolgen, auch soweit dadurch von der Richtlinie getroffene Regelungen im Ergebnis ergänzt werden, wie hier die in Art. 2 Abs. 3 RL geregelten Fiktionen.

So hat die Europäische Kommission auch die Prüfungs- und Hinweispflicht des Sachleistungsschuldners und ihre Bedeutung für das Schicksal der Gewährleistungspflicht ungeregelt gelassen, wie gezeigt.[381] Bei der Prüfungs- und Hinweispflicht handelt es sich eben nicht um ein spezifisch gewährleistungsrechtliches Problem, sondern um eine den Unternehmer treffende vertragliche Nebenpflicht. Die Lösung von Fragestellungen im Zusammenhang mit dieser Nebenpflicht kann deshalb auf der Ebene des innerstaatlichen Rechts erfolgen, auch soweit Auswirkungen auf die von der Richtlinie geregelten bestimmten Aspekte

---

379 So auch *Höffe* S. 9.

380 So in etwa auch *Vorsmann* S. 86 f.; a. A. *Höffe* S. 9, die nicht zwischen allgemeinrechtlichen und spezifisch gewährleistungsrechtlichen Fragestellungen differenziert, sondern zwischen den in der Richtlinie geregelten und nicht geregelten Haftungsmöglichkeiten: Der Begriff der vertraglichen und außervertraglichen Haftung bezeichne hier nicht alle Möglichkeiten der Verantwortung des Verkäufers einschließlich der Gewährleistung. Damit die durch den 6. Erwägungsgrund ergänzte Vorschrift des Art. 8 Abs. 1 RL sinnvoll sei und nicht den gesamten Richtlinieninhalt zur Disposition stelle, könne sie sich nur auf die von der Richtlinie nicht geregelten Haftungsmöglichkeiten beziehen. In diese Richtung auch: *Staudenmeyer* in NJW 1999, 2393, 2397; *Pfeiffer* in Anwaltkommentar Art. 8 Kauf-RL Rn. 3; *Hänlein* in DB 1999, 1641, 1642.

381 Vgl. oben: S. 105.

des Verbrauchsgüterkaufs und der Garantien für Verbrauchsgüter anzunehmen sind.[382]

Zu den vorerwähnten allgemeinrechtlichen Fragestellungen zählen auch die mit § 242 BGB in Verbindung stehenden. Der Grundsatz von Treu und Glauben beherrscht das gesamte Rechtsleben[383] und damit auch die Regelung der vertraglichen und außervertraglichen Haftung im Sinne des Art. 8 Abs. 1 RL i. V. m. dem 6. Erwägungsgrund zur Richtlinie. Auf Treu und Glauben wurde das Freiwerden von der Gewährleistungspflicht auch im Falle eines ausschließlich auf Ausführungsanweisungen des Bestellers rückführbaren Mangels mehrheitlich gestützt.[384] Und auch heute verstößt derjenige gegen das Verbot des widersprüchlichen Verhaltens, der Mängelrechte geltend macht, obwohl der Mangel allein auf seinen Ausführungsanweisungen beruht.

Die Annahme eines entsprechenden Freiwerdens des Unternehmers von der Gewährleistungspflicht erscheint daher gerechtfertigt. Keinen Unterschied kann es dabei machen, welches Mängelrecht geltend gemacht wird. Die in der Verbrauchsgüterkaufrichtlinie geregelten Mängelrechte – Nacherfüllung, Minderung, Rücktritt – müssen ebenso ausgeschlossen sein, wie der dort nicht geregelte Schadensersatzanspruch.[385]

Für Verträge im Sinne des § 651 BGB ist danach festzuhalten: Die zum alten Werkvertragsrecht entwickelten, zum Ausschluss des Nacherfüllungsanspruchs führenden Grundsätze sind auf Verträge im Sinne des § 651 BGB übertragbar, soweit nicht in Form der §§ 651 S. 2 i. V. m. 442 Abs. 1 S. 1 BGB eine Spezialregelung besteht. Es besteht augenscheinlich ein Bedürfnis für eine Übertragung. Die Verbrauchsgüterkaufrichtlinie steht nicht entgegen.

Auch im Bereich des klassischen Kaufrechts besteht ein Bedürfnis zur – mangels einer den §§ 651 S. 2 i. V. m. 442 Abs. 1 S. 1 BGB entsprechenden Regelung – uneingeschränkten Übertragung der vorerwähnten Grundsätze, namentlich beim Kauf mit Montageverpflichtung.

Bei einem Kauf mit Montageverpflichtung ist die Montage der Kaufsache durch den Verkäufer zwischen den Parteien vereinbart. Eine unsachgemäße Durchführung der Montage durch den Verkäufer begründet einen Sachmangel, § 434 Abs. 2 S. 1 BGB. Der Begriff der Montage ist in einem umfassenden Sinne

---

382 Unerheblich ist dabei, ob die Lösung der allgemeinrechtlichen Fragestellung, wie bei der Prüfungs- und Hinweispflicht des Unternehmers, zu einem höheren Verbraucherschutzniveau führt und deshalb bereits durch Art. 8 Abs. 2 RL gedeckt ist.

383 Vgl. *Heinrichs* in *Palandt* 63. Aufl. § 242 Rn. 1.

384 Vgl. oben: S. 75.

385 Eine entsprechende Differenzierung müsste wohl *Höffe* (vgl. oben: Fn. 380) treffen.

zu verstehen.[386] Erfasst sind alle zum vertragsgemäß vorausgesetzten Gebrauch der Kaufsache erforderlichen Handlungen.[387] Montage ist demnach insbesondere das Zusammenbauen der Kaufsache, ferner das Anbringen, Anschließen, Verbinden usw. mit Gegenständen des Käufers.[388]

Verpflichtet sich der Verkäufer also die gekaufte Waschmaschine anzuschließen, so handelt es sich um einen Kauf mit Montageverpflichtung. Wird die Waschmaschine auf Anweisung des Käufers an eine für den Verkäufer unerkennbar[389] Hochspannung führende Stromleitung angeschlossen und hierdurch beschädigt, wäre es unbillig, dem Käufer die ihm nach dem Wortlaut der §§ 434 Abs. 2 S. 1 i. V. m. 437 BGB zustehenden Mängelrechte zuzubilligen. Es besteht also ein Bedürfnis zur Annahme eines Freiwerdens des Verkäufers von der Gewährleistungspflicht bei Mängeln, die ausschließlich auf Ausführungsanweisungen des Käufers zurückzuführen sind.

Auch ein Bedürfnis für die Annahme eines Freiwerdens des Verkäufers von der Gewährleistungspflicht bei einem Mangel, der nur auf einen vom Käufer gelieferten Stoff zurückzuführen ist, besteht. So zum Beispiel, wenn eine Schrankwand an einer für den Verkäufer unmerklich[390] nicht entsprechend tragfähigen Wand montiert wird, die ansonsten ordnungsgemäß montierte Schrankwand herausreißt und beschädigt wird. Auch hier wäre es unbillig, dem Käufer die ihm nach dem Wortlaut der §§ 434 Abs. 2 S. 1 i. V. m. 437 BGB zustehenden Mängelrechte zuzubilligen.

Schließlich steht die Verbrauchsgüterkaufrichtlinie auch einer Übertragung der im Werkvertragsrecht fortgeltenden Grundsätze auf das klassische Kaufrecht nicht entgegen.

Für die Annahme eines Freiwerdens des Verkäufers von der Gewährleistungspflicht bei einem Mangel, der ausschließlich auf Ausführungsanweisungen des Käufers zurückzuführen ist, kann diesbezüglich auf die entsprechenden Ausführungen zu den Verträgen nach § 651 BGB verwiesen werden. Art. 2 Abs. 3 RL ist auch hier aufgrund des nur teilharmonisierenden Charakters der Richtlinie nicht abschließend. Allgemeinrechtliche Fragestellungen können durch das inner-

---

386 Vgl. *Faust* in *Bamberger/Roth* § 434 Rn. 89. Nach *Faust* (a. a. O.) soll sogar die unsachgemäße Durchführung von bloßen Transportleistungen in zumindest analoger Anwendung des § 434 Abs. 2 S. 1 BGB einen Sachmangel begründen. Es könne wertungsmäßig keinen Unterschied machen, ob der Verkäufer die Sache montieren oder nur transportieren müsse.

387 Vgl. *Putzo* in *Palandt* 63. Aufl. § 434 Rn. 42.

388 Vgl. *Gruber* in VuR 2002, 120; *P. Huber* in *Huber/Faust* S. 307.

389 Etwa weil diese nicht, wie vorgeschrieben, besonders gekennzeichnet ist.

390 Etwa weil die Wand in den seitens des Käufers zur Verfügung gestellten Zeichnungen fälschlicherweise als hinreichend stabil ausgewiesen ist.

staatliche Recht gelöst werden. Zu diesen allgemeinrechtlichen Fragestellungen zählen auch die mit § 242 BGB in Verbindung stehenden. Auf Treu und Glauben, insbesondere auf das Verbot des widersprüchlichen Verhaltens, ist der Ausschluss des Nacherfüllungsanspruchs des Käufers auch hier zu stützen.

Das Freiwerden des Verkäufers von der Gewährleistungspflicht bei einem Mangel, der allein auf einem seitens des Käufers zur Verfügung gestellten Stoff beruht, sieht Art. 2 Abs. 3 RL ausdrücklich vor. Insoweit hat lediglich der Reformgesetzgeber einen Anwendungsbereich auch im Bereich des klassischen Kaufrechts offenbar übersehen und eine Umsetzung nur im Zuge der Neufassung des § 651 BGB vorgenommen.

Nach allem: Sowohl im Werkvertragsrecht als auch im Kaufrecht ist jetzt von einem Ausschluss des Nacherfüllungsanspruchs bei Mängeln auszugehen, die ihre Ursache ausschließlich im Verantwortungsbereich von Besteller bzw. Käufer haben; etwa weil der Mangel auf seitens des Bestellers bzw. des Käufers gelieferten Stoffen oder auf Ausführungsanweisungen von Besteller oder Käufer beruht und Unternehmer bzw. Verkäufer ihrer Prüfungs- und Hinweispflicht nachgekommen sind.

(b) Kostentragungspflicht

Unterschiede zwischen Kauf- und Werkvertragsrecht gab es auch im Hinblick auf die Frage, wer inwieweit die Kosten der Nacherfüllung zu tragen hat.

Insbesondere kamen Durchbrechungen der grundsätzlichen Kostentragungspflicht des Unternehmers in Betracht; nämlich bei Entstehung von „Sowieso"-Kosten bzw. bei Mitverursachung des Mangels durch den Besteller. Zum Nacherfüllungsanspruch des Käufers wurde ersichtlich Gleiches nicht vertreten.[391]

(aa) Mitverursachung des Mangels

Eine weitere Gemeinsamkeit würde es deshalb darstellen, wenn eine Durchbrechung der Kostentragungspflicht nicht mehr nur im Werkvertragsrecht, sondern auch im Kaufrecht anzunehmen wäre, soweit Besteller bzw. Käufer den Mangel mitverursacht haben.

Zweifel an der Annahme einer entsprechenden Durchbrechung der Kostentragungspflicht im Werkvertragsrecht auch nach dem 01.01.2002 bestehen nicht.

Zwar hat der Reformgesetzgeber trotz der zum alten Recht angenommenen, aus § 254 bzw. § 242 BGB abgeleiteten[392] Durchbrechung der Kostentragungs-

---

391 Vgl. oben: S. 75 ff.

392 Vgl. oben: S. 76.

pflicht auch[393] hier keine entsprechende, ausdrückliche Regelung in die §§ 631 ff. BGB aufgenommen. Den Gesetzesmaterialien, namentlich dem Abschlußbericht der Schuldrechtskommission, lässt sich jedoch entnehmen, dass eine Regelung über die Beteiligung an den Kosten der Nacherfüllung im Falle der Mitverursachung des Mangels als überflüssig angesehen wurde; die sachgerechte Entscheidung im Einzelfall vielmehr der Rechtsprechung überlassen werden sollte.[394] Hieraus lässt sich schließen, dass der Reformgesetzgeber sich auch nicht schlüssig[395] gegen die Annahme einer solchen Durchbrechung der Kostentragungspflicht im neuen Werkvertragsrecht ausgesprochen hat. Zwar sind die Mitglieder der Schuldrechtskommission weder einzeln noch in ihrer Gesamtheit der Reformgesetzgeber. Ihre in diesem Punkt nicht zu beanstandenden Ausführungen sind dennoch von erheblichem Wert für die Ermittlung des reformgesetzgeberischen Willens. Auf der Grundlage der Vorschläge der Schuldrechtskommission erfolgte die Reform des Schuldrechts nämlich.[396]

Zu Recht geht deshalb auch die Literatur ersichtlich einhellig von einer Durchbrechung der Kostentragungspflicht bei Mitverursachung des Mangels im Werkvertragsrecht auch nach dem 01.01.2002 aus.[397]

Im Kaufrecht besteht ein Bedürfnis für eine Durchbrechung der Kostentragungspflicht des Verkäufers bei Mitverursachung des Mangels durch den Käufer mit den gleichen Erwägungen wie für einen Ausschluss des Nacherfüllungsanspruchs bei Mängeln nur aus dem Verantwortungsbereich des Käufers.[398]

Soweit nämlich bestimmte Erwägungen zur Annahme eines Bedürfnisses für Auswirkungen auf das „Ob" des Nacherfüllungsanspruchs bei Alleinverursachung des Mangels durch den Käufer führen, muss dies im Hinblick auf ein Be-

---

393 Zur entsprechenden Lage beim Ausschluss des Nacherfüllungsanspruchs aufgrund Alleinverursachung des Mangels, vgl. oben: S. 103 f.

394 Vgl. Abschlußbericht S. 213, für den kaufrechtlichen Nacherfüllungsanspruch. Wenn aber die Schuldrechtskommission bei dem weitgehend neuen Nacherfüllungsanspruch des Käufers die sachgerechte Entscheidung im Einzelfall der Rechtsprechung überlassen wollte, kann im Hinblick auf den Nacherfüllungsanspruch des Bestellers nicht von einer abweichenden Regelungsabsicht der Schuldrechtskommission ausgegangen werden. Hier war die sachgerechte Entscheidung bei einer Mitverursachung des Mangels schließlich seit jeher der Rechtsprechung überlassen.

395 Dass der Reformgesetzgeber einer Durchbrechung der Kostentragungspflicht bei Mitverursachung des Mangels durch den Besteller ausdrücklich eine Absage erteilt hätte, lässt sich den entsprechenden Gesetzesmaterialien nicht entnehmen – sie „schweigen" diesbezüglich.

396 Vgl. BT-Drucks. 14/6040 S. 2.

397 Vgl. z. B. *Peters* in *Staudinger* Neubearbeitung 2003 § 634 Rn. 122; *Voit* in *Bamberger/Roth* § 633 Rn. 19 ff.; *Sprau* in *Palandt* 63. Aufl. § 635 Rn. 7.

398 Vgl. hierzu oben: S. 104 ff. (Verträge im Sinne des § 651 BGB) und S. 109 ff. (klassisches Kaufrecht).

dürfnis für Auswirkungen auf das „Wie“ des Nacherfüllungsanspruchs bei Mitverursachung des Mangels als bloßes Minus hierzu erst Recht gelten.

Ein Unterschied im Vergleich zur Alleinverursachung des Mangels ergibt sich jedoch daraus, dass es für die Mitverursachung im Rahmen von Verträgen im Sinne des § 651 BGB an einer den §§ 651 S. 2 i. V. m. 442 Abs. 1 S. 1 BGB entsprechenden Regelung fehlt. Eine Spezialregelung, die ein Bedürfnis für die Annahme einer Durchbrechung der Kostentragungspflicht bei Mitverursachung des Mangels zumindest teilweise entfallen lassen könnte, besteht demnach nicht.

Danach ergibt sich ein Bedürfnis für die Annahme einer Durchbrechung der Kostentragungspflicht bei Mitverursachung des Mangels sowohl für Verträge im Sinne des § 651 BGB als auch im Bereich des klassischen Kaufrechts, namentlich für den Kauf mit Montageverpflichtung. Das Bedürfnis besteht uneingeschränkt und unabhängig davon, ob der Mitverursachungsanteil auf einem von dem Käufer zur Verfügung gestellten Stoff oder einer Ausführungsanweisung von diesem beruht.

Die Verbrauchsgüterkaufrichtlinie steht der Annahme einer Durchbrechung der Kostentragungspflicht im Falle der Mitverursachung des Mangels durch den Käufer schließlich nicht entgegen.

Das im Rahmen der vorstehenden Bedürfnisprüfung gebrauchte argumentum a maiore ad minus gilt entsprechend: Soweit mit bestimmten Erwägungen ein Verstoß gegen die Verbrauchsgüterkaufrichtlinie selbst bei Annahme eines Ausschlusses des Nacherfüllungsanspruchs zu verneinen ist, muss dies für dessen Beschränkung durch Anrechnung eines Mitverursachungsanteils als bloßes Minus zum Anspruchsausschluss erst Recht gelten.

Dass bestimmte Erwägungen die Annahme des Ausschlusses des Nacherfüllungsanspruchs bei Alleinverursachung des Mangels durch den Käufer auch im Anwendungsbereich der Verbrauchsgüterkaufrichtlinie rechtfertigen, ist aufgezeigt worden.[399] Wenn aber selbst der Ausschluss des Nacherfüllungsanspruchs des Käufers keinen Verstoß gegen die Verbrauchsgüterkaufrichtlinie darstellt, kann ein solcher in der bloßen Beschränkung des Anspruchs in Form der Anrechnung eines Mitverursachungsanteils schon gar nicht begründet sein.

Dies gilt insbesondere, weil die zum Anspruchsausschluss angestellten Erwägungen auch im Hinblick auf die Beschränkung des Nacherfüllungsanspruchs tragen, was exemplarisch dargestellt werden soll:

Sofern ein Mangel auf seitens des Käufers zur Verfügung gestellten Stoffen beruht und eine (nur) Mitverursachung lediglich deshalb anzunehmen ist, weil der Verkäufer seiner Prüfungs- und Hinweispflicht nicht ordnungsgemäß nachgekommen ist, liegt in der Anrechnung eines Mitverursachungsanteils eine bereits

399 Vgl. oben: S. 107 ff.

von Art. 8 Abs. 2 RL gedeckte Erhöhung des Verbraucherschutzniveaus. Nach Art. 2 Abs. 3 RL wäre bei dieser Sachlage nämlich auch die Annahme eines vollständigen Freiwerdens von der Gewährleistungspflicht gerechtfertigt.

Die entsprechenden, zum Anspruchsausschluss angestellten Erwägungen tragen aber auch dann, wenn eine (nur) Mitverursachung deshalb anzunehmen ist, weil ein Mangel einerseits auf einer Ausführungsanweisung des Käufers beruht, andererseits der Verkäufer seiner Prüfungs- und Hinweispflicht nicht ordnungsgemäß nachgekommen ist.

Es ist ausgeführt worden, dass aus Art. 8 Abs. 1 RL i. V. m. dem 6. Erwägungsgrund zur Richtlinie eine Selbstbeschränkung des Richtliniengebers auf spezifisch gewährleistungsrechtliche Probleme folgt; die Verbrauchsgüterkaufrichtlinie bei der Lösung allgemeinrechtlicher Fragestellungen deshalb nicht entgegensteht.[400] Zu den allgemeinrechtlichen Fragestellungen zählen u. a. die mit Treu und Glauben in Verbindung stehenden, wie gesagt.[401] Auf § 242 BGB bzw. auf § 254 BGB, als nach richtiger Ansicht „bloße" Ausprägung des Grundsatzes von Treu und Glauben, wurde die Annahme einer Durchbrechung der Kostentragungspflicht bei Mitverursachung des Mangels gestützt. Und auch jetzt noch verstößt derjenige gegen das Verbot des widersprüchlichen Verhaltens, der sich auf sein Recht zur unentgeltlichen Herstellung des vertragsgemäßen Zustands der Kaufsache beruft, obwohl er deren nicht vertragsgemäßen Zustand mitverursacht hat.

Wie im Hinblick auf den Ausschluss des Nacherfüllungsanspruchs, geht es auch hier also nur um die angemessene Lösung einer allgemeinrechtlichen Fragestellung. Einer solchen stehen die Regelungen der Verbrauchsgüterkaufrichtlinie nicht entgegen.

Nach allem: Eine Durchbrechung der Kostentragungspflicht ist nicht mehr nur im Werkvertragsrecht, sondern auch im Kaufrecht anzunehmen, soweit Besteller bzw. Käufer den Mangel mitverursacht haben.

(bb) „Sowieso"-Kosten

Kauf- und Werkvertragsrecht könnten schließlich seit dem 01.01.2002 eine Durchbrechung der Kostentragungspflicht bei der Entstehung von „Sowieso"-Kosten gemeinsam haben. Dies wäre anzunehmen, wenn die entsprechenden Grundsätze im Werkvertragsrecht fortgelten würden und jetzt auch im Kaufrecht Anwendung fänden.

---

400 Vgl. oben: S. 107 ff.
401 Vgl. oben: S. 109.

Ernstliche Zweifel an der Annahme einer entsprechenden Durchbrechung der Kostentragungspflicht im Werkvertragsrecht über den 31.12.2001 hinaus bestehen nicht. Dem Abschlußbericht der Schuldrechtskommission lässt sich auch im Hinblick auf die „Sowieso"-Kosten entnehmen, dass eine diesbezügliche Regelung als überflüssig angesehen wurde; die sachgerechte Entscheidung im Einzelfall vielmehr der Rechtsprechung überlassen werden sollte.[402] Die Lage ist insoweit die gleiche, wie bei der Durchbrechung der Kostentragungspflicht bei Mitverursachung des Mangels. Auf die entsprechenden Ausführungen kann Bezug genommen werden.[403]

Im Falle der Entstehung von „Sowieso"-Kosten im Werkvertragsrecht ist daher mit der ersichtlich einhelligen Literatur[404] nach wie vor von einer Durchbrechung der Kostentragungspflicht des Unternehmers auszugehen.

Für das Kaufrecht ist zunächst die Frage zu beantworten, ob es überhaupt zur Entstehung von „Sowieso"-Kosten im Rahmen der Nacherfüllung kommen kann. Nur wenn und soweit dies der Fall ist, kann über eine entsprechende Durchbrechung der dem Verkäufer durch § 439 Abs. 2 BGB auferlegten Kostentragungspflicht nachgedacht werden.

Die Frage, ob es überhaupt zur Entstehung von „Sowieso"-Kosten kommen kann, steht in direktem Zusammenhang mit einem der am stärksten diskutierten Probleme im neuen Kaufrecht.[405] Dem Problem nämlich, ob beim Stückkauf Nacherfüllung durch Lieferung einer mangelfreien Sache möglich ist oder nicht.

Anhand eines Beispiels soll der vorerwähnte Zusammenhang verdeutlicht werden: K ist Eigentümer einer großen Rasenfläche in Hanglage. Für diese Rasenfläche möchte K einen fahrbaren Rasenmäher der Marke X erwerben. Hierzu begibt er sich zu dem V, einem Vertragshändler für Rasenmäher der Marke X. K entscheidet sich dort für einen Rasenmäher der Marke X, Typ 0,3. Die Typenbezeichnung steht für die Motorleistung des Rasenmähers, nämlich 0,3 KW. Dies ist dem K bekannt. Er hatte mit dem V ausführlich über die Motorleistung gesprochen und in diesem Zusammenhang auch über seine Rasenfläche in Hanglage. Im Rahmen dessen hatte er auch den Wunsch geäußert, diese Rasenfläche mit dem neuen Rasenmäher auch hangaufwärts mähen zu können. V hatte daraufhin den Typ 0,3 empfohlen, der zu bestellen sei und binnen dreier Wochen geliefert werden könne. Um die Lieferzeit zu vermeiden, entscheidet sich K für den Erwerb eines sich seit einem Jahr in der Ausstellung des V befindlichen Vorführ-

---

402 Vgl. Abschlußbericht S. 213.

403 Vgl. oben: S. 111 f.

404 Vgl. *Voit* in *Bamberger/Roth* § 635 Rn. 19; *Peters* in *Staudinger* Neubearbeitung 2003 § 634 Rn. 19; *Sprau* in *Palandt* 63. Aufl. § 635 Rn. 7; *Ebert* in Hk-BGB § 635 Rn. 2.

405 Vgl. auch *Canaris* in JZ 2003, 831.

modells. Es stellt sich heraus, dass die Motorleistung von 0,3 KW zu gering ist, 0,6 KW vielmehr erforderlich wären. Kann K die Nachlieferung eines sich ebenfalls seit einem Jahr in der Ausstellung des V befindlichen Vorführmodells der Marke X, Typ 0,6 verlangen, gegen Zahlung des entsprechenden Aufpreises? Müsste sich K vor Ausübung seiner Gewährleistungsrechte (Rücktritt, Minderung, Schadensersatz) auf die Möglichkeit der Nachlieferung des Vorführmodells vom Typ 0,6 verweisen lassen?

Eine Ansicht meint, eine Nachlieferung komme bei dem – im Beispielsfall vorliegenden – Stückkauf grundsätzlich[406] nicht in Betracht.[407] Beim Stückkauf beschränke sich die Leistungspflicht des Verkäufers von vornherein auf die verkaufte Sache, und jede andere als die verkaufte Sache sei untauglich, den vertraglich geschuldeten Zustand herbeizuführen.[408] Der Nacherfüllungsanspruch sei wie der ursprüngliche Erfüllungsanspruch auf den Inhalt des vertraglichen Schuldverhältnisses bezogen – was nicht Vertragsinhalt sei, könne nicht Gegenstand des Erfüllungsanspruchs sein. Wenn in § 439 BGB von „einer mangelfreien Sache" die Rede sei, so sei damit nur eine Sache gemeint, auf die sich der Vertrag beziehe. Dies werde im Hinblick auf die Gattungsschuld seit jeher so gesehen.[409] Die Annahme eines Nachlieferungsanspruchs des Stückkäufers stelle einen massiven Eingriff in die Vertragsfreiheit dar[410] und belaste den Verkäufer entgegen der vertraglichen Vereinbarung mit einem Beschaffungsrisiko.[411] Die Annahme eines Nachlieferungsanspruchs beim Stückkauf führe im Übrigen zu einem Wertungswiderspruch, der sich aus einem Auseinanderfallen von Erfüllungs- und Nacherfüllungsanspruch ergebe. Gehe die verkaufte Sache nämlich beim Stückverkäufer unter, werde dieser nach § 275 Abs. 1 BGB von der Erfüllungspflicht frei; der Käufer könne keine andere Sache als Erfüllung verlangen. Werde die Sache dagegen nur beschädigt, könne der Käufer eben dies verlangen, wollte man einen Nachlieferungsanspruch beim Stückkauf annehmen. Dies stelle

406 Nur ausnahmsweise sei die Nachlieferung möglich, nämlich bei Lieferung eines Identitätsaliuds (vgl. *Faust* in *Bamberger/Roth* § 439 Rn. 27; *P. Huber* in *Huber/Faust* S. 322; *U. Huber* in FS *Schlechtriem* S. 523 (Fn. 9)).

407 So z. B.: *Ackermann* in JZ 2002, 378, 379 ff.; ders. in JZ 2003, 1154 ff.; *Faust* in *Bamberger/Roth* § 439 Rn. 27 f.; *Gruber* in Jb.J.ZivRWiss 2001, 187, 191; *P. Huber* in NJW 2002, 1004, 1006; ders. in *Huber/Faust* S. 321 f.; *U. Huber* in FS für *Schlechtriem* S. 523 (Fn. 9); *Laws* in MDR 2002, 320, 323; *Lorenz* in JZ 2001, 742, 743, 744; *Lorenz/Riehm* S. 271; *Petersen* in Jura 2002, 461, 462; *Pfeiffer* in Anwaltkommentar Art. 3 Kauf-RL Rn. 8; *Schellhammer* in MDR 2002, 301; *Schwab* in JuS 2002, 1, 6; *Wieser* in JR 2002, 269.

408 Vgl. *U. Huber* in FS *Schlechtriem* S. 523 (Fn. 9).

409 Vgl. *Ackermann* in JZ 2002, 378, 379.

410 Vgl. *Ackermann* in JZ 2002, 378, 379.

411 Vgl. *Faust* in *Bamberger/Roth* § 439 Rn. 28.

eine willkürliche Ungleichbehandlung der Unmöglichkeit und der Mangelhaftigkeit dar, die den Graben zwischen Mängelgewährleistung und allgemeinem Leistungsstörungsrecht nur wieder vertiefen würde, entgegen dem Willen des Reformgesetzgebers.[412] Vorbild des § 439 BGB sei schließlich Art. 46 CISG. Auch im Rahmen des CISG sei es ganz herrschende Meinung, dass beim Stückkauf (außer im Falle der Falschlieferung) ein Anspruch auf Nachlieferung nicht in Betracht komme.[413]

Nach dieser Ansicht hätte der K keinen Anspruch auf Nachlieferung des sich in der Ausstellung des V befindlichen Vorführmodells vom Typ 0,6. Er müsste sich indes auch nicht auf die Möglichkeit der Nachlieferung verweisen lassen. Der K könnte vielmehr – unterstellt auch eine Nachbesserung wäre unmöglich – ohne weiteres vom Vertrag zurücktreten, den Kaufpreis mindern oder Schadensersatz verlangen.

Eine andere Ansicht[414] hält die Nachlieferung auch beim Stückkauf für möglich. Zur Begründung ihrer Auffassung stützen sich einige Vertreter dieser Ansicht zunächst auf den Wortlaut des § 439 Abs. 1 BGB. Der Verkäufer habe das Leistungsinteresse des Käufers durch Lieferung einer (nicht: der) mangelfreien Sache zu erfüllen.[415] Des Weiteren wird angeführt, dass das Gesetz jetzt anders als früher nicht mehr zwischen Stück- und Gattungskauf unterscheide. Insbesondere § 439 Abs. 1 Alt. 2 BGB enthalte keine Beschränkung auf den Gattungskauf. Zu einer solchen Beschränkung gelange man jedoch im praktischen Ergebnis, wenn man der Gegenansicht folge.[416] Die Gegenansicht führe auch zu willkürlichen Unterscheidungen. Es könne keinen Unterschied machen, ob ein und dieselbe Kaufsache im Warenhaus aus dem Regal genommen und an der Kasse

---

412 Vgl. *Ackermann* in JZ 2003, 1154.

413 Vgl. *U. Huber* in FS *Schlechtriem* S. 523 (Fn. 9), mit den entsprechenden Nachweisen.

414 So z. B.: OLG Braunschweig in NJW 2003, 1053, 1054; LG Ellwangen in NJW 2003, 517; *Ball* in NZV 2004, 217, 220; *Berger* in *Jauernig* 11. Aufl. § 439 Rn. 13; *Bitter/Meidt* in ZIP 2001, 2114, 2119 f.; *Brox/Walker* S. 46; *Canaris* S. XXIV; ders. in JZ 2003, 831 ff.; 1156 f.; *Graf von Westphalen* in *Henssler/Graf von Westphalen* § 439 Rn. 5 f.; *Grunewald* in *Erman* 11. Aufl. § 439 Rn. 3; *Heinemann/Pickartz* in ZGS 2003, 149, 150 ff.; *Jorden/Lehmann* in JZ 2001, 952, 957 f; *Oechsler* S. 89 f; *ders.* in NJW 2004, 1825, 1828 f.; *Oetker/Maultzsch* S. 92 ff.; *Pammler* in NJW 2003, 1992 ff.; *Putzo* in *Palandt* 63. Aufl. § 439 Rn. 15, der eine Nachlieferung zwar für möglich hält, einen Anspruch des Käufers auf Lieferung einer anderen gleichen Sache allerdings verneint; *Spickhoff* in BB 2003, 589, 590; *Westermann* in MüKo 4. Aufl. § 439 Rn. 11.

415 Vgl. OLG Braunschweig in NJW 2003, 1053, 1054; *Bitter/Meidt* in ZIP 2001, 2114, 2119; gegen die Tragfähigkeit dieses Wortlautarguments *Canaris* in JZ 2003, 831, 833.

416 Vgl. *Canaris* in JZ 2003, 831, 833.

bezahlt (Stückkauf) oder im Versandhandel bestellt werde (Gattungskauf). In beiden Fällen müsse ein Nachlieferungsanspruch gegeben sein.[417] Der Nachlieferungsanspruch des Stückkäufers wird ferner auf die Gesetzesmaterialien gestützt. Diesen sei zu entnehmen, dass jedenfalls bei einer neuwertigen Sache ein Anspruch auf Nachlieferung auch beim Stückkauf in Betracht komme und dass dies in Ausnahmefällen sogar bei gebrauchten Sachen gelte.[418] Dies ergebe sich auch aus dem 16. Erwägungsgrund zur Verbrauchsgüterkaufrichtlinie.[419] Schließlich sei es im BGB auch nicht gänzlich neuartig, dass eine andere als die bisherige Sache verlangt werden könne. Auch ein Geschädigter könne dies unter Umständen im Rahmen seines Anspruchs auf Naturalrestitution nach § 249 Abs. 1 BGB.[420]

Unter den Vertretern dieser Ansicht besteht allerdings Einigkeit darüber, dass die Nachlieferung beim Stückkauf nicht uneingeschränkt möglich ist. Auf welche kaufvertraglichen Konstellationen der Nachlieferungsanspruch des Käufers bzw. das Nachlieferungsrecht des Verkäufers allerdings zu beschränken sei, wird uneinheitlich beantwortet.

So wird vertreten, eine Nachlieferung beim Stückkauf sei nur dann möglich, wenn die Kaufsache eine vertretbare im Sinne des § 91 BGB sei.[421] Die Beschränkung auf das rein objektive Kriterium[422] der vertretbaren Sache sei sachgerecht, weil so die Nachlieferung auf austauschbare Sachen beschränkt bleibe. Die Kategorie „vertretbare Sache" sei zudem durch § 91 BGB und die zu dieser Norm bestehende Kasuistik bereits weitgehend konkretisiert (und deshalb ohne weiteres anwendbar). Die Abgrenzung entspreche schließlich auch der Interessenlage der Parteien: Sei die Kaufsache lediglich durch Auswahl der Parteien individualisiert, so sei sie austauschbar. Es handele sich dann um eine vertretbare Sache, so dass Nachlieferung verlangt werden könne. Weise die Sache selbst hingegen individualisierende Merkmale auf, so sei sie nicht mehr austauschbar und eine Nachlieferung unmöglich.[423]

Nach dieser Unteransicht käme eine Nachlieferung des sich in der Ausstellung des V befindlichen Vorführmodells vom Typ 0,6 nicht in Betracht. Der ge-

---

417 Vgl. *Oechsler* S. 89.

418 Vgl. *Canaris* in JZ 2003, 831, 833, mit den entsprechenden Nachweisen.

419 Vgl. *Canaris* in JZ 2003, 831, 834, *Heinemann/Pickartz* in ZGS 2003, 149, 151 f.

420 Vgl. *Canaris* S. XXIV; kritisch hierzu *Heinemann/Pickartz* in ZGS 2003, 149, 151.

421 Vgl. *Pammler* in NJW 2003, 1992, 1993; mit einer Ausnahme für den Fall der Individualabweichung auch *Oechsler* S. 89 f.; unklar *Spickhoff* (in BB 2003, 589, 590), der von einem Satz auf den anderen von einem rein subjektiven Kriterium in das rein objektive der vertretbaren Sache im Sinne des § 91 BGB wechselt.

422 Vgl. *Heinrichs* in *Palandt* 63. Aufl. § 91 Rn. 1.

423 Vgl. zum Ganzen *Pammler* in NJW 2003, 1992, 1993.

kaufte Rasenmäher vom Typ 0,3 ist keine vertretbare Sache. Als Vorführmodell handelt es sich bei ihm um eine gebrauchte Sache. Gebrauchte Sachen scheiden jedoch als vertretbare Sachen im Sinne des § 91 BGB aus, da jedes Stück einen anderen Zustand aufweist.[424]

Eine andere Unteransicht[425] hebt das Leistungsinteresse des Käufers hervor. Eine Nachlieferung sei danach auch beim Stückkauf möglich, sofern das Leistungsinteresse des Käufers zufrieden gestellt werde. Zusätzlich zu dem vorbenannten, rein subjektiven Kriterium des Leistungsinteresses stellen die Vertreter dieser Unteransicht uneinheitlich objektive Voraussetzungen auf. Gefordert wird beispielsweise, dass es sich um Sachen handeln müsse, die wirtschaftlich einer vertretbaren Sache entsprächen.[426] Andere meinen, dass die nachzuliefernde Sache im Vergleich zu der ursprünglich geschuldeten gleichartig und gleichwertig sein müsse.[427]

Nach dieser Unteransicht innerhalb der weiteren Ansicht käme eine Nachlieferung des in der Ausstellung des V befindlichen Vorführmodells vom Typ 0,6 in Betracht. Zum einen würde das Leistungsinteresse des K (ein sofort lieferbarer, fahrbarer Rasenmäher der Marke X mit ausreichender Motorleistung) durch Lieferung des Vorführmodells vom Typ 0,6 befriedigt. Zum anderen lägen auch die weiteren, uneinheitlich aufgestellten Voraussetzungen vor. In dem hier maßgeblichen Sinne wäre der Rasenmäher vom Typ 0,6 dem vom Typ 0,3 gleichartig und gleichwertig. Ebenfalls in dem hier maßgeblichen Sinne entspräche der Rasenmäher vom Typ 0,6 dem vom Typ 0,3 auch wirtschaftlich. Die Annahme des Vorliegens der vorstehenden, weiteren und uneinheitlich aufgestellten Voraussetzungen mutet zunächst merkwürdig an. Natürlich ist der Rasenmäher vom Typ 0,6 dem vom Typ 0,3 nicht per se gleichartig und gleichwertig. Abgesehen davon, dass es sich schon der Bezeichnung nach um verschiedene Typen handelt, ist der Rasenmäher vom Typ 0,6 auch nur gegen einen Aufpreis zu haben, also teurer als der vom Typ 0,3. Per se kann daher freilich auch nicht angenommen werden, dass die beiden Rasenmäher sich wirtschaftlich entsprechen. Es sind hier jedoch nicht Wert und Art des Rasenmähers vom Typ 0,3 zu berücksichtigen. Zu berücksichtigen sind vielmehr Wert und Art des ursprünglich gekauften Rasen-

---

424 Vgl. *Holch* in MüKo 4. Aufl. § 91 Rn. 4; für gebrauchte Kfz auch OLG München in DAR 1964, 188 f.

425 Vgl. z. B. LG Ellwangen in NJW 2003, 517; *Bitter/Meidt* in ZIP 2001, 2114, 2119 f.; *Heinemann/Pickartz* in ZGS 2003, 149, 152; *Putzo* in *Palandt* 63. Aufl. § 439 Rn. 15.

426 So z. B. LG Ellwangen in NJW 2003, 517; *Putzo* in *Palandt* 63. Aufl. § 439 Rn. 15.

427 So z. B. *Heinemann/Pickartz* in ZGS 2003, 149, 152; in diese Richtung auch *Bitter/Meidt* (in ZIP 2001, 2114, 2119), bei denen von einer „mangelfreien Sache der geschuldeten Art" die Rede ist.

mähers in seiner Sollbeschaffenheit. Der ursprünglich gekaufte Rasenmäher sollte in der Lage sein, die Rasenfläche des K hangaufwärts zu mähen. Dies konnten von den Rasenmähern der gewünschten Marke X nur die vom Typ 0,6. Der ursprünglich gekaufte Rasenmäher entsprach in seiner Sollbeschaffenheit also einem der Marke X, Typ 0,6.

Eine letzte Unteransicht hält eine Nachlieferung für möglich, wenn die Kaufsache „ersetzbar" sei. Das bestimme sich nach dem Parteiwillen und seiner Auslegung. Dabei komme es auf die Gleichwertigkeit und Gleichartigkeit der Ersatzsache im Vergleich zu der gekauften Sache (in ihrer Sollbeschaffenheit) an. Ein wesentliches Testkriterium – aber nicht mehr – liege darin, ob es sich funktionell und wirtschaftlich betrachtet um einen ähnlichen Vertrag wie einen Gattungskauf handele und ob die Ersatzsache als derselben Gattung zugehörig und dabei als von mittlerer Art und Güte im Sinne von § 243 Abs. 1 BGB anzusehen wäre. Ob die Kaufsache eine vertretbare im Sinne des § 91 BGB ist, sei dagegen ohne Bedeutung.[428]

Die Möglichkeit einer Nachlieferung des sich in der Ausstellung des V befindlichen Rasenmähers vom Typ 0,6 wäre auch nach dieser Unteransicht zu bejahen. Sie hält ausdrücklich nur den auszulegenden Willen der Vertragsparteien für maßgeblich, weitere (objektive) Voraussetzungen werden nicht aufgestellt. Die auch hier genannten objektiven Kriterien, wie zum Beispiel die der Gleichartigkeit und Gleichwertigkeit, werden lediglich zur Verobjektivierung des ausschließlich subjektiven Kriteriums des Parteiwillens genutzt. Ihre Berücksichtigung soll bei der Ermittlung des Parteiwillens helfen, insbesondere bei der Entscheidung, ob eine „Ersetzbarkeit" der Kaufsache gewollt sei oder nicht.[429] Die nach dieser Unteransicht bei der Auslegung des Parteiwillens zu berücksichtigenden, entscheidenden Kriterien der Gleichartigkeit und Gleichwertigkeit sind mit den gleichen Erwägungen zu bejahen, wie bei der vorbenannten Unteransicht. Auf die entsprechenden Ausführungen kann Bezug genommen werden. Bei dem fraglichen Rechtsgeschäft dürfte es sich funktionell und wirtschaftlich betrachtet auch um einen ähnlichen Vertrag wie einen Gattungskauf handeln. Weder dem V noch dem K kam es auf den (Ver-)kauf gerade des ursprünglich erworbenen Vorführmodells an. Dem K ging es nur um irgendeinen, sofort verfügbaren Rasenmäher, der sich für die nach dem Vertrag vorausgesetzte Verwendung eignet, dem V um den Verkauf eines solches Rasenmähers.[430] Der Rasenmäher vom Typ 0,6 als Ersatzsache wäre schließlich auch derselben Gattung zugehörig, wie der ursprünglich gekaufte Rasenmäher in seiner Sollbeschaffenheit.

428 So *Canaris* in JZ 2003, 831, 834 f.
429 Vgl. *Canaris* in JZ 2003, 831, 834 f.
430 Zur funktionellen Vergleichbarkeit vgl. auch *Oetker/Maultzsch* S. 93 f.

Nach der weiteren Ansicht und soweit innerhalb dieser nicht auf die Vertretbarkeit der Kaufsache im Sinne des § 91 BGB zur Beschränkung der Nachlieferung beim Stückkauf abgestellt wird könnte K die Nachlieferung des Vorführmodells vom Typ 0,6 gegen Zahlung des entsprechenden Aufpreises verlangen. Vor Ausübung seiner Gewährleistungsrechte müsste er sich auf die vorrangige Möglichkeit der Nachlieferung des Vorführmodells vom Typ 0,6 verweisen lassen.

Im Ergebnis wird damit nur die weitere Ansicht und soweit innerhalb dieser nicht auf die Vertretbarkeit der Kaufsache im Sinne des § 91 BGB abgestellt wird den Interessen der Parteien im vorliegenden Fall gerecht. Der K wünscht für seine Rasenfläche in Hanglage einen sofort liefer- und fahrbaren Rasenmäher der Marke X, der in der Lage ist, die Rasenfläche auch hangaufwärts zu mähen. Nach entsprechender Beratung durch den V hat er sich für ein 1 Jahr altes Vorführmodell dieser Marke vom Typ 0,3 entschieden. Es spricht nichts gegen die Annahme, dass er sich für das gleich alte Vorführmodell vom Typ 0,6 entschieden hätte, wenn der V ihm zu einer höheren Motorleistung geraten hätte. Für den V macht es letztlich keinen Unterschied, ob er das Vorführmodell vom Typ 0,3 an den K veräußert oder gegen Zahlung eines entsprechenden Aufpreises das vom Typ 0,6. Als gewerbsmäßiger Händler von fahrbaren Rasenmähern hat er in jedem Fall ein grundsätzliches Interesse an der Durchführung des Vertrages.

Da die Gegenansicht eine Nachlieferung beim Stückkauf grundsätzlich für ausgeschlossen hält, kann sie Interessen wie den vorliegenden nicht gerecht werden. Sie ist schon deshalb abzulehnen. Die rein dogmatische Argumentation dieser Ansicht, dass beim Stückkauf eine andere als die verkaufte Sache nun einmal nicht als Nacherfüllung geschuldet sein könne, kann einer interessengerechten Auslegung des § 439 Abs. 1 BGB nicht entgegenstehen. Die dogmatische Qualifikation einer Norm ist vielmehr gegenüber ihrer interessengerechten Auslegung nachrangig.[431]

Auch die übrigen Argumente der Gegenansicht verfangen nicht:

Zunächst einmal wird der zur Nachlieferung verpflichtete Stückverkäufer nicht zu Unrecht mit einem Beschaffungsrisiko belastet. Einem solchen sieht sich auch der Verkäufer einer Stücksache völlig zu Recht ausgesetzt, wenn er z. B. nicht Eigentümer der Sache ist. Es ist nicht einzusehen, dass ihm dieses Risiko bei Vorliegen eines Sachmangels erspart bleiben sollte.[432] Des Weiteren ist ein Wertungswiderspruch durch ein Auseinanderfallen von Erfüllungs- und Nacherfüllungsanspruch im Fall einer Nachlieferungspflicht des Stückverkäufers nicht

431 Vgl. auch *Canaris* in JZ 2003, 831, 835.

432 Verkauft beispielsweise jemand ein in fremdem Eigentum stehendes Gemälde und ist der Eigentümer zu dessen Verkauf bereit, so ist es nichts grundlegend anderes, wenn das verkaufte Gemälde eine Fälschung und der Eigentümer des Originals zu dessen Verkauf bereit ist.

zu fürchten. Der Fall des vollständigen Untergangs der Kaufsache mit der Folge des Freiwerdens des Verkäufers von der Erfüllungspflicht gem. § 275 Abs. 1 BGB steht dem der bloßen Beschädigung der Sache mit der möglichen Verpflichtung zur Nachlieferung wertungsmäßig schon nicht gleich. Er ist anders gelagert, weil der Verkäufer im Fall des Untergangs gem. § 326 Abs. 1 BGB seinen Kaufpreisanspruch verliert, während ihm dieser bei der Nachlieferung erhalten bleibt. Auseinander fallen Erfüllungs- und Nacherfüllungsanspruch im Übrigen auch bei der Nachbesserung. Ist diese möglich, steht der Verkäufer ebenfalls anders als im Falle des Untergangs der Kaufsache. Er wird nicht gem. § 275 Abs. 1 BGB von seiner Erfüllungspflicht befreit, sondern muss nachbessern und behält seinen Kaufpreisanspruch. Es gibt keinen Grund dafür, das Auseinanderfallen von Erfüllungsanspruch und Nacherfüllungsanspruch im Fall der Nachbesserung zu akzeptieren, bei der Nachlieferung hingegen einen Wertungswiderspruch anzunehmen.[433] Schließlich stellt die Gegenansicht zur Begründung ihrer Ablehnung der Nachlieferung beim Stückkauf zu Unrecht auf Art. 46 CISG ab. Art. 46 CISG war nämlich nicht Vorbild des § 439 BGB. § 439 BGB geht auf § 438 BGB-KE zurück. Auch die Regelung des § 438 BGB-KE beruht nicht auf Vorschriften des einheitlichen Kaufrechts, sondern auf § 633 Abs. 1 und 2 BGB a. F.[434] § 438 BGB-KE ist dann seitens des Reformgesetzgebers lediglich modifiziert worden, um den Anforderungen von Art. 3 Abs. 2 RL Rechung zu tragen.[435] Art. 3 Abs. 2 RL wiederum sieht (auch) die Nachlieferung vor, ohne jede Einschränkung für den Stückkauf.

Zu folgen ist also der weiteren Ansicht, soweit diese den Nachlieferungsanspruch des K und das Nachlieferungsrecht des V bejaht.

Innerhalb der weiteren Ansicht vermag demnach die Unteransicht nicht zu überzeugen, welche die Nachlieferung beim Stückkauf auf vertretbare Sachen im Sinne des § 91 BGB beschränken will. Das Kriterium der vertretbaren Sache ist zu eng. Eine sachgerechte Beschränkung der Nachlieferung beim Stückkauf kann deshalb so nicht vorgenommen werden. Des Weiteren spricht einiges dafür, dass der Reformgesetzgeber die Nacherfüllung beim Stückkauf gerade nicht auf den Erwerb vertretbarer Sachen beschränken wollte. Letzteres, weil der Begriff der vertretbaren Sache in § 438 BGB-KE noch ausdrücklich enthalten war,[436] seitens des Reformgesetzgebers jedoch nicht übernommen wurde. Der Reformgesetzgeber dürfte sich damit zumindest schlüssig von einer derartigen Begrenzung der

433 Vgl. auch *Canaris* in JZ 2003, 1156 f.
434 Vgl. Abschlussbericht S. 211.
435 Vgl. BT-Drucks. 14/6040 S. 230.
436 Vgl. oben: S. 21.

Nachlieferung abgewandt haben.[437] Dass das Kriterium der vertretbaren Sache im Sinne des § 91 BGB zu eng ist und eine sachgerechte Beschränkung der Nachlieferung beim Stückkauf deshalb auf diese Weise nicht vorgenommen werden kann, zeigt die Interessenlage in dem hier gewählten Ausgangsfall. Dieser würde eine Beschränkung auf vertretbare Sachen im Sinne des § 91 BGB nicht gerecht.

Eine Nachlieferung muss vielmehr immer dort in Betracht kommen, wo eine gleichartige und gleichwertige Ersatzsache existiert, unabhängig davon, ob es sich bei der ursprünglich gekauften Sache um eine vertretbare handelt oder nicht. Dies lässt sich auch am Beispiel der Individualabweichung belegen, was folgender Fall veranschaulichen soll: Galerist G hat in seiner Ausstellung ein besonders wertvolles Original. Um es des Nachts vor Diebstahl zu schützen, hat G von einem befreundeten Maler ein Plagiat anfertigen lassen. Jeden Abend vor Geschäftsschluss tauscht G das Original gegen das Plagiat aus. Das Original wird über Nacht versteckt und erst am nächsten Morgen wieder gegen das Plagiat ausgetauscht. Eines Morgens vergisst dies der G. Ausgerechnet an diesem Tag kommt der Kunde K und kauft das vermeintliche Original. Obwohl es sich bei dem Original nicht um eine vertretbare Sache handelt, muss der K hier freilich einen Anspruch auf Nachlieferung haben, ebenso wie der G das entsprechende Recht. Im Ergebnis kann es keinen Unterschied machen, ob wie hier das vermeintliche Original gekauft und geliefert (Individualabweichung) oder zwar das Original gekauft, jedoch das Plagiat geliefert wird (Identitätsabweichung), etwa weil Original und Plagiat erst nach dem Kauf vertauscht werden.[438]

Von den anderen beiden Unteransichten innerhalb der weiteren Ansicht, die im Ausgangsfall zur Annahme von Nachlieferungsanspruch und -recht gelangen, ist vorzugswürdig diejenige von *Canaris*.[439] Dieser begründet Voraussetzungen und Grenzen der Nachlieferung beim Stückkauf dem Grundsatz der Privatautonomie folgend nachvollziehbar mit dem Willen der Parteien.[440] Dagegen vermag es nicht zu überzeugen, wenn die andere Unteransicht beim Stückkauf als gegenseitigem Vertrag als subjektives Kriterium allein das Leistungsinteresse des Käufers anführt.[441] Nicht zu überzeugen vermag die andere Unteransicht ferner darin,

---

437 Entgegen *Canaris* (in JZ 2003, 831, 835, unter Verweis auf BT-Drucks. 14/6040 S. 232) vermag der Verfasser den Gesetzesmaterialien eine ausdrückliche Abkehr vom Kriterium der vertretbaren Sache nicht zu entnehmen.

438 Im Fall der Identitätsabweichung hält selbst die Gegenansicht eine Nachlieferung für möglich (vgl. oben: Fn. 406).

439 Vgl. oben: S. 120.

440 So *Canaris* in JZ 2003, 831, 834 f.

441 Vgl. z. B. LG Ellwangen in NJW 2003, 517; *Bitter/Meidt* in ZIP 2001, 2114, 2119 f.; *Heinemann/Pickartz* in ZGS 2003, 149, 152; *Putzo* in Palandt 63. Aufl. § 439 Rn. 15.

dass sie dem subjektiven Kriterium des Leistungsinteresses des Käufers (uneinheitlich) weitere objektive Kriterien an die Seite stellt, ohne dabei einen Zusammenhang herzustellen.[442] Einen solchen Zusammenhang vermag hingegen *Canaris* nachvollziehbar zu begründen, indem er objektive Kriterien, wie die der Gleichartigkeit und Gleichwertigkeit, lediglich zur Verobjektivierung seines ausschließlich subjektiven Kriteriums des Parteiwillens nutzt.[443]

Canaris ist allerdings insoweit zu widersprechen, als er sich für die Frage der Nachlieferung beim Stückkauf auch an die Formulierung von § 119 Abs. 1 Hs. 2 BGB anlehnen und demgemäß darauf abstellen will, ob die Parteien die Ersatzsache bei verständiger Würdigung des Falles zum Vertragsgegenstand gemacht hätten, wenn sie gewusst hätten, dass die verkaufte Sache einen Mangel aufweist.[444] Wollte man den Willen der Parteien derart berücksichtigen, so würden in unzulässiger Weise Fragen der Durchsetzbarkeit von Nachlieferungsanspruch bzw. -recht mit solchen der Entstehung vermengt. Bei verständiger Würdigung würde die Ersatzsache nämlich grundsätzlich nur dann zum Vertragsgegenstand gemacht worden sein, wenn deren Lieferung aus Sicht vor allem des Verkäufers zumutbar war – anderenfalls der Vertrag am Widerstand des wirtschaftlich denkenden Verkäufers gescheitert sein würde. Die von *Canaris* vorgeschlagene verständige Würdigung würde also dazu führen, dass bereits bei der Prüfung der Entstehung des Nachlieferungsanspruchs Aspekte der Zumutbarkeit eine maßgebliche Rolle spielen würden. Die Zumutbarkeit wäre hier ausschließlich unter Zugrundelegung des Willens der Parteien, vornehmlich dem des Verkäufers zu beurteilen. Nach der eindeutigen Gesetzessystematik soll es jedoch auf die Zumutbarkeit der Nachlieferung für den Verkäufer bzw. den Käufer erst bei der Beurteilung der Frage der Durchsetzbarkeit von Nachlieferungsanspruch bzw. -recht ankommen, §§ 439 Abs. 3, 440 BGB. Die Zumutbarkeit soll zudem rein objektiv geprüft werden und nicht anhand des mutmaßlichen Willens der Parteien.

Für die Frage der Entstehung von Nachlieferungsanspruch bzw. -recht im Rahmen des Stückkaufs kommt es demnach grundsätzlich[445] nur darauf an, ob es

442 Vgl. z. B. LG Ellwangen in NJW 2003, 517; *Putzo* in Palandt 63. Aufl. § 439 Rn. 15 („Sache, die wirtschaftlich einer vertretbaren Sache entspricht"); *Heinemann/Pickartz* in ZGS 2003, 149, 152 („Gleichartigkeit und Gleichwertigkeit der nachzuliefernden Sache im Vergleich zu der ursprünglich geschuldeten"); *Bitter/Meidt* in ZIP 2001, 2114, 2119 („mangelfreie Sache der geschuldeten Art").

443 Vgl. *Canaris* in JZ 2003, 831, 834 f.

444 Vgl. *Canaris* in JZ 2003, 831, 835.

445 Ausnahmsweise sind Nachlieferungsanspruch bzw. -recht trotz Existenz einer gleichwertigen und gleichartigen Ersatzsache abzulehnen. Nämlich dann, wenn es anders als im Ausgangsfall nicht nur zufällig zur Vereinbarung eines Stückkaufs kommt, sondern die Parteien bewusst ein bestimmtes Stück wählen. So z. B. die

eine gleichwertige und gleichartige Ersatzsache gibt, gemessen an der Sollbeschaffenheit der ursprünglichen Kaufsache. Dann ist nach dem Willen der Parteien davon auszugehen, dass die Kaufsache „ersetzbar" ist. Lediglich ein Testkriterium – aber nicht mehr – stellt dabei die Frage dar, ob es sich funktionell und wirtschaftlich betrachtet um einen ähnlichen Vertrag wie einen Gattungskauf handelt und ob die Ersatzsache als derselben Gattung zugehörig und dabei als von mittlerer Art und Güte anzusehen wäre. Fragen der Zumutbarkeit der Nachlieferung sowohl für den Verkäufer als auch für den Käufer finden erst Berücksichtigung bei der Beurteilung der Durchsetzbarkeit von Nachlieferungsanspruch bzw. -recht. So werden die Interessen von Verkäufer und Käufer hinreichend geschützt und die eindeutige Gesetzessystematik beachtet.

Danach ist festzuhalten: Auch im Kaufrecht kann es zur Entstehung von „Sowieso"-Kosten im Rahmen der Nacherfüllung kommen, zumindest im Falle des bislang untersuchten Stückkaufs. In Übertragung der entsprechenden Grundsätze zum Werkvertragsrecht[446] ist jedoch auch hier stets erforderlich, dass eine ganz bestimmte Ausführungsart des Kaufgegenstands ausdrücklich zum Vertragsgegenstand gemacht wird, die den geschuldeten Leistungserfolg im Sinne des § 433 Abs. 1 S. 2 BGB nicht herbeizuführen vermag. Im Ausgangsfall ist ausdrücklich das Vorführmodell eines Rasenmähers mit einer Motorleistung von 0,3 KW zum Vertragsgegenstand gemacht worden. Diesen kann der V dem K nicht ohne Sachmangel gem. § 433 Abs. 1 S. 2 BGB verschaffen; er eignet sich nicht für die nach dem Vertrag vorausgesetzte Verwendung, § 434 Abs. 1 S. 2 Nr. 1 BGB. „Sowieso"-Kosten sind der Aufpreis des Rasenmähers vom Typ 0,6 gegenüber dem vom Typ 0,3.

Für den Bereich des Gattungskaufs ist zunächst festzuhalten, dass das für den Stückkauf Geltende auch hier richtig sein muss. Den Ausgangsfall betrachtet, kann es keinen Unterschied machen, ob ein Vorführmodell aus der Ausstellung des V erworben (Stückkauf) oder ein neues Modell bestellt und geliefert wird (Gattungskauf).

In Fortentwicklung der vorstehend zum Stückkauf vertretenen Ansicht bestehen deshalb auch im Rahmen eines Gattungskaufs grundsätzlich[447] der Nachlieferungsanspruch des Käufers bzw. das Nachlieferungsrecht des Verkäufers, wenn eine dem geschuldeten Kaufgegenstand in seiner Sollbeschaffenheit gleichartige und gleichwertige Ersatzsache existiert. Hierbei wird es sich regelmäßig um eine

---

Wahl eines von mehreren vorhandenen Massivholz-Schränken wegen seiner besonders schönen Maserung.

446 Vgl. oben: S. 77 f.

447 Als Ausnahme ist hier die beschränkte Gattungsschuld (zum Begriff vgl. Heinrichs in Palandt 63. Aufl. § 243 Rn. 3) zu nennen, bei der sich auch Nachlieferungsanspruch und -recht auf den Vorrat beschränken.

Sache aus der vereinbarten Gattung handeln. Nach dem Willen der Parteien ist aber auch dann von einer „Ersetzbarkeit“ der Kaufsache auszugehen, wenn Kauf- und Ersatzsache nicht derselben, vereinbarten Gattung entstammen. So läge es im Ausgangsfall, wenn ein Rasenmäher mit den Gattungsmerkmalen Marke X, Typ 0,3 und „neu“[448] bestellt und geliefert worden wäre. Dieser und die Ersatzsache, ein neuer Rasenmäher der Marke X, Typ 0,6, entstammten nicht derselben Gattung.

Mit der bislang ersichtlich einhelligen Auffassung[449], die eine Nachlieferung nur für möglich hielt bzw. hält, wenn mangelfreie Sachen der geschuldeten Gattung existieren, ist demnach zu brechen. Zu interessengerechten Ergebnissen führt sie im modifizierten Ausgangsfall ebenso wenig wie die zum Stückkauf vertretene Gegenansicht im Ausgangsfall.

Für Verträge im Sinne des § 651 BGB gilt: Auch hier können „Sowieso“-Kosten entstehen. Dies erschließt sich, wenn man den Ausgangsfall dahingehend modifiziert, dass nicht nur die Lieferung eines Rasenmähers, sondern auch dessen Herstellung vereinbart wird. Auf die Unterscheidung, ob es sich bei dem herzustellenden Rasenmäher um eine vertretbare oder nicht vertretbare Sache handelt, kommt es nicht an. Auch hier ist jedoch in Übertragung der entsprechenden Grundsätze zum Werkvertragsrecht erforderlich, dass eine ganz bestimmte Ausführungsart ausdrücklich zum Vertragsgegenstand gemacht wird, die den geschuldeten Leistungserfolg nicht herbeizuführen vermag.

Wenn aber „Sowieso“-Kosten sowohl im Bereich des klassischen Kaufrechts als auch im Rahmen von Verträgen im Sinne des § 651 BGB entstehen können, sind diese auch seitens des Käufers auszugleichen. Der Verkäufer darf nicht mit den Kosten solcher Maßnahmen belastet werden, die er nach dem Vertrag gar nicht zu erbringen hatte. Wie im (alten) Werkvertragsrecht,[450] erwächst dem Verkäufer auch hier ein zusätzlicher Vergütungsanspruch, gerechtfertigt unter dem Gesichtspunkt der ergänzenden Vertragsauslegung. Die Höhe des zusätzli-

---

448 Kein Gattungsmerkmal wäre im Übrigen die Fähigkeit, die Rasenfläche des K auch hangaufwärts mähen zu können. Zwar können auch Sacheigenschaften Gattungsmerkmale sein. Voraussetzung ist allerdings, dass die Parteien sie hierzu (durch eine entsprechende Vereinbarung) machen (vgl. *Heinrichs* in *Palandt* 63. Aufl. § 243 Rn. 2). Dies ist hier jedoch nicht der Fall. Die Parteien haben die vorerwähnte Fähigkeit noch nicht einmal im Sinne des § 434 Abs. 1 S. 1 BGB vereinbart. Bei der Fähigkeit, die Rasenfläche hangaufwärts mähen zu können, handelt es sich lediglich um die nach dem Vertrag vorausgesetzte Verwendung gem. § 434 Abs. 1 S. 2 Nr. 1 BGB.

449 So z. B. BGHZ 50, 200, 206; *U. Huber* in *Soergel* § 480 Rn. 17; *Honsell* in *Staudinger* § 480 Rn. 5; *Westermann* in MüKo 3. Aufl. § 480 Rn. 5; *Reinicke/Tiedtke* S. 181, *Grunewald* in *Erman* 10. Aufl. § 480 Rn. 3.

450 Vgl. oben: S. 77 f.

chen Vergütungsanspruchs richtet sich danach, was der Verkäufer hätte ursprünglich für die Erbringung der zusätzlichen Leistungen berechnen können. Maßgeblich ist also der Preisstand im Zeitpunkt des Vertragsschlusses.

Die Annahme eines zusätzlichen Vergütungsanspruchs des Verkäufers verstößt auch nicht gegen die Verbrauchsgüterkaufrichtlinie. Zweifel an der Vereinbarkeit mit der Verbrauchsgüterkaufrichtlinie, namentlich im Hinblick auf Art. 3 Abs. 2 RL, greifen nicht durch.

Nach Art. 3 Abs. 2 RL hat der Verbraucher Anspruch auf die unentgeltliche Herstellung des vertragsgemäßen Zustands. Der Begriff „unentgeltlich" aus Art. 3 Abs. 2 RL ist legaldefiniert in Art. 3 Abs. 4 RL. Er umfasst die für die Herstellung des vertragsgemäßen Zustands des Verbrauchsguts notwendigen Kosten, insbesondere Versand-, Arbeits- und Materialkosten. Diese Kosten hat der Verkäufer zu tragen; nur sie dürfen dem Verbraucher nicht aufgebürdet werden. Bei den „Sowieso"-Kosten als solchen handelt es sich danach dem ersten Anschein nach zwar um Kosten im Sinne des Art. 3 Abs. 4 RL. Dies, weil sie faktisch gesehen zur Herstellung des vertragsgemäßen Zustands notwendigen Kosten sind. Als solche werden sie dem Käufer bei der hier gebotenen, rechtlich-wertenden Betrachtung aber nicht aufgebürdet. Wie gesagt, erwächst dem Verkäufer ein zusätzlicher Vergütungsanspruch gerechtfertigt unter dem Gesichtspunkt der ergänzenden Vertragsauslegung. Bei rechtlich-wertender Betrachtung handelt es sich also schlicht um eine Erhöhung des ursprünglichen Kaufpreises und nicht um eine Beteiligung des Käufers an den Kosten der Nacherfüllung. Dass es hier zu einer Erhöhung des ursprünglichen Kaufpreises kommt, zeigt sich auch daran, dass für die Höhe des zusätzlichen Vergütungsanspruchs des Verkäufers die Preisstände im Zeitpunkt des Vertragsschlusses maßgeblich sind.[451] Wollte man faktisch betrachtet den Käufer als an den Kosten der Nacherfüllung beteiligt ansehen, müsste man konsequenter Weise für die Bestimmung der Höhe der Beteiligung die tatsächlich entstandenen Kosten heranziehen. Die Nacherfüllung bleibt demnach für den Käufer unentgeltlich.

An anderer Stelle ist zudem bereits festgestellt worden, dass die Verbrauchsgüterkaufrichtlinie ersichtlich das Ziel verfolgt, die Vertragsparteien so zu stellen, als sei von Anfang an ordnungsgemäß erfüllt worden. Darauf deutet insbesondere die Pflicht des Verkäufers zur unentgeltlichen Nacherfüllung hin.[452] Wäre jedoch in den Fällen der Entstehung von „Sowieso"-Kosten von Anfang an ordnungsgemäß erfüllt worden, wäre auch der dem Verkäufer zustehende Kaufpreis entsprechend höher gewesen. Die Annahme des zusätzlichen Vergütungsanspruchs des Verkäufers widerspricht daher dem vorerwähnten Ziel der Richtlinie

451 Vgl. z. B. BGH in NJW-RR 1994, 148.
452 Vgl. oben: S. 87.

nicht. Auch dies streitet für die rechtlich-wertende und gegen die faktische Betrachtung, welche zur Annahme eines Verstoßes gegen den Wortlaut des Art. 3 Abs. 2 RL führen würde.

Schließlich würde man den Verkäufer bei Annahme eines Verstoßes gegen Art. 3 Abs. 2 RL zumindest im Anwendungsbereich der Richtlinie zur unentgeltlichen Erbringung auch ursprünglich nicht geschuldeter Leistungen verpflichten. Einen solchen Regelungszweck verfolgt die Verbrauchsgüterkaufrichtlinie ersichtlich nicht.

Nach allem: Kauf- und Werkvertragsrecht haben jetzt auch eine Durchbrechung der Kostentragungspflicht bei der Entstehung von „Sowieso"-Kosten gemein.

3. Zusammenfassung

Zusammenfassend ist festzuhalten, dass Kauf- und Werkvertragsrecht im Besonderen bereits vor dem 01.01.2002 viele Gemeinsamkeiten hatten. Die vorbestehenden wenigen Unterschiede sind teilweise im Zuge der Schuldrechtsmodernisierung beseitigt worden. Weitere Unterschiede entfallen durch vorzunehmende Rechtsfortbildungen, wie gezeigt. Seit dem 01.01.2002 gibt es also noch mehr Gemeinsamkeiten von Kauf- und Werkvertragsrecht als vor der Schuldrechtsmodernisierung.

Aufgrund der jetzt bestehenden Gemeinsamkeiten von kauf- und werkvertraglichem Mängelrecht kann im Wege einer Hypothese von der Übertragbarkeit der zu § 633 Abs. 2 S. 3 BGB a. F. entwickelten Fallgruppen und leitenden Gesichtspunkte auf den wertausfüllungsbedürftigen Maßstab der unverhältnismäßigen Kosten in § 439 Abs. 3 S. 1 BGB ausgegangen werden.

Im Folgenden sind demnach nur noch die Unterschiede zwischen Kauf- und Werkvertragsrecht im Allgemeinen darzustellen. Ferner ist zu klären, ob und ggf. inwieweit diese oder die im Besonderen bereits festgestellten Unterschiede der hypothetisch angenommenen Übertragbarkeit der fraglichen Grundsätze entgegenstehen.

Die bereits festgestellten Unterschiede zwischen Kauf- und Werkvertragsrecht im Besonderen sind:

Im Kaufrecht ist ein Sachmangel auch anzunehmen,

- wenn die vereinbarte Montage durch den Verkäufer oder dessen Erfüllungsgehilfen unsachgemäß durchgeführt worden ist, § 434 Abs. 2 S. 1 BGB;
- bei zur Montage bestimmten Sachen, wenn die Montageanleitung mangelhaft ist, es sei denn, die Sache ist fehlerfrei montiert worden, § 434 Abs. 2 S. 2 BGB.

Mit § 434 Abs. 1 S. 3 BGB gibt es zudem nur im Kaufrecht eine Regelung, nach der zur üblichen Beschaffenheit auch Eigenschaften gehören, die der Käufer nach öffentlichen Äußerungen des Verkäufers, des Herstellers (§ 4 Abs. 1 und 2 des Produkthaftungsgesetzes) oder seines Gehilfen insbesondere in der Werbung oder bei der Kennzeichnung über bestimmte Eigenschaften erwarten kann, es sei denn, dass der Verkäufer die Äußerung nicht kannte und auch nicht kennen musste, dass sie im Zeitpunkt des Vertragsschlusses in gleicher Weise berichtigt war oder dass sie die Kaufentscheidung nicht beeinflussen konnte.

Des Weiteren begibt sich nur noch der Besteller eines Werkes seiner Mängelrechte,[453] wenn er dieses in Kenntnis des Mangels im Sinne des § 363 BGB annimmt, ohne sich seine Rechte wegen des Mangels vorzubehalten, § 640 Abs. 2 BGB. Die einen entsprechenden Rechtsverlust im Kaufrecht vorsehende Regelung des § 464 BGB a. F. ist im Zuge der Schuldrechtsreform ersatzlos gestrichen worden.

Im Gegensatz zum Besteller eines Werkes kann der Käufer seiner Mängelrechte allerdings verlustig gehen, wenn er bei Vertragsschluss den Mangel kennt, § 442 Abs. 1 S. 1 BGB.[454] Dasselbe gilt, wenn dem Käufer der Mangel infolge grober Fahrlässigkeit unbekannt geblieben ist und der Verkäufer den Mangel weder arglistig verschwiegen noch eine Garantie für die Beschaffenheit der Sache übernommen hat, § 442 Abs. 1 S. 2 BGB.

Ferner verjähren die Mängelansprüche des Bestellers anders als im Kaufrecht nicht nur binnen der regelmäßigen Verjährungsfrist, wenn ein Mangel arglistig verschwiegen worden ist. Auch nach § 634 a Abs. 1 Nr. 3 BGB verjähren die Mängelansprüche des Bestellers in der regelmäßigen Verjährungsfrist. Erfasst werden von § 634 a Abs. 1 Nr. 3 BGB insbesondere unkörperliche Werke, die keine Planungs- oder Überwachungsleistungen an Sachen betreffen.

Anders als im Werkvertragsrecht gibt es im Kaufrecht indes eine 30jährige Verjährungsfrist, wenn der Mangel in einem dinglichen Recht eines Dritten, auf Grund dessen Herausgabe der Kaufsache verlangt werden kann, oder in einem sonstigen Recht besteht, das im Grundbuch eingetragen ist, § 438 Abs. 1 Nr. 1 BGB.

Weitere Unterschiede zwischen Kauf- und Werkvertragsrecht ergeben sich für den Verbrauchsgüterkauf aus den §§ 474 ff. BGB:

– Anders als der Unternehmer kann sich der Verkäufer auf eine vor Mitteilung eines Mangels an ihn getroffene Vereinbarung, die zu einer Verkürzung der Rechte des Käufers führt, nicht berufen. Es sei denn, die Vereinbarung ist auf

---

453 Mit Ausnahme der Schadensersatzansprüche nach den §§ 636, 280, 281, 283 und 311 a bzw. des Aufwendungsersatzanspruchs nach § 284.

454 Mit Ausnahme eines im Grundbuch eingetragenen Rechts, § 442 Abs. 2 BGB.

den Ausschluss oder die Beschränkung des Schadensersatzanspruchs des Käufers beschränkt, § 475 Abs. 1 und Abs. 3 BGB.

- Anders als im Werkvertragsrecht kann die Verjährung der Mängelansprüche des Käufers durch Vereinbarung vor Mitteilung eines Mangels an den Verkäufer nicht dahingehend erleichtert werden, dass es zu einer Verjährungsfrist von weniger als zwei Jahren ab dem gesetzlichen Verjährungsbeginn, bei gebrauchten Sachen von weniger als einem Jahr kommt, § 475 Abs. 2 BGB. Diese Einschränkung der grundsätzlich möglichen Erleichterung der Verjährung gilt ebenfalls nicht für den Schadensersatzanspruch des Käufers, § 475 Abs. 3 BGB.
- Anders als der Besteller nach Annahme des Werks im Sinne des § 363 BGB muss der Käufer nach Annahme der Kaufsache nicht beweisen, dass diese bereits im Zeitpunkt des Gefahrübergangs mangelhaft war, wenn sich ein Sachmangel innerhalb von sechs Monaten seit Gefahrübergang zeigt. Gem. § 476 BGB muss vielmehr der Verkäufer den Beweis des Gegenteils im Sinne des § 292 ZPO führen. Es sei denn, die durch § 476 BGB begründete gesetzliche Vermutung ist mit der Art der Sache oder des Mangels unvereinbar.
- § 477 BGB enthält formelle Bestimmungen für die Garantien des Verkäufers.[455] Eine entsprechende Vorschrift gibt es im Werkvertragsrecht nicht.
- Neue, im bisherigen Kauf- und Werkvertragsrecht noch nicht angelegte Unterschiede wurden durch die Einführung des nur auf neue Sachen anwendbaren[456] § 478 BGB geschaffen.

§ 478 BGB eröffnet (erleichterte) Rückgriffsmöglichkeiten für den im Rahmen eines Verbrauchsgüterkaufs wegen eines Mangels in Anspruch genommenen Letztverkäufer gegenüber seinem Vorlieferanten, sofern es sich bei diesem um einen Unternehmer im Sinne des § 14 BGB handelt. Durch § 478 BGB soll verhindert werden, dass der Einzelhändler die Nachteile eines verbesserten Verbraucherschutzes auch dann zu tragen hat, wenn der Mangel nicht in seinem Bereich entstanden, sondern etwa auf einen Fehler im Herstellungsprozess zurückzuführen ist.[457]

Insbesondere gewährt § 478 Abs. 2 BGB dem Letztverkäufer einen eigenständigen, gesetzlichen Rückgriffsanspruch gegen seinen Vorlieferanten.[458] Bei § 478 Abs. 2 BGB handelt es sich um einen verschuldensunabhängigen

455 Vgl. *Büdenbender* in Anwaltkommentar § 477 Rn. 1.

456 Vgl. *Faust* in *Bamberger/Roth* § 478 Rn. 7.

457 Vgl. *Faust* in *Bamberger/Roth* § 478 Rn. 1; *Büdenbender* in Anwaltkommentar § 478 Rn. 1.

458 Vgl. *Faust* in *Bamberger/Roth* § 478 Rn. 19; *Büdenbender* in Anwaltkommentar § 478 Rn. 5.

Aufwendungsersatzanspruch. Zu ersetzen ist der beim Letztverkäufer entstehende Aufwand für Nachbesserung bzw. Nachlieferung.[459]

§ 478 Abs. 1 BGB gewährt dem Letztverkäufer keine eigenständige Anspruchsgrundlage, sondern lediglich eine Erleichterung bei der Durchsetzung seiner gegenüber dem Vorlieferanten bestehenden Mängelrechte.[460] Zu einer Erleichterung kommt es insoweit, als der Letztverkäufer von an sich bestehenden Erfordernissen der Fristsetzung als Voraussetzung für die Durchsetzung seiner Mängelrechte gegenüber dem Vorlieferanten befreit wird.

Die vorerwähnten (erleichterten) Rückgriffsmöglichkeiten bestehen auch für die dem Verhältnis Letztverkäufer/Vorlieferant vorgelagerten Handelsstufen. § 478 Abs. 5 BGB ordnet eine entsprechende Anwendung für alle Kaufverträge in der Lieferkette bis hin zum Produzenten an, wenn der jeweilige Verkäufer Unternehmer im Sinne des § 14 BGB ist.[461] Auf diese Weise wird sichergestellt, dass die (erleichterten) Rückgriffsmöglichkeiten letztlich bis zu der Stelle führen, wo die Verursachung des Mangels erfolgt ist.[462]

§ 478 Abs. 3 BGB erklärt die gesetzliche Vermutung des § 476 BGB für entsprechend anwendbar mit der Maßgabe, dass die Frist mit dem Übergang der Gefahr auf den Verbraucher beginnt. § 478 Abs. 4 BGB enthält eine dem § 475 Abs. 1 BGB entsprechende Regelung, mit dem Unterschied, dass sich der jeweilige Verkäufer doch auf eine haftungsbeschränkende Vereinbarung berufen kann, wenn er dem Käufer einen gleichwertigen Ausgleich einräumt. § 377 HGB bleibt von § 478 BGB unberührt, § 478 Abs. 6 BGB.

– § 479 BGB regelt die Modalitäten der Verjährung in Rückgriffsfällen.[463] § 479 Abs. 1 BGB legt fest, dass der vorerwähnte Aufwendungsersatzanspruch nach § 478 Abs. 2 BGB zwei Jahre nach Ablieferung der Sache durch den Vorlieferanten an den Letztverkäufer verjährt.[464] Um die Gefahr eines Rückgriffsausschlusses wegen Verjährung auszuschließen, hemmt § 479 Abs. 2 BGB den Ablauf der Frist. Nach § 479 Abs. 2 BGB tritt die Verjährung frühestens zwei Monate nach dem Zeitpunkt ein, in dem der Letztverkäufer die Ansprüche des Verbrauchers erfüllt hat. Die Ablaufhemmung endet spätestens fünf Jahre nach dem Zeitpunkt, in dem der Vorlieferant dem Letzt-

---

459 Vgl. *Büdenbender* in Anwaltkommentar § 478 Rn. 11; *Putzo* in *Palandt* 63. Aufl. § 478 Rn. 13.

460 Vgl. *Büdenbender* in Anwaltkommentar § 478 Rn. 20; *Faust* in *Bamberger/Roth* § 478 Rn. 13.

461 Vgl. *Faust* in *Bamberger/Roth* § 478 Rn. 1; *Putzo* in *Palandt* 63. Aufl. Rn. 18.

462 Vgl. *Büdenbender* in Anwaltkommentar § 478 Rn. 46.

463 Vgl. *Putzo* in *Palandt* 63. Aufl. § 479 Rn. 1; *Berger* in *Jauernig* 11. Aufl. § 479 Rn. 1.

464 Vgl. *Grunewald* in *Erman* 11. Aufl. § 479 Rn. 1.

verkäufer die Sache abgeliefert hat.[465] § 479 Abs. 3 BGB erstreckt die Anwendbarkeit der Regelungen der Abs. 1 und 2 auf die vorgelagerten Handelsstufen.

Schließlich besteht ein neuer Unterschied zwischen Kauf- und Werkvertragsrecht darin, dass der Käufer gem. § 439 Abs. 1 BGB zwischen Nachbesserung und Nachlieferung wählen kann, während im Werkvertragsrecht der Unternehmer das Recht hat, zwischen Nachbesserung und Neuherstellung zu wählen, § 635 Abs. 1 BGB.[466]

Noch die Schuldrechtskommission hatte das Wahlrecht zwischen Nachbesserung und Nachlieferung dem Verkäufer zubilligen wollen, § 438 Abs. 1 BGB-KE.[467] Die Verfasser des Fraktionsentwurfs sahen sich jedoch dazu veranlasst, insoweit von dem Vorschlag der Schuldrechtskommission abzuweichen: für den Verbrauchsgüterkauf wegen Art. 3 Abs. 3 S. 1 RL;[468] im Hinblick auf das für jedermann geltende Kaufrecht, weil es aufgrund der vorangegangenen Pflichtverletzung des Verkäufers in Form der Schlechtleistung legitim sei, den Käufer zunächst entscheiden zu lassen, auf welche Weise das Vertragsziel der Lieferung einer mangelfreien Sache doch noch erreicht werden könne.[469]

Das Wahlrecht des Käufers ist in der Literatur auf Kritik gestoßen.[470] Insbesondere ist es als unangemessen bezeichnet worden, dem Käufer die Wahl zwischen Nachbesserung und Nachlieferung zu überlassen, weil es regelmäßig der Verkäufer sei, der aufgrund seiner Sachkunde besser beurteilen könne, in welcher Weise zweckmäßig und kostengünstig nachzuerfüllen sei.[471]

---

465 Vgl. *Grunewald* in *Erman* 11. Aufl. § 479 Rn. 2.

466 Freilich ist der Unternehmer in seinem Wahlrecht insoweit beschränkt, als die gewählte Art der Nacherfüllung geeignet sein muss, den Mangel nachhaltig zu beseitigen. Eine weitergehende Beschränkung ergibt sich unter dem Gesichtspunkt der Unzumutbarkeit: Der Unternehmer ist verpflichtet, den Mangel in einer für den Besteller zumutbaren Weise zu beseitigen (so z. B. *Peters* in *Staudinger* Neubearbeitung 2003 § 634 Rn. 25; *Voit* in *Bamberger/Roth* § 635 Rn. 7; *Wirth* in *Ingenstau/Korbion* § 13 Nr. 5 VOB/B Rn. 68; noch für das alte Recht: BGHZ 96, 111, 119; *Glanzmann* in RGRK § 633 Rn. 20; *A. Teichmann* in *Soergel* § 633 Rn. 3; *Soergel* in MüKo § 633 Rn. 105).

467 Vgl. oben: S. 21.

468 Vgl. auch den 10. Erwägungsgrund zur Verbrauchsgüterkaufrichtlinie.

469 Vgl. BT-Drucks. 14/6040 S. 231 oder die oben auf S. 28 zitierte, insoweit wortgleiche Begründung der Verfasser des Diskussionsentwurfs.

470 Vgl. z. B. *Jacobs* in *Dauner-Lieb/Konzen/K. Schmidt* S. 371, 375 f.; *Boerner* in ZIP 2001, 2264, 2268; *Brambring* in DNotZ 2001, 590, 592; *Ehmann/Rust* in JZ 1999, 853, 858; *Zimmer/Eckhold* in Jura 2002, 145, 148.

471 Vgl. *Jacobs* in *Dauner-Lieb/Konzen/K. Schmidt* S. 371, 375.

Die vorerwähnte Kritik dürfte im Hinblick auf Art. 3 Abs. 3 S. 1 RL i. V. m. deren 10. Erwägungsgrund und die den genannten Gesetzesmaterialien[472] zu entnehmende, eindeutige Entscheidung für das Wahlrecht des Käufers auch im Bereich des für jedermann geltenden Kaufrechts nur de lege ferenda relevant sein,[473] nicht jedoch für die hier maßgebliche Rechtslage de lege lata.

Eine Folge der im Kauf- und Werkvertragsrecht unterschiedlich verteilten Wahlrechte sind die verschieden ausgestalteten Leistungsverweigerungsrechte in § 439 Abs. 3 BGB einerseits und § 635 Abs. 3 BGB andererseits.

Der Verkäufer ist zunächst nur berechtigt, die vom Käufer gewählte Art der Nacherfüllung zu verweigern, wenn diese nur mit unverhältnismäßigen Kosten möglich ist, § 439 Abs. 3 S. 1 BGB. Verweigert der Verkäufer die gewählte Art der Nacherfüllung zu Recht, beschränkt sich der Anspruch des Käufers auf die andere (mögliche) Art der Nacherfüllung, § 439 Abs. 3 S. 3 Hs. 1 BGB. Gem. § 439 Abs. 3 S. 3 Hs. 2 BGB soll das Recht des Verkäufers, auch diese Art der Nacherfüllung zu verweigern, unberührt bleiben. Dem Verkäufer stehen also gestuft zwei Leistungsverweigerungsrechte zur Verfügung – vorausgesetzt freilich, beide Arten der Nacherfüllung sind möglich. Das Recht auf der ersten Stufe führt zur relativen Undurchsetzbarkeit des Nacherfüllungsanspruchs des Käufers, das auf der zweiten Stufe dann zur absoluten Undurchsetzbarkeit.[474]

Das Leistungsverweigerungsrecht des Unternehmers führt hingegen sogleich zur absoluten Undurchsetzbarkeit des Nacherfüllungsanspruchs des Bestellers. Weil der Unternehmer zur Wahl unter den Nacherfüllungsalternativen berechtigt ist, der Besteller mithin anders als der Käufer von einer Entscheidung über das „Wie" der Nacherfüllung (1. Stufe) ausgeschlossen ist, gibt es hier keinen Grund für ein gestuftes Leistungsverweigerungsrecht.

III. Unterschiede im Allgemeinen

Die vergleichende Analyse von Kauf- und Werkvertragsrecht im Allgemeinen kann auf die Darstellung der entsprechenden Unterschiede beschränkt werden.

Bereits aufgrund der im Besonderen festgestellten Gemeinsamkeiten kann nämlich im Wege einer Hypothese davon ausgegangen werden, dass die zu § 633 Abs. 2 S. 3 BGB a. F. entwickelten Grundsätze auf den Begriff der unverhältnismäßigen Kosten in § 439 Abs. 3 S. 1 BGB übertragbar sind.

---

472 Vgl. oben: Fn. 469.

473 So auch *Jacobs* in *Dauner-Lieb/Konzen/K. Schmidt* S. 371, 376.

474 Vgl. auch *Faust* (in *Bamberger/Roth* § 439 Rn. 36 ff.), der von relativer und absoluter Unverhältnismäßigkeit der Nacherfüllung spricht.

Dieser Annahme könnten freilich Unterschiede zwischen Kauf- und Werkvertragsrecht im Allgemeinen entgegenstehen. Deshalb sind sie im Folgenden darzustellen.

Unterschiede zwischen Kauf- und Werkvertragsrecht gab es vor der Reform des Schuldrechts. Sie sollen dargestellt werden.

Was sich bezüglich der dargestellten Unterschiede zwischen Kauf- und Werkvertragsrecht zum 01.01.2002 geändert hat, soll Gegenstand der weiteren Untersuchung sein.

Begrifflich unterschieden werden die Rechtslagen vor und nach dem 01.01.2002 wiederum in altes und neues Recht.

1. Unterschiede nach Altem Recht

Vor dem 01.01.2002 unterschieden sich Kauf- und Werkvertragsrecht im Allgemeinen wie folgt:

a. Parteien

Im Hinblick auf die am Geschäft regelmäßig beteiligten Personen unterschieden sich Kauf- und Werkvertragsrecht.

Zwar konnten sowohl Kauf- als auch Werkvertrag unter Berücksichtigung der §§ 13 f. BGB[475] in den gleichen vier Konstellationen geschlossen werden: nämlich unter Unternehmern im Sinne des § 14 BGB, unter Verbrauchern gem. § 13 BGB, zwischen solchen Unternehmern als Sachleistungsschuldner und Verbrauchern als Sachleistungsgläubiger und zwischen solchen Verbrauchern als Sachleistungsschuldner und Unternehmern als Sachleistungsgläubiger.

Im Gegensatz zum Kaufvertrag handelte es sich jedoch bei den Werkunternehmern typischerweise auch um solche im Sinne des § 14 BGB.[476]

Während also Kaufverträge regelmäßig in allen vier vorerwähnten Konstellationen abgeschlossen wurden, gab es Verbraucher als Werkunternehmer grundsätzlich nicht.

---

475 Für die Abgrenzung zwischen Unternehmer im Sinne des § 14 BGB und Verbraucher gem. § 13 BGB kommt es auf die wahre Rechtsnatur der handelnden Person an, nicht auf den äußeren Anschein, den sie sich verleiht.

476 Vgl. auch *Peters* in *Staudinger* Neubearbeitung 2000 Vorbem. zu §§ 633 ff. Rn. 2.

b. Gegenleistungspflichten

Zum Pflichtenprogramm sowohl des Käufers als auch des Bestellers gehörte zwar jeweils die Zahlung eines Entgelts sowie die Abnahme der Sache bzw. des Werks. Unterschiede zwischen Kauf- und Werkvertragsrecht gab es jedoch bei näherer Betrachtung bezüglich beider Verpflichtungen.

aa. Zahlungsverpflichtung

Ein Werkvertrag kam regelmäßig auch dann wirksam zustande, wenn die Parteien keine Regelung über das seitens des Bestellers zu leistende Entgelt getroffen hatten. § 632 Abs. 1 BGB bestimmte insoweit, dass eine Vergütung als stillschweigend vereinbart galt, wenn die Herstellung des Werkes den Umständen nach nur gegen eine Vergütung zu erwarten war.[477]

Ohne eine Regelung über das seitens des Käufers zu leistende Entgelt kam ein Kaufvertrag hingegen nicht wirksam zustande wegen fehlender Einigung über einen zu den essentialia negotii gehörenden Punkt und eines daraus folgenden sog. Totaldissens.[478]

Hatten die Parteien des Werkvertrags zwar die Entgeltlichkeit festgelegt, nicht aber die Höhe des zu leistenden Entgelts bestimmt, war nach § 632 Abs. 2 BGB die taxmäßige Vergütung, in Ermangelung einer Taxe die übliche Vergütung als vereinbart anzusehen.[479]

Auch insoweit gab es keine entsprechende Vorschrift im Kaufrecht. Gleichwohl konnte auch ein Kaufvertrag wirksam zustande kommen, wenn Verkäufer und Käufer jedenfalls „dem Grunde nach" eine Regelung über das seitens des Käufers zu leistende Entgelt getroffen hatten. Im Zweifel stand die Bestimmung der Höhe des zu leistenden Entgelts sodann dem Verkäufer zu, § 316 BGB. Die Auslegung der zwischen Verkäufer und Käufer getroffenen Absprachen konnte

---

477 Umstritten war die dogmatische Einordnung von § 632 Abs. 1 BGB. Als Auslegungshilfe wurde § 632 Abs. 1 BGB angesehen z. B. von *A. Teichmann* in *Soergel* § 632 Rn. 1. Abweichend davon wurde § 632 Abs. 1 BGB auch als gesetzliche Fiktion eingeordnet: vgl. z. B. *Grimme* S. 112. Auswirkungen hatte die vorerwähnte Uneinigkeit insbesondere auf die Anwendbarkeit der Regelungen über den Dissens und die Anfechtung. Deren Anwendbarkeit war zu verneinen, soweit § 632 Abs. 1 BGB als gesetzliche Fiktion angesehen wurde (vgl. *Soergel* in MüKo § 632 Rn. 3).

478 Vgl. z. B. *Heinrichs* in *Palandt* 61. Aufl. § 155 Rn. 1.

479 „Aufbauend" auf § 632 Abs. 1 BGB galt § 632 Abs. 2 BGB freilich auch, wenn überhaupt keine Regelung über das zu leistende Entgelt getroffen worden war (vgl. *A.Teichmann* in *Soergel* § 632 Rn. 4).

jedoch auch dazu führen, den Markt-[480] bzw. Laden- oder Listenpreis des Kaufgegenstands als vereinbart anzusehen.[481]

Dezidierte Regelungen über die Tragung der Kosten des Leistungsaustausches gab es für das Kaufrecht mit den §§ 448, 449 BGB a. F. Keine gesetzlichen Regelungen über die Tragung der Kosten des Leistungsaustausches gab es hingegen im Werkvertragsrecht.

bb. Abnahmeverpflichtung

Zwischen den Abnahmeverpflichtungen des Käufers bzw. Bestellers bestanden Unterschiede hinsichtlich
- der Rechtsnatur der jeweiligen Abnahmepflicht;
- der Rechtsnatur und dem Inhalt der jeweiligen Abnahmehandlung;
- der Wirkungen der jeweiligen Abnahmehandlungen.

(a) Rechtsnatur der Abnahmepflichten

Die Abnahmepflicht des Bestellers war wegen der vielfältigen und weitreichenden Wirkungen der entsprechenden Abnahmehandlung eine Hauptpflicht[482] – wenn auch der entsprechende Anspruch des Unternehmers in der gerichtlichen Praxis eine zu vernachlässigende Bedeutung hatte.[483]

Dagegen war die Abnahmepflicht des Käufers nach ganz herrschender Meinung grundsätzlich nur Nebenpflicht.[484] Im Gegenseitigkeitsverhältnis stehende Hauptpflicht[485] war die Abnahmepflicht des Käufers ausnahmsweise nur:
- bei dahingehender, ausdrücklicher Parteivereinbarung;
- wenn sich dies aus dem Zusammenhang mit anderen Vertragsbestimmungen erkennbar ergab;
- oder wenn der Verkäufer – für den Käufer erkennbar – ein besonderes Interesse an der Abnahme hatte.[486]

---

480 Für die Bestimmung des Marktpreises gab es mit § 453 BGB a. F. eine Sonderregelung zu den allgemeinen Auslegungsregelungen der §§ 133, 157 BGB.

481 Vgl. *Putzo* in *Palandt* 61. Aufl. § 433 Rn. 28.

482 Vgl. *Sprau* in *Palandt* 61. Aufl. § 640 Rn. 6; *Soergel* in MüKo § 640 Rn. 23; *A.Teichmann* in *Soergel* § 631 Rn. 47; ablehnend: *Peters* in FS *Keller* S. 221, 227 f.

483 Vgl. hierzu *Peters* in *Staudinger* Neubearbeitung 2000 § 640 Rn. 27 ff.

484 *Reinicke/Tiedtke* S. 65; *Fikentscher* S. 413; a. A. *U. Huber* in *Soergel* § 433 Rn. 275.

485 Mit der Möglichkeit für den Verkäufer, auch nach § 326 BGB a. F. vorzugehen – also vom Vertrag zurückzutreten oder Schadensersatz wegen Nichterfüllung zu verlangen (vgl. *Köhler* in *Staudinger* § 433 Rn. 199 m. w. N.).

(b) *Rechtsnatur und Inhalt der Abnahmehandlungen*

Die Abnahmehandlung selbst wurde beim Kaufvertrag als reine Tathandlung angesehen; [487] im Rahmen des Werkvertrags wurde sie von der herrschenden Meinung als rechtsgeschäftsähnliche Handlung betrachtet.[488]

Neben der vorbenannten unterschiedlichen Beurteilung der Rechtsnatur der Abnahmehandlungen wurden diesen auch unterschiedliche Inhalte beigemessen. Der Abnahme durch den Besteller wurde von der zuletzt ganz herrschenden Meinung[489] in Rechtsprechung und Literatur der sog. zweigliedrige Abnahmebegriff zugrundegelegt. Inhalt der Abnahme durch den Besteller war danach regelmäßig zweierlei. Die körperliche Hinnahme des Werks verbunden mit der – ausdrücklichen oder stillschweigenden – Erklärung des Bestellers, dass er die Leistung als im Wesentlichen vertragsgemäß anerkenne.[490]

Dagegen wurde in der Abnahme durch den Käufer lediglich der die Befreiung des Verkäufers vom Besitz der Ware bezweckende tatsächliche Akt der Fortnahme gesehen, bei Grundstücken auch die Entgegennahme der Auflassung. Nicht Inhalt der Abnahme durch den Käufer war die Billigung der Ware als im Wesentlichen vertragsgemäß.[491]

---

486 Mit zahlreichen Beispielen für das besondere Interesse *Köhler* in *Staudinger* § 433 Rn. 196.

487 Vgl. *Vollkommer* in *Jauernig* 9. Aufl. § 433 Rn. 42; *Köhler* in *Staudinger* § 433 Rn. 191; *U. Huber* in *Soergel* § 433 Rn. 258; *Westermann* in MüKo 3. Aufl. § 433 Rn. 78; *Grunewald* in *Erman* 10. Aufl. § 433 Rn. 44;

488 Vgl. *A. Teichmann* in *Soergel* § 640 Rn. 10; *Peters* in *Staudinger* Neubearbeitung 2000 § 640 Rn. 10; *Soergel* in MüKo § 640 Rn. 27; *Seiler* in *Erman* 10. Aufl. § 640 Rn. 7 a; *Jakobs* in AcP 183, 145, 163; unklar: *Schlechtriem* in *Jauernig* 9. Aufl. § 640 Rn. 2 und *Sprau* in *Palandt* 61. Aufl. § 640 Rn. 2, die – ohne sich festzulegen – von rechtsgeschäftlicher Billigung bzw. Abnahme sprechen; a. A. *Riezler* S. 135 f., der von einer Willenserklärung ausgeht.

489 Vgl. RGZ 110, 404, 406 f.; BGH in NJW 1967, 2259, 2260; 1968, 1524, 1525; 1970, 421, 422; 1993, 1972, 1974; *Sprau* in *Palandt* 61. Aufl. § 640 Rn. 2; *Peters* in *Staudinger* Neubearbeitung 2000 § 640 Rn. 4; *Schlechtriem* in *Jauernig* 9. Aufl. § 640 Rn. 2; a. A. noch *Heck* S. 349; *Siber* S. 43 ff.; *Titze* S. 299 f.; differenzierend: *Böggering* in JuS 1978, 512.

490 Vgl. RGZ 110, 404, 406 f.

491 Vgl. RGZ 53, 161, 162; 56, 173, 175; BGH in DB 1966, 415, 416; *Grunewald* in *Erman* 10. Aufl. § 433 Rn. 44; *Westermann* in Müko 3. Aufl. § 433 Rn. 78; *U. Huber* in *Soergel* § 433 Rn. 258; *Vollkommer* in *Jauernig* 9. Aufl. § 433 Rn. 42.

(c) Wirkungen der Abnahmehandlungen

Die inhaltlichen Unterschiede der Abnahmehandlungen deuten unterschiedliche Wirkungen der Abnahme durch den Käufer einerseits sowie durch den Besteller andererseits an:

Nach der Abnahme durch den Besteller hatte dieser die Mangelhaftigkeit des Werkes zu beweisen; die Abnahmehandlung selbst führte – jedenfalls hinsichtlich der Ist-Beschaffenheit des Werkes[492] - zu einer Beweislastumkehr gem. § 363 BGB.[493] Eine solche Wirkung wurde der Abnahme durch den Käufer nicht zugesprochen, da sie eine Billigung der Sache nicht beinhaltete.[494]

Bei der Abnahme des Werkes wurde der Werklohnanspruch fällig, § 641 Abs. 1 BGB. § 641 Abs. 1 BGB wurde von der herrschenden Meinung[495] als eine Regelung der Fälligkeit des Werklohnanspruchs verstanden. Der Anspruch des Verkäufers auf Zahlung des Kaufpreises wurde dagegen aufgrund § 271 Abs. 1 BGB mangels bestimmter[496] oder bestimmbarer abweichender Leistungszeit sofort mit Abschluss des Kaufvertrages fällig.[497] Zahlen musste der Käufer freilich nur Zug um Zug gegen Erbringung der Gegenleistung, wenn er sich auf das Leistungsverweigerungsrecht aus § 320 BGB berief.

Während an die Abnahme des Bestellers zahlreiche, weitere Wirkungen anknüpften, waren die gleichen Wirkungen im Kaufrecht uneinheitlich von der Übergabe (bzw. der Eintragung), der Ablieferung, der Auslieferung oder der Annahme der Kaufware abhängig:

Grundsätzlich[498] erst mit der Abnahme durch den Besteller ging die Preisgefahr auf diesen über, § 644 Abs. 1 BGB. Das Kaufrecht machte den Übergang der Preisgefahr abhängig:

---

492 Vgl. hierzu *Peters* in *Staudinger* Neubearbeitung 2000 § 633 Rn. 38, der zwischen der Ist- und der Sollbeschaffenheit des Werks differenziert.

493 Vgl. *Baumgärtel* § 633 Rn. 3 m. w. N.

494 Vgl. BGH in DB 1966, 415, 416; *U. Huber* in *Soergel* § 433 Rn. 258; *Westermann* in MüKo 3. Aufl. § 433 Rn. 78; *Grunewald* in *Erman* 10. Aufl. § 433 Rn. 44.

495 Vgl. *Sprau* in *Palandt* 61. Aufl. § 641 Rn 2; *Soergel* in Müko § 641 Rn. 1; a. A. *Peters* in FS für *Korbion* S. 337: Gem. § 271 BGB werde die Werklohnforderung grundsätzlich fällig in dem Zeitpunkt, in dem das Werk voraussichtlich fertiggestellt sein wird. § 641 Abs. 1 BGB bestimme nicht den Fälligkeitszeitpunkt, sondern präzisiere nur § 320 BGB für den Bereich des Werkvertrags.

496 Abweichende Fälligkeitsvereinbarungen waren häufig, insbesondere in der Praxis des kaufmännischen Verkehrs (vgl. *Putzo* in *Palandt* 61. Aufl. § 433 Rn. 31).

497 Vgl. BGHZ 55, 340, 342; *Köhler* in *Staudinger* § 433 Rn. 63; *Putzo* in *Palandt* 61. Aufl. § 433 Rn. 31; missverständlich: *Westermann* in MüKo 3. Aufl. § 433 Rn. 72.

498 Ausnahmen waren der Annahmeverzug des Bestellers, § 644 Abs. 1 S. 2 BGB, und die Versendung des Werks auf Verlangen des Bestellers nach einem anderen Orte

- von der Übergabe der Kaufsache, § 446 Abs. 1 BGB a. F.;
- von der Eintragung des Käufers als Eigentümer, falls diese der Übergabe vorausging, § 446 Abs. 2 BGB a. F.;
- oder von der Auslieferung der Kaufsache im Falle des Versendungskaufs, § 447 BGB[499].

Mit der Abnahme durch den Besteller verwandelte sich sein ursprünglicher Erfüllungsanspruch in den Nacherfüllungsanspruch gem. § 633 Abs. 2 BGB a. F. Dieser verjährte in kurzer Frist,[500] beginnend mit der Abnahme. Die kurze Verjährung im Kaufrecht begann dagegen zu laufen von der Ablieferung der (beweglichen) Sache bzw. der Übergabe des Grundstücks an, § 477 Abs. 1 BGB a. F.

Mit der Abnahme durch den Besteller hatte dieser eine in Geld festgesetzte und nicht gestundete Vergütung zu verzinsen, § 641 Abs. 4 BGB. Den Käufer traf eine entsprechende Pflicht von dem Zeitpunkt an, von welchem ihm die Nutzungen des gekauften Gegenstandes gebührten, § 452 BGB a. F.

Die Nutzungen wiederum gebührten dem Käufer regelmäßig von der Übergabe der Sache an, § 446 Abs. 1 S. 2 BGB a. F. Dagegen standen dem Besteller die Nutzungen des Werkes von der Abnahme an zu.[501]

Schließlich drohten dem Besteller mit der Abnahme die Rechtsverluste nach den §§ 640 Abs. 2, 341 Abs. 3 BGB.[502] Dem Käufer wiederum drohten entsprechende Rechtsverluste nach den §§ 464, 341 Abs. 3 BGB a. F. erst mit der – von der Abnahme verschiedenen – Annahme als Erfüllung gem. § 363 BGB.[503]

---

als dem Leistungsorte, §§ 644 Abs. 2, 447 BGB. Wenn das Werk vor der Abnahme infolge eines Mangels des von dem Besteller gelieferten Stoffes oder infolge einer von dem Besteller für die Ausführung erteilten Anweisung untergegangen, verschlechtert oder unausführbar geworden war, ohne dass ein Umstand mitgewirkt hatte, den der Unternehmer zu vertreten hatte, schuldete der Besteller eine anteilige, der geleisteten Arbeit entsprechende Vergütung nebst Ersatz der in der Vergütung nicht inbegriffenen Auslagen, § 645 BGB.

499 Insoweit bestand allerdings eine Übereinstimmung mit den Regeln über den Werkvertrag (vgl. oben: Fn. 498). Allerdings gab es im Werkvertragsrecht keine dem § 450 BGB a. F. entsprechende Regelung über die Ersatzfähigkeit von Verwendungen durch den Sachleistungsgläubiger nach Gefahrübergang vor Übergabe.

500 Vgl. *Soergel* in MüKo § 640 Rn. 1; *Peters* in *Staudinger* Neubearbeitung 2000 § 640 Rn. 1; *Sprau* in *Palandt* 61. Aufl. § 640 Rn. 9.

501 Vgl. *Peters* in *Staudinger* Neubearbeitung 2000 § 640 Rn. 3.

502 Vgl. *Böggering* in JuS 1978, 512; *Seiler* in *Erman* 10. Aufl. § 640 Rn. 2.

503 Vgl. *Putzo* in *Palandt* 61. Aufl. § 464 Rn. 3; *Westermann* in MüKo 3. Aufl. § 464 Rn. 4; *Honsell* in *Staudinger* § 464 Rn. 4.

c. Leistungspflichten

Die (Haupt-)Leistungspflichten von Verkäufer und Unternehmer unterschieden sich in mehrfacher Hinsicht:

aa. Herstellungsverpflichtung

Während der Unternehmer die Erstellung des Vertragsgegenstands schuldete, war der Verkäufer „nur“[504] zur Übertragung des – bei Vertragsschluss häufig bereits fertig vorliegenden[505] – Vertragsgegenstands verpflichtet.[506]

Aus der Einbeziehung der Verpflichtung des Unternehmers zur Erstellung des Werkes in das Pflichtenprogramm des Werkvertrags folgten weitere Unterschiede zwischen Kauf- und Werkvertragsrecht:

Anders als im Kaufrecht, wo der für die Sachleistung zu erbringende Aufwand regelmäßig von vornherein feststand[507] waren die Kosten für die Erstellung des Werks im Vorwege häufig nicht mit der notwendigen Sicherheit zu bestimmen. In diesen Fällen war es dem Unternehmer nicht möglich, die von ihm geforderte Vergütung bis zur Vollendung des Werks exakt zu benennen.[508] Oftmals vermied es der Unternehmer in den vorerwähnten Konstellationen deshalb, einen Festpreis zu vereinbaren und ließ sich beispielsweise nach Aufwand bezahlen. Auf das dann zu Lasten des Bestellers gehende Risiko unerwartet hoher Kosten sollte § 650 BGB zum Schutz des Bestellers regulierend einwirken. Mit § 650 Abs. 1 BGB wurde ihm ein besonderes Kündigungsrecht eingeräumt, mit einem auf die geleistete Arbeit beschränkten Vergütungsanspruch des Unternehmers. § 650 Abs. 2 BGB sollte dafür sorgen, dass dem Besteller drohende Kostenüberschreitungen offenbar gemacht werden. Der Unternehmer machte sich schadens-

504 Natürlich trafen den Verkäufer weitere Pflichten. „Nur“ wird hier zur Abgrenzung und als Minus zur Erstellung des Vertragsgegenstands verwandt.

505 Da jedoch auch künftige Sachen und Rechte Vertragsgegenstand eines Kaufvertrags sein konnten (vgl. *Putzo* in *Palandt* 61. Aufl. § 433 Rn. 1 f.): Es war durchaus möglich, Verträge über die Veräußerung noch herzustellender Produkte den Regeln des Kaufrechts zu unterwerfen. Die Erstellung des Vertragsgegenstands verblieb dann, weil vom Leistungsinteresse der Parteien nicht umfasst, im Vorfeld des Vertrags (vgl. *Peters* in *Staudinger* Neubearbeitung 2000 Vorbem. zu §§ 631 ff. Rn. 15).

506 Vgl. *A. Teichmann* in *Soergel* § 651 Rn. 1; *Peters* in *Staudinger* Neubearbeitung 2000 Vorbem. zu §§ 631 ff. Rn. 15.

507 Vgl. auch *A. Teichmann* in Soergel § 650 Rn. 1.

508 Vgl. auch *C. Teichmann* in JuS 2002, 417, 418.

ersatzpflichtig, wenn er es schuldhaft unterließ, drohende Kostenüberschreitungen offenbar zu machen.[509]

Eine dem § 650 BGB entsprechende Bestimmung gab es im Kaufrecht nicht.

Gleich mehrere Vorschriften berücksichtigten zudem das dem Werkvertrag aufgrund der Herstellungsverpflichtung des Unternehmers regelmäßig innewohnende besondere Zeitmoment. Je umfangreicher das herzustellende Werk, desto mehr Zeit nahm dessen Erstellung in Anspruch. Zunehmend mit der Dauer der Erstellung des Werkes nahm der Werkvertrag Züge eines Dauerschuldverhältnisses an:[510]

Unter Berücksichtung des vorerwähnten Zeitmoments räumte § 649 BGB dem Besteller bis zur Vollendung des Werkes – also während der gesamten Herstellungszeit – ein Kündigungsrecht ein.[511]

Ebenfalls unter Berücksichtigung des besonderen Zeitmoments des Werkvertrags regelten die §§ 636 BGB a. F., 642 und 643 BGB mögliche Folgen von Verzögerungen der Erstellung des Werkes. Im Falle einer dem Unternehmer zuzurechenden Verzögerung gewährte § 636 Abs. 1 BGB a. F. dem Besteller ein zusätzliches, vom Verschulden des Unternehmers unabhängiges Rücktrittsrecht.[512] Die Frage nach den Rechten des Unternehmers bei einer dem Besteller zurechenbaren Verzögerung sprachen die §§ 642, 643 BGB an. § 642 BGB gewährte dem Unternehmer einen seine Rechte nach den allgemeinen Vorschriften nicht einschränkenden Entschädigungsanspruch,[513] § 643 BGB das Recht des Unternehmers, sich vom Vertrag zu lösen, durch Fristsetzung und Kündigungsandrohung.[514]

Den §§ 636 BGB a. F., 642, 643 und 649 BGB entsprechende Regelungen gab es im Kaufrecht nicht.

---

509 Vgl. zum Ganzen: *Peters* in *Staudinger* Neubearbeitung 2000 § 650 Rn. 1 f.; *A. Teichmann* in *Soergel* § 650 Rn. 1 f.

510 Zum besonderen Zeitmoment des Werkvertrags vgl. auch: *C. Teichmann* in *Schwab/Witt* S. 257; *Mankowski* in MDR 2003, 854, 859.

511 Vgl. hierzu *Mankowski* in MDR 2003, 854, 859: § 649 BGB stünde pars pro toto für jene Vorschriften, welche die Zeitkomponente der Herstellung berücksichtigten. In diese Richtung auch: *Maifeld* in *Westermann* S. 251, 277; *Voit* in BauR 2002, 145, 147 (jeweils im Zusammenhang mit § 651 Abs. 3 BGB). A. A. *Peters* in *Staudinger* Neubearbeitung 2003 § 649 Rn. 48; ders. in NZBau 2002, 113, 121: Bei der Regelung des § 649 handele es sich um ein allgemeines Prinzip, welches nicht auf einer spezifisch werkvertraglichen Interessenlage beruhe.

512 Vgl. *Peters* in *Staudinger* Neubearbeitung 2000 § 636 Rn. 11 f.

513 Vgl. *Sprau* in *Palandt* 61. Aufl. § 642 Rn. 2.

514 Vgl. *Sprau* in *Palandt* 61. Aufl. § 643 Rn. 1.

bb. Mangelfreiheit des Vertragsgegenstands

Ein mangelfreies Werk schuldete der Unternehmer als Teil seiner Hauptpflicht, § 633 Abs. 1 BGB a. F.[515]

Beim Kauf indessen war für den Fall der Stückschuld umstritten, ob der Verkäufer durch die Übereignung und Übergabe einer mangelbehafteten Sache seine Hauptpflicht erfüllt oder nicht. Ihre Ursache hatte vorbenannte Meinungsverschiedenheit im Wesentlichen in einer unterschiedlichen Beurteilung der Rechtsnatur der Sachmängelhaftung.

Die Anhänger der sog. Nichterfüllungstheorie[516] waren der Auffassung, die Sachmängelhaftung stelle eine Nichterfüllungshaftung dar; folglich bestehe eine Leistungspflicht des Verkäufers zur sachmangelfreien Lieferung.[517]

Ein Unterschied zu der auf die mangelfreie Erstellung des Werks gerichteten Unternehmerpflicht ergab sich hinsichtlich der Hauptpflicht des Verkäufers nur nach der sog. Gewährleistungstheorie. Den Anhängern der Gewährleistungstheorie[518] zufolge war die Sachmängelhaftung keine Haftung wegen Nichterfüllung: Der Grund der Sachmängelhaftung liege nicht in der ursprünglichen Leistungspflicht des Verkäufers, sondern darin, dass der Verkäufer zusätzlich zur Leistungspflicht eine besondere „Gewähr“ für die Qualität der (Spezies-)Sache übernommen habe. Seine Hauptpflicht könne der Verkäufer folglich auch durch die Lieferung einer mangelbehafteten Sache erfüllen.[519]

Beim Gattungskauf waren sich die Anhänger der Nichterfüllungs- als auch der Gewährleistungstheorie hingegen weitgehend einig: Der Verkäufer könne durch die Lieferung eines mangelhaften Exemplars aus der Gattung seine Hauptleistungspflicht nicht erfüllen.[520] Wie beim Werkvertrag war folglich auch beim Gattungskauf die Mangelfreiheit Inhalt der Hauptleistungspflicht. Ein Unterschied bestand jedenfalls insoweit nicht.

---

515 Vgl. *Korintenberg* S. 29; *Seiler* in *Erman* 10. Aufl. § 631 Rn. 9; *Glanzmann* in RGRK § 633 Rn. 1.

516 Vgl. *U. Huber* in *Soergel* Vor § 459 Rn. 169; *Brox/Elsing* in JuS 1976, 1, 2.; *Raape* in AcP 150, 481, 484 ff.; *Grunewald* in *Erman* 10. Aufl. Vor § 459 Rn. 6.

517 Vgl. *U. Huber* in *Soergel* Vor § 459 Rn. 152.

518 Vgl. *Larenz* Band II Halbband 1 S. 66 ff.; *Esser/Weyers* Band II Teilband 1 S. 30 f.; *Tiedtke* in NJW 1995, 3081, 3083; *Süß* S. 48 ff.

519 Vgl. *U. Huber* in *Soergel* Vor § 459 Rn. 148.

520 Vgl. *U. Huber* in *Soergel* Vor § 459 Rn. 157; *Larenz* Band II Halbband 1 S. 77 f.; *Esser/Weyers* Band II Teilband 1 S. 56 f.

cc. Vorleistungspflicht

Aus dem bereits dargestellten Unterschied im Hinblick auf die Fälligkeit der Gegenleistung[521] folgte ein weiterer, zu benennender Unterschied zwischen Kauf- und Werkvertragsrecht im Allgemeinen nach altem Recht. Die herrschende Meinung hielt den Unternehmer nämlich im Gegensatz zum Verkäufer für grundsätzlich vorleistungspflichtig.[522] Damit der Unternehmer das Werk nicht ohne Gegenleistung aus der Hand geben musste, wurde die Vorleistungspflicht allerdings vielfach auf die Erstellung des Werks beschränkt.[523]

Aus der von der herrschenden Meinung angenommenen Vorleistungspflicht begründeten sich weitere Unterschiede zwischen Kauf- und Werkvertragsrecht:

Mit der Vorleistungspflicht ging die Vorfinanzierung des zu erstellenden Werks durch den Unternehmer einher. Die mit der Vorfinanzierung verbundenen wirtschaftlichen Nachteile sollte § 632 a BGB durch einen im Kaufrecht nicht geregelten Anspruch auf Abschlagszahlungen ausgleichen.[524]

Ebenfalls als Ausgleich für die mit der Vorfinanzierung des Werks durch den Unternehmer verbundenen wirtschaftlichen Nachteile gewährten die §§ 647 ff. BGB dem Unternehmer verschiedene Sicherungsrechte. [525] § 647 BGB regelte ein gesetzliches (Werkunternehmer-)Pfandrecht. § 648 Abs. 1 BGB ergänzte § 647 BGB für den Grundstücksbereich durch Gewährung eines Anspruchs auf Einräumung einer Sicherungshypothek.[526] § 648 Abs. 2 BGB gewährte den Inhabern von Schiffswerften den Anspruch auf Eintragung einer Schiffshypothek. Der Unternehmer eines Bauwerks, einer Außenanlage oder eines Teils davon konnte vom Besteller schließlich unter den Voraussetzungen des § 648 a BGB die Leistung einer Sicherheit verlangen.

Im Kaufrecht gab es keine entsprechenden Regelungen. Der Verkäufer einer beweglichen Sache konnte sich indes das Eigentum an dieser bis zur Zahlung des

521 Vgl. oben: S. 138.

522 Vgl. BGHZ 50, 175, 176 f.; *Soergel* in MüKo § 641 Rn. 1; *A. Teichmann* in *Soergel* § 641 Rn. 1 ff.; *Seiler* in *Erman* 10. Aufl. § 641 Rn. 5.

523 Mit dieser berechtigten Einschränkung, die freilich nur dort von Relevanz war, wo Erstellung und Übertragung des Werks getrennt voneinander vollzogen wurden: vgl. *A. Teichmann* in *Soergel* § 641 Rn. 1 ff.; *Seiler* in *Erman* 10. Aufl. § 641 Rn. 5. *Peters* (in *Staudinger* Neubearbeitung 2000 § 641 Rn. 3) hielt hingegen die Annahme selbst einer auf die Erstellung des Werks beschränkten Vorleistungspflicht des Unternehmers für unbegründet, weil man insoweit von einer „Pflicht" nicht eigentlich sprechen könne.

524 Vgl. *Sprau* in *Palandt* 61. Aufl. § 632 a Rn. 1; BGH in NJW 1985, 1840 (für die in § 16 Nr. 1 VOB/B geregelte Abschlagszahlung).

525 Vgl. *Sprau* in *Palandt* 61. Aufl. § 647 Rn. 1.

526 Vgl. *Peters* in *Staudinger* Neubearbeitung 2000 § 648 Rn. 1.

Kaufpreises vorbehalten, § 455 Abs. 1 BGB a. F. Der Eigentumsvorbehalt diente dem Sicherungsbedürfnis desjenigen Verkäufers, der den Kaufpreis nicht im Voraus oder Zug-um-Zug gegen die Übergabe der Kaufsache erhielt.[527]

2. *Veränderungen durch das Neue Recht*

Im Hinblick auf die dargestellten Unterschiede zwischen Kauf- und Werkvertragsrecht im Allgemeinen haben sich seit dem 01.01.2002 folgende Veränderungen[528] ergeben.

a. *Gegenleistungspflichten*

Hier ist es nur zu wenigen Änderungen gekommen.

aa. *Zahlungsverpflichtung*

Nur eine gesetzgeberische Klarstellung und eine redaktionelle Änderung hat es die Zahlungsverpflichtung betreffend gegeben:

Der bisherigen höchstrichterlichen Rechtsprechung[529] folgend hat der Gesetzgeber klarstellend[530] § 632 BGB a. F. einen dritten Absatz angefügt, nach dem ein Kostenanschlag im Zweifel nicht zu vergüten ist. § 632 Abs. 3 BGB kodifiziert nur die auch zuvor geltende Rechtslage und stellt damit keine Veränderung im eigentliche Sinne dar.

Als redaktionelle Änderung ist die Neufassung der Regelungen über die Tragung der Kosten des Leistungsaustausches im Kaufrecht ohne inhaltliche Änderungen zu nennen. Die §§ 448, 449 BGB a. F. gehen in den §§ 448, 452, 453 Abs. 1 und Abs. 2 BGB auf.

bb. *Abnahmeverpflichtung*

Keine Veränderungen haben sich hinsichtlich der Rechtsnatur der Abnahmepflichten bzw. an der Rechtsnatur und dem Inhalt der Abnahmehandlungen ergeben.

---

527 Vgl. *Putzo* in *Palandt* 61. Aufl. § 455 Rn. 2.

528 Was sich offensichtlich nicht verändert hat, soll unerwähnt bleiben. Gedanklich kann insoweit die vorstehende, in der Vergangenheitsform gehaltene Darstellung in die Gegenwart überführt werden.

529 Vgl. BGH in NJW 1979, 2202 f.; in NJW 1982, 765, 766.

530 Vgl. *Voit* in *Bamberger/Roth* § 632 Rn. 15.

Die Wirkungen der Abnahmehandlungen betreffend bleibt es dabei: Wirkungen, die im Werkvertragsrecht an die Abnahme anknüpfen, bleiben im Kaufrecht weiter uneinheitlich von der Übergabe, der Ablieferung, der Auslieferung oder der Annahme der Kaufware abhängig. Gleichwohl gilt es, einige Veränderungen zu konstatieren. Keine weiteren Wirkungen knüpfen indes aufgrund dieser Veränderungen nunmehr an die Abnahme durch den Käufer an. An Bedeutung gewonnen hat die Abnahme durch den Käufer deshalb insoweit nicht.

Der Übergang der Preisgefahr im Kaufrecht wird weiter nicht durch die Abnahme, sondern durch die Übergabe der verkauften Sache bzw. durch deren Auslieferung herbeigeführt, § 446 S. 1 BGB[531] bzw. § 447 Abs. 1 BGB[532]. Keinen Übergang der Preisgefahr mehr vermag indes die Eintragung des Käufers in das Grundbuch, das Schiffsregister oder das Schiffsbauregister zu begründen. § 446 Abs. 2 BGB a. F., der den Übergang der Preisgefahr infolge der Eintragung vorsah, wurde nicht in das neue Schuldrecht übernommen. Auch beim Kauf eines Grundstücks, eines Schiffs oder eines Schiffsbauwerks ist nunmehr gem. § 446 S. 1 BGB der Zeitpunkt der Übergabe maßgebend.[533]

Die kurze Verjährung der Mängelansprüche des Käufers beginnt weiterhin grundsätzlich mit der Ablieferung der Sache bzw. mit der Übergabe des Grundstücks, § 438 Abs. 2 BGB. Nur ausnahmsweise gelten für den Beginn der Verjährung die Bestimmungen über die Regelverjährung, nämlich wenn der Verkäufer den Mangel arglistig verschwiegen hat, §§ 438 Abs. 3, 199 BGB.

Gleiches gilt im Werkvertragsrecht, §§ 634 a Abs. 3, 199 BGB. Des Weiteren gelten im Werkvertragsrecht die Bestimmungen über die Regelverjährung im Falle sonstiger Werkleistungen[534], §§ 634 a Abs. 1 Nr. 3, 199 BGB. Im Übrigen beginnt die Verjährung der Gewährleistungsansprüche im Werkvertragsrecht nach wie vor mit der Abnahme, § 634 a Abs. 2 BGB.

---

531 Gem. § 446 S. 3 BGB steht es der Übergabe gleich, wenn der Käufer im Verzug mit der Annahme ist.

532 Gem. § 474 Abs. 2 BGB findet § 447 BGB allerdings keine Anwendung auf den Verbrauchsgüterkauf. § 450 BGB a. F., der dem Verkäufer im Gegensatz zum Unternehmer einen Verwendungsersatzanspruch für getätigte Verwendungen nach Gefahrübergang vor Übergabe gewährte, ist gestrichen worden. Keine erkennbare Bedeutung habe § 450 BGB a. F. in der Praxis gehabt, so die Begründung der Verfasser des Fraktionsentwurfs (vgl. BT-Drucks. 14/6040 S. 202 ff.).

533 Vgl. *Saenger* in Hk-BGB § 446 Rn. 2.

534 Sonstige Werkleistungen sind all jene, die nicht § 634 a Abs. 1 Nr. 1 und Nr. 2 BGB unterfallen – insbesondere Leistungen am lebenden Menschen, Beförderungen und geistige Leistungen wie Gutachten oder das Entwickeln von Individualsoftware (vgl. *Peters* in *Staudinger* Neubearbeitung 2003 § 634 a Rn. 24; ganz ähnlich auch *Sprau* in *Palandt* 63. Aufl. § 634 a Rn. 12).

Nicht mehr zu verzinsen hat der Käufer den Kaufpreis ab dem Zeitpunkt, von welchem an ihm die Nutzungen des gekauften Gegenstands gebühren. Nach Streichung des § 452 BGB a. F. BGB im Zuge der Schuldrechtsreform sind maßgebend für die Frage der Verzinsung des Kaufpreises nunmehr nur noch die Verzugsregeln der §§ 286 ff. BGB. Es sei denn, es handelt sich um ein beiderseitiges Handelsgeschäft im Sinne des HGB, bei dem gem. § 353 HGB Fälligkeitszinsen geltend gemacht werden können. Im Werkvertragsrecht bleibt es bei der Pflicht des Bestellers zur Verzinsung des Kaufpreises von der Abnahme des Werks an, § 641 Abs. 4 BGB.

Die Nutzungen der Kaufsache gebühren dem Käufer weiter ab der Übergabe. Infolge der Neufassung des § 446 BGB ergibt sich dies nunmehr aus § 446 S. 2 BGB.

b. Leistungspflichten

Die Unterschiede im Hinblick auf die (Haupt-)Leistungspflichten von Verkäufer und Unternehmer haben sich zwar verringert. Mehrheitlich bestehen sie jedoch fort.

aa. Herstellungsverpflichtung

Einer der Unterschiede im Zusammenhang mit der nur den Unternehmer treffenden Herstellungsverpflichtung folgte aus § 636 BGB a. F.[535]

§ 636 BGB a. F. gibt es nicht mehr. Ein vom Verschulden unabhängiges Rücktrittsrecht ist nunmehr in § 323 BGB geregelt.

bb. Mangelfreiheit des Vertragsgegenstands

Gem. § 433 Abs. 1 S. 2 BGB hat der Verkäufer dem Käufer die Sache jetzt frei von Sach- und Rechtsmängeln zu verschaffen. Soweit ein Recht verkauft ist, das zum Besitz einer Sache berechtigt, ist diese frei von Sach- und Rechtsmängeln zu übergeben, § 453 Abs. 3 BGB.

Sowohl im Kauf- als auch Werkvertragsrecht wird nunmehr stets die Mangelfreiheit des Leistungsgegenstands geschuldet.[536] Im Falle des Stückkaufs und unter Zugrundelegung der Gewährleistungstheorie war dies vormals anders.[537]

---

535 Vgl. oben: S. 141.
536 Vgl. *Haas* in *H/M/R/S/W* S. 174; *Westermann* in NJW 2002, 241, 243.
537 Vgl. oben: S. 142.

cc. *Vorleistungspflicht*

Hinsichtlich der nur den Unternehmer treffenden Vorleistungspflicht und den mit dieser im Zusammenhang stehenden, weiteren Unterschieden zwischen Kauf- und Werkvertragsrecht hat es nur ganz geringfügige (redaktionelle) Veränderungen gegeben. Die Regelungen den Eigentumsvorbehalt betreffend finden sich nunmehr in § 449 BGB. Dass dem Verkäufer bei Zahlungsverzug des Käufers im Zweifel ein besonderes Rücktrittsrecht zusteht, ist nicht mehr Gegenstand der vorerwähnten Regelungen.

3. *Zusammenfassung*

Unterschiede nicht nur unerheblichen Umfangs gab es im Allgemeinen unter der Geltung des alten Rechts. Insbesondere bestanden Unterschiede im Hinblick auf die regelmäßig als Sachleistungsschuldner an Kauf- und Werkvertrag beteiligten Parteien. Weitere Unterschiede gab es hinsichtlich der Leistungs- und Gegenleistungspflichten.

Im Einzelnen:

Während auf Verkäuferseite regelmäßig sowohl Unternehmer im Sinne des § 14 BGB als auch Verbraucher standen, waren die Unternehmer im Sinne des Werkvertrages typischerweise keine Verbraucher. Werkunternehmer waren vielmehr grundsätzlich zugleich solche nach § 14 BGB.

Die Gegenleistungspflichten unterschieden sich im Hinblick auf die Zahlungsverpflichtungen, vor allem aber die durch Käufer bzw. Besteller vorzunehmende Abnahme betreffend.

Die Abnahmepflicht des Käufers war grundsätzlich nur Nebenpflicht, die erfolgende Abnahmehandlung eine reine Tathandlung. Hingegen war die Abnahmepflicht des Bestellers Hauptpflicht, die durch ihn obligationsgemäß erfolgende Abnahme nach herrschender Meinung eine rechtsgeschäftsähnliche Handlung. Inhaltlich wurde in der Abnahme durch den Käufer der die Befreiung des Verkäufers vom Besitz der Ware bezweckende, tatsächliche Akt der Fortnahme gesehen. Inhalt der Abnahme durch den Besteller war dagegen die körperliche Hinnahme des Werkes verbunden mit der Erklärung des Bestellers, dass er die Leistung als im Wesentlichen vertragsgemäß anerkenne (sog. zweigliedriger Abnahmebegriff). Schließlich wurden der Abnahme im Kaufrecht Wirkungen, die im Werkvertragsrecht einheitlich an die Abnahme anknüpften, nicht beigemessen; diese waren vielmehr uneinheitlich von der Übergabe, der Ablieferung, der Auslieferung oder der Annahme der Kaufware abhängig.

Im Hinblick auf die Leistungspflichten wurde nach im Werkvertragsrecht herrschender Meinung der Unternehmer für herstellungs- und vorleistungspflichtig gehalten. Weder Herstellungs- noch Vorleistungspflicht trafen hingegen den Verkäufer. Aus der Herstellungs- und Vorleistungspflicht des Unternehmers folgten weitere Unterschiede zwischen Kauf- und Werkvertragsrecht.

Der sog. Gewährleistungstheorie folgend war zudem der Verkäufer einer Stücksache auf der Primärebene nicht zur fehlerfreien Leistung verpflichtet. Im Gegensatz dazu konnte im Rahmen eines Werkvertrags stets nur durch ein mangelfreies Werk erfüllt werden.

Durch die Einführung der Verpflichtung des Verkäufers zur Leistung eines fehlerfreien Kaufgegenstands im Zuge der Schuldrechtsreform ist zwar der letztbenannte, zuvor jedenfalls nach der sog. Gewährleistungstheorie bestehende Unterschied beseitigt worden.

Im Übrigen bestehen die vorbenannten Unterschiede jedoch in im Wesentlichen unveränderter Form fort.

Hinsichtlich der fortbestehenden Unterschiede zwischen Kauf- und Werkvertragsrecht im Allgemeinen ist im Folgenden zu prüfen, ob diese der hypothetischen Annahme der Übertragbarkeit der zu § 633 Abs. 2 S. 3 BGB a. F. entwickelten Grundsätze entgegenstehen. Diese Prüfung ist auch für die jetzt (noch) bestehenden Unterschiede zwischen Kauf- und Werkvertragsrecht im Besonderen vorzunehmen.

C. Konkretisierung des wertausfüllungsbedürftigen Maßstabs der unverhältnismäßigen Kosten in § 439 Abs. 3 S. 1 BGB

In diesem Teil der Arbeit soll anhand der Ergebnisse der vorstehenden, vergleichenden Analyse des Kauf- und Werkvertragsrechts geklärt werden, ob und ggf. inwieweit eine Konkretisierung des wertausfüllungsbedürftigen Maßstabs der unverhältnismäßigen Kosten in § 439 Abs. 3 S. 1 BGB anhand der fortgeltenden, zum Begriff des unverhältnismäßigen Aufwands in § 633 Abs. 2 S. 3 BGB a. F. entwickelten Grundsätze erfolgen kann.

Dabei ist für die Grundsätze zu § 633 Abs. 2 S. 3 BGB a. F. davon auszugehen, dass diese in Anbetracht des dem Unternehmer grundsätzlich Zumutbaren entwickelt worden sind.[538] Ansonsten hätten die Grundsätze kaum sinnvoll zur Konkretisierung des Begriffs des unverhältnismäßigen Aufwands beitragen können.

538 Es war nämlich der Gedanke der Unzumutbarkeit der im Rahmen des § 633 Abs. 2 S. 3 BGB a. F. durchschlug (vgl. hierzu *Peters* in *Staudinger* Neubearbeitung 2000 § 633 Rn. 192).

Für eine Konkretisierung auch des wertausfüllungsbedürftigen Maßstabs der unverhältnismäßigen Kosten in § 439 Abs. 3 S. 1 BGB anhand der zu § 633 Abs. 2 S. 3 BGB a. F. entwickelten Grundsätze wird es demnach maßgeblich darauf ankommen, dass dem zur Nacherfüllung verpflichteten Verkäufer grundsätzlich ein entsprechend hoher Aufwand zumutbar ist wie dem Unternehmer. Nur dann „passen" auch im Kaufrecht die zu § 633 Abs. 2 S. 3 BGB a. F. entwickelten Grundsätze.

Die Ergebnisse der vergleichenden Analyse des Kauf- und Werkvertragsrechts sind also danach zu untersuchen, ob sie die Annahme rechtfertigen, dass Verkäufer und Unternehmer grundsätzlich ein entsprechend hoher Aufwand zumutbar ist.

Die festgestellten Gemeinsamkeiten streiten hierfür, die Unterschiede sprechen dem ersten Anschein nach dagegen.

Die vergleichende Analyse des Kauf- und Werkvertragsrechts hat bereits im Besonderen so viele Gemeinsamkeiten ergeben, dass es gerechtfertigt erscheint, von einer Übertragbarkeit der fraglichen Fallgruppen und leitenden Gesichtspunkte auf den Begriff der unverhältnismäßigen Kosten in § 439 Abs. 3 S. 1 BGB im Wege einer Hypothese auszugehen.

Jedenfalls für eine partielle Übertragung der zu § 633 Abs. 2 S. 3 BGB a. F. entwickelten und im reformierten Werkvertragsrecht fortgeltenden Grundsätze sprechen zudem die Auswirkungen der Neufassung des § 651 BGB. Wie gezeigt,[539] bestehen die Auswirkungen darin, dass auf Fälle, die zuvor nach Werkvertragsrecht zu beurteilen waren, nunmehr die Vorschriften über den Kauf Anwendung finden. Es ist kein Grund dafür ersichtlich, diese Fälle nunmehr unter der Maßgabe des Kaufrechts anders zu behandeln als zuvor unter der Geltung des Werkvertragsrechts. Dies gilt insbesondere auch im Hinblick auf die Zumutbarkeit von Nacherfüllungsaufwand.

In Anbetracht des Vorstehenden ist nur noch zu fragen, ob und ggf. inwieweit die im Rahmen der vergleichenden Analyse festgestellten Unterschiede zwischen Kauf- und Werkvertragsrecht zu einer abweichenden Beurteilung führen.

Dabei soll danach differenziert werden, ob das von § 439 Abs. 3 S. 1 BGB statuierte Leistungsverweigerungsrecht des Verkäufers zur relativen oder zur absoluten Undurchsetzbarkeit[540] des Nacherfüllungsanspruchs des Käufers führt.

Insoweit die weitere Untersuchung zu dem Ergebnis führt, dass eine Konkretisierung anhand der zum Begriff des unverhältnismäßigen Aufwands in § 633 Abs. 2 S. 3 BGB a. F. nicht erfolgen kann, wird die Konkretisierung anhand anderer Maßstäbe vorzunehmen sein.

---

539 Vgl. oben: S. 47 ff.

540 Vgl. hierzu oben: S. 133.

I. Absolute Undurchsetzbarkeit des Nacherfüllungsanspruchs des Käufers

Zur absoluten Undurchsetzbarkeit des Nacherfüllungsanspruchs des Käufers führt das von § 439 Abs. 3 S. 1 BGB statuierte Leistungsverweigerungsrecht des Verkäufers in den Fällen, in denen die vom Käufer nicht gewählte Art der Nacherfüllung entweder unmöglich im Sinne des § 275 Abs. 1 BGB ist oder der Verkäufer diese bereits zu Recht verweigert hat. Dem Käufer steht die nicht gewählte Art der Nacherfüllung dann nämlich nicht mehr alternativ zur Verfügung.[541]

Es ist zu prüfen, ob und ggf. inwieweit die im Rahmen der vergleichenden Analyse festgestellten Unterschiede zwischen Kauf- und Werkvertragsrecht einer Übertragbarkeit der zu § 633 Abs. 2 S. 3 BGB a. F. entwickelten Grundsätze entgegenstehen.

Unterschiede zwischen Kauf- und Werkvertragsrecht gibt es im Allgemeinen und im Besonderen. Danach soll im Folgenden differenziert werden. Zunächst ist allerdings noch festzuhalten, dass der auf der unterschiedlichen Verteilung des Wahlrechts zwischen den Arten der Nacherfüllung beruhende Unterschied zwischen den Leistungsverweigerungsrechten des Verkäufers und des Unternehmers hier keine Auswirkungen hat.[542] Solche sind nur dann anzunehmen, wenn das Leistungsverweigerungsrecht des Verkäufers anders als das des Unternehmers nur zur relativen Undurchsetzbarkeit des Nacherfüllungsanspruchs führt.

1. Unterschiede im Allgemeinen

Unterschiede zwischen Kauf- und Werkvertragsrecht im Allgemeinen, die der Übertragbarkeit der zu § 633 Abs. 2 S. 3 BGB a. F. entwickelten Fallgruppen und leitenden Gesichtspunkte entgegenstehen könnten, bestehen wie folgt:

a. Parteien

Kauf- und Werkvertrag unterscheiden sich im Hinblick auf die als Sachleistungsschuldner an den Verträgen regelmäßig beteiligten Parteien. Dies dahingehend,

---

541 Der Reformgesetzgeber hat das Wahlrecht des Käufers im Sinne einer elektiven Konkurrenz geregelt und nicht als Wahlschuld gem. den §§ 262 ff. BGB. Hätte der Reformgesetzgeber eine Wahlschuld gewollt, bräuchte es kein gestuftes Leistungsverweigerungsrecht, da die andere Art der Nacherfüllung bereits durch die getroffene Wahl ausgeschlossen wäre, § 263 Abs. 2 BGB. Aus den gleichen Gründen ergäbe auch die Formulierung in § 440 BGB: „...wenn der Verkäufer beide Arten der Nacherfüllung ...verweigert...", keinen Sinn. Für eine elektive Konkurrenz auch: *Spickhoff* in BB 2003, 589, 591 ff.; *Putzo* in *Palandt* 63. Aufl. § 439 Rn. 5.

542 Vgl. oben: S. 132 f.

als es sich bei dem Werkunternehmer regelmäßig auch um einen Unternehmer im Sinne des § 14 BGB handelt, während als Verkäufer auch Verbraucher im Sinne des § 13 BGB auftreten.[543]

Fraglich ist, ob und ggf. inwieweit dieser Unterschied einer Übertragbarkeit der zu § 633 Abs. 2 S. 3 BGB a. F. entwickelten Grundsätze entgegensteht. Zur Beantwortung dieser Frage ist danach zu differenzieren, ob auf Verkäuferseite ein Verbraucher im Sinne des § 13 BGB oder ein Unternehmer im Sinne des § 14 BGB tätig wird.

aa. Unternehmer im Sinne des § 14 BGB

Wird als Verkäufer ein Unternehmer im Sinne des § 14 BGB tätig, kann sich der vorerwähnte Unterschied auf die Übertragbarkeit der zu § 633 Abs. 2 S. 3 BGB entwickelten Grundsätze nicht auswirken. Auch bei dem Werkunternehmer handelt es sich nämlich regelmäßig um einen Unternehmer im Sinne des § 14 BGB.

bb. Verbraucher im Sinne des § 13 BGB

Der Übertragbarkeit der fraglichen Grundsätze entgegenstehende Auswirkungen könnte der vorliegende Unterschied allerdings haben, wenn als Verkäufer ein Verbraucher im Sinne des § 13 BGB tätig wird.

Solche Auswirkungen wären insbesondere anzunehmen, wenn die in Frage stehenden Fallgruppen und leitenden Gesichtspunkte sinnvoller Weise nur auf Unternehmer im Sinne des § 14 BGB anzuwenden wären.

Dies gilt es für die Fallgruppen und leitenden Gesichtspunkte jeweils gesondert zu prüfen. Besondere Beachtung ist dabei den Gründen zu schenken, die zur Entwicklung der den Begriff des unverhältnismäßigen Aufwands in § 633 Abs. 2 S. 3 BGB a. F. konkretisierenden Grundsätze geführt haben.

(a) Fallgruppe „Berechtigtes Interesse an der Nacherfüllung"

Bei Vorliegen eines objektiv berechtigten Interesses an der Nacherfüllung, vor allem aufgrund einer spürbaren Beeinträchtigung der Funktionsfähigkeit des Werks, sollte der Unternehmer die Nacherfüllung regelmäßig nicht gem. § 633 Abs. 2 S. 3 BGB a. F. verweigern können.[544] Aufgrund der Fortgeltung dieser

---

543 Vgl. oben: S. 134.
544 Vgl. oben: Fn. 89.

Fallgruppe im Werkvertragsrecht[545] gilt Entsprechendes für das Leistungsverweigerungsrecht gem. § 635 Abs. 3 BGB.

Als Grund für die Fallgruppe „Berechtigtes Interesse an der Nacherfüllung“ wurde vor allem die vertragliche Risikoverteilung genannt. Diese verändere sich nicht dadurch, dass der Unternehmer mangelhaft leiste. Der Unternehmer trage grundsätzlich das Erfüllungsrisiko für die versprochene Leistung und zwar ohne Rücksicht auf den dafür erforderlichen Aufwand bis an die Grenze des Wegfalls der Geschäftsgrundlage.[546]

Die Fallgruppe „Berechtigtes Interesse an der Nacherfüllung“ beruht also letztlich auf zwei Erwägungen. Erstens soll es im Erfüllungsstadium des Werkvertrags und bis zur Grenze des Wegfalls der Geschäftsgrundlage grundsätzlich der Unternehmer sein, der das Erfüllungsrisiko trägt. Zweitens soll diese Risikoverteilung auch im Nacherfüllungsstadium des Werkvertrags gelten, sofern der Besteller ein berechtigtes Interesse an der Nacherfüllung hat.

Auswirkungen auf die Übertragbarkeit der Fallgruppe „Berechtigtes Interesse an der Nacherfüllung“ bestünden demnach, wenn jedenfalls im Nacherfüllungsstadium eines Kaufvertrags mit verkaufendem Verbraucher eine zu Gunsten des Verbrauchers andere vertragliche Risikoverteilung vorzunehmen wäre. Ggf. wäre die Übertragbarkeit der Fallgruppe zu verneinen.

Es ist also zu klären, ob einem verkaufenden Verbraucher jedenfalls im Nacherfüllungsstadium des Kaufvertrags das Risiko einer mangelbedingten Leistungserschwerung in geringerem Maße zuzurechnen ist als einem (Werk-)Unternehmer im Sinne des § 14 BGB.

Nach den gesetzlichen Wertungen fallen im Erfüllungsstadium eines Austauschvertrags eintretende Leistungserschwerungen grundsätzlich in den Risikobereich des Schuldners.[547] Dieser bleibt verpflichtet, die von ihm versprochene Leistung zu erbringen. Eintretende Leistungserschwerungen sind durch erhöhten Aufwand zu kompensieren. Gesetzlich begrenzt ist das Erfüllungsrisiko des Sachleistungsschuldners seit jeher durch die Unmöglichkeit der Leistung. Weitere Grenzen bilden die von Rechtsprechung und Lehre entwickelten und durch den Reformgesetzgeber zwischenzeitlich in den §§ 275 Abs. 2, 313 BGB kodifizierten[548] Grundsätze von der praktischen Unmöglichkeit bzw. vom Wegfall der Geschäftsgrundlage.

---

545 Vgl. oben: S. 42 ff.

546 Vgl. oben: Fn. 91.

547 Vgl. *Willoweit* in JuS 1988, 833; *Koller* in NJW 1996, 300 f.; *Heinrichs* in *Palandt* 63. Aufl. § 313 Rn. 37.

548 Vgl. *Koller* S. 13 ff.: Im Interesse einer leicht und zuverlässig zu handhabenden Risikoordnung und unter Vernachlässigung der materiellen Vertragsgerechtigkeit hatte

In Ausformung der hier in Rede stehenden Fallgruppe hat die Rechtsprechung die vorstehenden gesetzlichen Wertungen für die Bestimmung des Erfüllungsrisikos des zur Nachbesserung verpflichteten Werkunternehmers schlicht übernommen.

Im Ergebnis lief damit die durch den Gesetzgeber geschaffene Sonderregelung des § 633 Abs. 2 S. 3 BGB a. F. im Falle eines berechtigten Interesses an der Nachbesserung regelmäßig leer. Aufgrund der Fortgeltung der Fallgruppe „Berechtigtes Interesse an der Nacherfüllung“ im Werkvertragsrecht[549] gilt Entsprechendes für die Regelung des § 635 Abs. 3 BGB.

Für das Erfüllungsstadium des Kaufvertrags gelten im Hinblick auf die Risikoverteilung keine anderen gesetzlichen Wertungen, als die soeben skizzierten. Dies auch dann nicht, wenn als Verkäufer ein Verbraucher tätig wird.

Möglicherweise ist jedoch gleichwohl von einer zu Gunsten des verkaufenden Verbrauchers abweichenden vertraglichen Risikoverteilung auszugehen – jedenfalls im Nacherfüllungsstadium des Kaufvertrags. Maßgeblich für das den Sachleistungsschuldner treffende Erfüllungsrisiko sind die gesetzlichen Wertungen nämlich dann nicht, wenn eine davon abweichende vertragliche Risikoverteilung anzunehmen ist. In diesem Fall ist vielmehr zu fragen, wofür der Schuldner einstehen will bzw. welche der Verwirklichung des Leistungserfolgs drohenden Gefahren er auf sich nimmt.[550]

Aus einer normativen Bewertung seines typischen Erfüllungsversprechens[551] könnte sich eine das Erfüllungsrisiko des verkaufenden Verbrauchers beschränkende vertragliche Risikoverteilung ergeben. Hierzu müsste dem typischen Erfüllungsversprechen eines Verbrauchers bei normativer Bewertung eine Übernahme des Erfüllungsrisikos in geringerem Maße beizumessen sein als es den gesetzlichen Wertungen entspricht.

Jedenfalls im Hinblick auf das Nacherfüllungsstadium des Kaufvertrags könnten nachfolgend zu benennende Unterschiede zwischen verkaufendem Verbraucher und Unternehmer im Sinne des § 14 BGB ein solches Ergebnis rechtfertigen. Dabei ist davon auszugehen, dass das typische Erfüllungsversprechen eines

---

der Gesetzgeber das Aufwandsrisiko des Sachleistungsschuldners zunächst nur durch den Unmöglichkeitsgedanken beschränkt.

549 Vgl. oben: S. 42 ff.

550 Vgl. *Ballerstedt* in FS *Nipperdey* S. 261, 270; *U. Huber* in FS *Ballerstedt* S. 327, 333 f.; *Esser/Schmidt* Band I, Teilband 1 S. 225 f.; *Larenz* Band I S. 317; jeweils für das Beschaffungsrisiko im Rahmen der Gattungsschuld.

551 Auch Tatsachen, wie das Erfüllungsversprechen des Verkäufers, enthalten bereits normative Elemente. Insoweit gibt es die normative Kraft des Faktischen. Wird sie als zwingend empfunden, bezeichnet man sie als Natur der Sache (vgl. hierzu *Schmalz* S. 63; *Larenz/Canaris* S. 236 ff.; *Kaufmann* in JURA 1992, 178, 184 f.).

Unternehmers im Sinne des § 14 BGB mit den gesetzlichen Wertungen im Einklang steht:

Im Gegensatz zum Unternehmer im Sinne des § 14 BGB fehlt es dem Verbraucher regelmäßig an besonderem Fachwissen im Hinblick auf den Leistungsgegenstand. Dies wirkt sich in dreifacher Hinsicht auf die normative Bewertung seines typischen Erfüllungsversprechens aus.

Zum einen wird es dem verkaufenden Verbraucher in der Regel nicht möglich sein, das Risiko eines seine Nacherfüllungspflicht auslösenden Mangels des Leistungsgegenstands richtig zu bewerten. Bei Vornahme einer normativen Bewertung des typischen Erfüllungsversprechens eines Verbrauchers kann also nicht davon ausgegangen werden, dass es in Kenntnis des genannten Risikos abgegeben wird. Anders ist dies bei der Bewertung des typischen Versprechens eines Unternehmers im Sinne des § 14 BGB.

Zum anderen kann ein verkaufender Verbraucher ohne besonderes Fachwissen das Risiko eines die Nacherfüllungspflicht auslösenden Mangels des Leistungsgegenstands nicht durch fachkundige Maßnahmen minimieren. Bei einem Unternehmer im Sinne des § 14 BGB stellt sich die Lage anders dar.[552] Eine Kompetenz zur Minimierung des Nacherfüllungsrisikos kann dem Verbraucher bei Vornahme einer normativen Bewertung seines Erfüllungsversprechens folglich in der Regel nicht unterstellt werden, dem Unternehmer im Sinne des § 14 BGB hingegen schon.

Schließlich ist das regelmäßig fehlende besondere Fachwissen des Verbrauchers bei Vornahme einer normativen Bewertung seines typischen Erfüllungsversprechens unter folgendem Aspekt von Relevanz. In Fortführung der Idee einer Optimierung der Warenproduktion und -verteilung[553] kann als Sinn und Zweck einer möglichst weitgehenden Belastung des Sachleistungsschuldners mit dem Erfüllungsrisiko auch noch im Nacherfüllungsstadium unter anderem die Schaffung eines Qualitätsanreizes angesehen werden.[554] Die Schaffung eines solchen Anreizes macht jedoch nur gegenüber demjenigen Sinn, der die Möglichkeit hat, sich dem Anreiz entsprechend zu verhalten. Was den vorerwähnten Qualitätsanreiz angeht, muss also die Möglichkeit zur Ergreifung suffizienter qualitätsschaffender bzw. -sichernder Maßnahmen bestehen. Diese hat ein Verbraucher wegen des regelmäßig fehlenden besonderen Fachwissens regelmäßig nicht, ein Unternehmer im Sinne des § 14 BGB schon.

---

552 Von einem Gebrauchtwagenhändler kann z. B. regelmäßig erwartet werden, dass er in der Lage ist, das zu verkaufende Fahrzeug vor Vertragsschluss „auf Herz und Nieren" zu testen. Für den privaten Autoverkäufer gilt dies nicht.

553 Vgl. *Koller* S. 14.

554 So für das Gewährleistungsrecht insgesamt vgl. *Schäfer/Ott* S. 442 f.

Eine weiterer Unterschied zwischen einem verkaufenden Verbraucher und einem Unternehmer im Sinne des § 14 BGB ist zu nennen. Während ein verkaufender Verbraucher regelmäßig einzelfallartig und nur zur Umwandlung seines sachgebundenen Vermögens in Geld tätig wird,[555] geht es einem Unternehmer im Sinne des § 14 BGB darum, durch den Abschluss einer Vielzahl ähnlicher Geschäfte einen Gewinn zu erzielen, um mittels diesem seinen Lebensunterhalt zu bestreiten. In zweifacher Hinsicht wirkt sich dieser Unterschied auf die normative Bewertung des typischen Erfüllungsversprechens eines Verbrauchers aus.

Zum einen ist der in der bloßen Umwandlung von sachgebundenem Vermögen in Geld bestehende Nutzen für einen Verbraucher in der Regel geringer als der für den Unternehmer im Sinne des § 14 BGB, welcher in der Erzielung eines Gewinns zur Deckung des täglichen Bedarfs besteht. Ausgehend von der Annahme des Erfordernisses der Kongruenz zwischen Nutzen und Risiko,[556] muss sich der regelmäßig unterschiedliche Nutzen für Verbraucher und Unternehmer im Sinne des § 14 BGB auch auf das Ausmaß der Übernahme des Erfüllungsrisikos niederschlagen. Dies ist bei der Vornahme der normativen Bewertung des typischen Erfüllungsversprechens eines Verbrauchers zu berücksichtigen.

Zum anderen zeigt die regelhafte Einzelfallartigkeit des Tätigwerdens eines verkaufenden Verbrauchers, dass dieser zur Kompensation eines sich in Form eines Nacherfüllungsanspruchs verwirklichenden Risikos nicht in der Lage ist. Etwas anderes gilt für den Unternehmer im Sinne des § 14 BGB. Dieser kann das sich verwirklichende Risiko über die Preisgestaltung bei zukünftigen Geschäften kompensieren.[557]

Nach allem: In die normative Bewertung des typischen Erfüllungsversprechens eines Verbrauchers ist einzubeziehen, dass dieser im Gegensatz zum Unternehmer im Sinne des § 14 BGB regelmäßig weder in der Lage ist, das Risiko eines seine Nacherfüllungspflicht auslösenden Mangels des Leistungsgegenstands richtig zu bewerten noch dieses Risiko durch fachkundige Maßnahmen zu minimieren. Ein sich verwirklichendes Risiko vermag der Verbraucher zudem in der Regel nicht zu kompensieren, anders als der Unternehmer im Sinne des § 14 BGB. Jedenfalls für das Nacherfüllungsstadium des Kaufvertrags ergibt sich schon daraus, dass das durch den Verbraucher übernommene Erfüllungsrisiko geringer sein muss als bei einem Unternehmer im Sinne des § 14 BGB. Die An-

---

555 Als Beispiele können genannt werden: der Erbe, der das ererbte Haus veräußert, weil er bereits Eigentümer eines solchen ist und ein zweites nicht benötigt; der Eigentümer eines privat genutzten Pkw, der diesen verkauft, um einen Neuwagen finanzieren zu können.

556 Vgl. hierzu *Koller* S. 77.

557 Regelmäßig wird er das ihn treffende Erfüllungsrisiko allerdings von vornherein bei der Preisgestaltung einkalkuliert haben.

nahme des Erfordernisses der Kongruenz von Nutzen und Risiko bestätigt dieses Ergebnis. Dies, weil der Nutzen eines Geschäfts für den Verbraucher regelmäßig geringer ist als für einen Unternehmer im Sinne des § 14 BGB. Schließlich streitet auch nicht ein durch eine möglichst weitgehende Zurechung des Erfüllungsrisikos auch noch im Nacherfüllungsstadium erzeugter Qualitätsanreiz für eine abweichende normative Bewertung des typischen Erfüllungsversprechens eines Verbrauchers. Die Erzeugung eines solchen Anreizes gegenüber einem Verbraucher ist nicht sinnvoll, da er regelmäßig nicht die Kompetenz hat, sich entsprechend zu verhalten.

Von einer zu Gunsten des verkaufenden Verbrauchers abweichenden vertraglichen Risikoverteilung ist daher auszugehen, jedenfalls im Nacherfüllungsstadium des Kaufvertrags.[558] Die Übertragbarkeit der Fallgruppe „Berechtigtes Interesse an der Nacherfüllung" auch auf Kaufverträge mit verkaufenden Verbrauchern ist deshalb zu verneinen.

(b) Fallgruppe „Vorsätzliche Herbeiführung des Mangels"

Regelmäßig kein Leistungsverweigerungsrecht gem. § 633 Abs. 2 S. 3 BGB a. F. sollte der Unternehmer haben, der den Mangel vorsätzlich herbeigeführt[559] hatte.[560] Aufgrund der Fortgeltung auch dieser Fallgruppe im reformierten Werkvertragsrecht[561] ist dies auch unter der Geltung des § 635 Abs. 3 BGB so.

Als entscheidender Grund für die Fallgruppe „Vorsätzliche Herbeiführung des Mangels" wurde genannt, dass ein Unternehmer, der sich trotz vorsätzlicher Herbeiführung des Mangels auf das Leistungsverweigerungsrecht berufe, rechtsmissbräuchlich handele.[562]

Zweifel an der Übertragbarkeit der Fallgruppe „Vorsätzliche Herbeiführung des Mangels" auch auf einen Kaufvertrag, an dem als Verkäufer ein Verbraucher auftritt, könnten demnach bestehen, wenn der sich auf das Leistungsverweigerungsrecht aus § 439 Abs. 3 S. 1 BGB berufende Verbraucher nicht rechtsmissbräuchlich handelte, obwohl er den Mangel vorsätzlich herbeigeführt hat.

---

558 Es spricht einiges dafür, Entsprechendes auch für das Erfüllungsstadium des Kaufvertrags anzunehmen. Dies ist jedoch nicht Thema dieser Arbeit.

559 Der vorsätzlichen Herbeiführung eines Mangels gleichstehen, dürfte die Ablieferung eines Werks in Kenntnis des Mangels. So zum Beispiel, wenn der Mangel nur fahrlässig verursacht, jedoch kurz vor Ablieferung entdeckt worden war. So könnte auch die von *Oechsler* (in NJW 2004, 1825, 1827 f.) gefürchtete „Flucht in die Nacherfüllung" verhindert werden.

560 Vgl. oben: Fn. 92.

561 Vgl. oben: S. 42 ff.

562 Vgl. oben: Fn. 93.

Dem ist allerdings nicht so. Auch der den Mangel vorsätzlich herbeiführende Verbraucher handelt rechtsmissbräuchlich. Zweifel an der Übertragbarkeit dieser Fallgruppe bestehen deshalb nicht.

Das Gebot, Mängel nicht vorsätzlich herbeizuführen, richtet sich an Verbraucher und (Werk-)Unternehmer im Sinne des § 14 BGB gleichermaßen. Es besteht deshalb kein Grund, zwischen Verbraucher und Unternehmer im Sinne des § 14 BGB zu unterscheiden. Dies gilt insbesondere im Hinblick auf die Rechtsfolge des vorsätzlichen Handelns, dem Ausschluss der Leistungsverweigerungsrechte aus den §§ 439 Abs. 3 S. 1 bzw. 635 Abs. 3 BGB. Mit der Fallgruppe „Vorsätzliche Herbeiführung des Mangels" wird einem feststehenden vorsätzlichen Handeln nach den Maßstäben von Treu und Glauben die vorerwähnte Folge beigemessen. Bestehende Unterschiede zwischen Verbraucher und Unternehmer nach § 14 BGB entfalten diesbezüglich keine Wirkung. Im Hinblick auf das Verschulden wirken sich diese Unterschiede aufgrund des im BGB geltenden objektiv-abstrakten Sorgfaltsmaßstabs[563] allenfalls und ggf. erschöpfend bei den Fragen des „Ob" eines Verschuldens und des Verschuldensgrades aus,[564] nicht jedoch bei der hier maßgeblichen Beurteilung der Folgen eines vorsätzlichen Handelns.

(c) Leitende Gesichtspunkte

Als leitende Gesichtspunkte wurden die Schwere des (objektiven) Vertragsverstoßes[565] sowie ein zusätzlich vorliegendes Verschulden[566] und der Grad des Verschuldens genannt.[567] Die leitenden Gesichtspunkte gelten im reformierten Werkvertragsrecht fort.[568]

Zu prüfen ist, ob im Falle eines verkaufenden Verbrauchers Zweifel an der Übertragbarkeit der leitenden Gesichtspunkte bestehen.

Dabei ist zunächst zu beachten, dass es sich bei den leitenden Gesichtspunkten um bloße Wertungshilfen handelt, die ein bestimmtes Wertungsergebnis auch nicht im Regelfall vorgeben, anders als die vorbehandelten Fallgruppen. Auch bei Übertragung der leitenden Gesichtspunkte verbleiben also grundsätzlich ausreichend Möglichkeiten, wertungsmäßig relevante Unterschiede zwischen Verbraucher und (Werk-)Unternehmer im Sinne des § 14 BGB zu berücksichtigen.

---

563 Vgl. BGH in NJW 2000, 2812, 2813; *Heinrichs* in *Palandt* 63. Aufl. § 276 Rn. 15.
564 Für einen Unternehmer im Sinne des § 14 BGB dürfte ein höherer objektiv-abstrakter Sorgfaltsmaßstab gelten, als für einen Verbraucher.
565 Vgl. oben: Fn. 95.
566 Vgl. oben: Fn. 96.
567 Vgl. oben: Fn. 97.
568 Vgl. oben: S. 42 ff.

Ernsthafte Zweifel an der Übertragbarkeit der leitenden Gesichtspunkte würden demnach nur bestehen, wenn diese auf einen verkaufenden Verbraucher gar nicht sinnvoll angewendet werden könnten.

(aa) Schwere des (objektiven) Vertragsverstoßes

Einen bloß objektiven Vertragsverstoß mag man einem Unternehmer im Sinne des § 14 BGB in größerem Maße anlasten als einem Verbraucher. Dies geschieht schon durch die Anwendung der Fallgruppe „Berechtigtes Interesse an der Nacherfüllung" nur auf (Werk-)Unternehmer im Sinne des § 14 BGB. Ein berechtigtes Interesse an der Nacherfüllung ist nämlich anzunehmen, bei einer spürbaren Beeinträchtigung der Funktionsfähigkeit des Leistungsgegenstands,[569] also bei einem schweren Vertragsverstoß.[570]

Die unterschiedliche Wertigkeit eines objektiven Vertragsverstoßes führt jedoch keinesfalls dazu, dass dieser leitende Gesichtspunkt auf einen verkaufenden Verbraucher sinnvoll gar nicht anzuwenden wäre. Diesbezügliche Unterschiede zwischen Verbraucher und Unternehmer im Sinne des § 14 BGB werden durch die einseitige Anwendung der Fallgruppe „Berechtigtes Interesse an der Nacherfüllung" bereits erschöpfend berücksichtigt.

(bb) Verschulden

Bei der Berücksichtigung eines Verschuldens und dessen Grades als leitende Gesichtspunkte geht es ähnlich wie bei der Fallgruppe „Vorsätzliche Herbeiführung des Mangels" um die Bewertung der Folgen eines feststehenden Verschuldens.

Da sich bestehende Unterschiede zwischen Verbraucher und Unternehmer im Sinne des § 14 BGB im Hinblick auf das Verschulden allenfalls und ggf. abschließend bei den Fragen des „Ob" eines Verschuldens und des Verschuldensgrades auswirken,[571] bestehen keine Bedenken im Hinblick auf die Übertragbarkeit dieser leitenden Gesichtspunkte. Weil sich die Unterschiede ggf. schon vorher erschöpfend ausgewirkt haben, muss solchen bei der Anwendung dieser leitenden Gesichtspunkte regelmäßig keine Rechnung mehr getragen werden.[572]

---

569 Vgl. oben: S. 40.

570 Weil bei Vorliegen eines schweren Vertragsverstoßes die Fallgruppe „Berechtigtes Interesse an der Nacherfüllung" einschlägig ist, dürfte ein Anwendungsbereich für den leitenden Gesichtspunkt regelmäßig nicht bestehen, wenn ein Unternehmer im Sinne des § 14 BGB verkauft.

571 Vgl. oben: S. 157.

572 Einfache Fahrlässigkeit des Verbrauchers kann z. B. im Rahmen der vorzunehmenden Wertung genauso berücksichtigt werden, wie die eines Unternehmers. Dies, weil

b. Gegenleistungspflichten

Kauf- und Werkvertrag unterscheiden sich auch im Hinblick auf die Zahlungs- und Abnahmeverpflichtungen von Käufer und Besteller.

Zu prüfen ist, ob und ggf. inwieweit diese Unterschiede einer Übertragbarkeit der zu § 633 Abs. 2 S. 3 BGB a. F. entwickelten Grundsätze entgegenstehen.

aa. Zahlungsverpflichtung

Unterschiede folgen hier zunächst aus der werkvertraglichen Regelung des § 632 BGB.

Aufgrund der Regelung in Abs. 1 dieser Vorschrift kommt ein Werkvertrag regelmäßig auch dann wirksam zustande, wenn die Parteien keine Regelung über das seitens des Bestellers zu leistende Entgelt getroffen haben. Ohne eine Regelung über das seitens des Käufers zu leistende Entgelt kommt ein Kaufvertrag hingegen wegen fehlender Einigung über einen zu den essentialia negotii gehörenden Punkt und eines daraus folgenden sog. Totaldissens nicht wirksam zustande.[573]

Gem. § 632 Abs. 2 BGB ist die taxmäßige Vergütung und in Ermangelung einer Taxe die übliche Vergütung als vereinbart anzusehen, wenn die Parteien des Werkvertrags zwar die Entgeltlichkeit festgelegt, nicht aber die Höhe des zu leistenden Entgelts bestimmt haben. Bei einem Kaufvertrag ist im Zweifel der Verkäufer zur Bestimmung der Höhe des zu zahlenden Preises berechtigt, § 316 BGB. Die Auslegung der zwischen Verkäufer und Käufer getroffenen Absprachen kann jedoch auch dazu führen, den Markt-, Laden- oder Listenpreis des Kaufgegenstands als vereinbart anzusehen.[574]

Im Unterschied zum Werkvertragsrecht gibt es im Kaufrecht ferner dezidierte Regelungen über die Tragung der Kosten des Leistungsaustausches, §§ 448, 452, 453 Abs. 1 und 2 BGB.[575]

Auswirkungen auf die Frage der Übertragbarkeit der zu § 633 Abs. 2 S. 3 BGB a. F. entwickelten Grundsätze haben die Unterschiede im Hinblick auf die Zahlungsverpflichtungen von Käufer und Besteller nicht. In ihren Wirkungen be-

---

es zur Annahme einfacher Fahrlässigkeit des Verbrauchers aufgrund des niedrigeren objektiv-abstrakten Sorgfaltsmaßstabs regelmäßig mehr braucht, als für die Annahme einfacher Fahrlässigkeit eines Unternehmers im Sinne des § 14 BGB, und so im Hinblick auf das Verschulden ggf. bestehende Unterschiede erschöpfend berücksichtigt werden.

573 Vgl. zum insoweit unveränderten, alten Recht oben: S. 135.

574 Vgl. zum insoweit unveränderten, alten Recht oben: S. 135.

575 Vgl. zum insoweit unveränderten, alten Recht oben: S. 136.

schränken sich die Unterschiede vielmehr auf Fragen: des Zustandekommens von Kauf- bzw. Werkvertrag in einer bestimmten Konstellation (§ 632 Abs. 1 BGB), auf die Bestimmung der Höhe der geschuldeten Vergütung, sofern diese nicht ausdrücklich vereinbart ist (§ 632 Abs. 2 BGB) sowie auf die Regelung der Kosten des Leistungsaustausches.

Einer Übertragbarkeit der zu § 633 Abs. 2 S. 3 BGB a. F. entwickelten Grundsätze stehen die Unterschiede folglich nicht entgegen.

bb. Abnahmeverpflichtung

Im Hinblick auf die Abnahmeverpflichtungen von Käufer und Besteller gibt es Unterschiede bezüglich der Rechtsnatur der Abnahmepflichten, der Rechtsnatur und dem Inhalt der Abnahmehandlungen sowie der Wirkungen der Abnahmehandlungen.

In ihrer Rechtsnatur unterscheiden sich die Abnahmeverpflichtungen darin, dass es sich bei der des Bestellers um eine Hauptpflicht handelt, während die des Käufers grundsätzlich nur eine Nebenpflicht ist.[576]

Die Abnahmehandlungen unterscheiden sich in ihrer Rechtsnatur darin, dass die des Bestellers nach herrschender Meinung als rechtsgeschäftsähnliche Handlung anzusehen ist, während es sich bei der des Käufers um eine reine Tathandlung handelt. Inhaltlich erschöpft sich die Abnahmehandlung des Käufers in dem die Befreiung des Verkäufers vom Besitz bezweckenden, tatsächlichen Akt der Fortnahme. Im Werkvertragsrecht gilt hingegen der zweigliedrige Abnahmebegriff. Inhalt der Abnahme durch den Besteller ist danach regelmäßig zweierlei: Die körperliche Hinnahme des Werks verbunden mit der – ausdrücklichen oder stillschweigenden – Erklärung des Bestellers, dass er die Leistung als im Wesentlichen vertragsgemäß anerkenne.[577]

Ferner werden der Abnahme im Kaufrecht Wirkungen, die im Werkvertragsrecht einheitlich an die Abnahme anknüpfen, nicht beigemessen; sie sind vielmehr uneinheitlich von der Übergabe, der Ablieferung, der Auslieferung oder der Annahme der Kaufware abhängig.[578]

Mittelbare Auswirkungen von erheblicher Bedeutung für die Frage der Übertragbarkeit der zu § 633 Abs. 2 S. 3 BGB a. F. entwickelten Grundsätze folgen aus einem Teil der vorerwähnten Unterschiede. Die Auswirkungen ergeben sich insbesondere aus den unterschiedlichen Rechtsnaturen der Abnahmehandlungen und deren ebenfalls unterschiedlichen Inhalten. Auswirkungen folgen ferner aus

---

576 Vgl. zum insoweit unveränderten, alten Recht oben: S. 136.
577 Vgl. zum insoweit unveränderten, alten Recht oben: S. 137.
578 Vgl. zum insoweit unveränderten, alten Recht oben: S. 138 f.

dem Umstand, dass nur die Abnahmehandlung des Bestellers den Übergang der Preisgefahr zur Folge hat:[579]

Grundsätzlich maßgeblicher Zeitpunkt, zu dem ein dann noch vorliegender Mangel die Käufer und Besteller zustehenden Nacherfüllungsansprüche begründen kann, ist der des Übergangs der Preisgefahr.[580] Der Übergang der Preisgefahr markiert daher den Zeitpunkt des Wechsels vom Erfüllungs- in das Nacherfüllungsstadium.

Bei im Erfüllungsstadium auftretenden Leistungserschwerungen können sich Verkäufer bzw. Unternehmer nur auf die in § 275 Abs. 2 und 3 BGB geregelten Leistungsverweigerungsrechte berufen bzw. gem. § 313 BGB die Anpassung des Vertrags verlangen oder von diesem zurücktreten. Im Nacherfüllungsstadium steht zusätzlich das in den §§ 439 Abs. 3 bzw. 635 Abs. 3 BGB geregelte Leistungsverweigerungsrecht zur Verfügung, mit einer niedrigeren Schwelle im Vergleich zu den Rechten im Erfüllungsstadium je nach Auslegung des dort jeweils maßgeblichen, wertausfüllungsbedürftigen Maßstabs der unverhältnismäßigen Kosten.[581]

Mittelbar führt der Übergang der Preisgefahr also zu einem zusätzlichen Leistungsverweigerungsrecht für Verkäufer und Unternehmer. Je nach Auslegung des für die zusätzlichen Leistungsverweigerungsrechte maßgeblichen Begriffs der unverhältnismäßigen Kosten kann es dabei zu einer nachträglichen Abschwächung der Leistungsversprechen von Verkäufer und Unternehmer kommen.[582]

Der Übergang der Preisgefahr und damit auch der Wechsel vom Erfüllungs- ins Nacherfüllungsstadium kann im Werkvertragsrecht grundsätzlich nur im Wege der Abnahme herbeigeführt werden. Entscheidend ist also eine Rechtshandlung[583] des Bestellers. Im Kaufrecht hingegen erfolgt der Übergang der Preisgefahr grundsätzlich durch Übergabe der verkauften Sache, § 446 S. 1 BGB. Bei der Übergabe handelt es sich um eine Rechtshandlung des Verkäufers; er hat dem Käufer lediglich den unmittelbaren Besitz an der Kaufsache zu verschaffen.[584] Treibende Kraft zur Herbeiführung des Übergangs der Preisgefahr im Kaufrecht ist also grundsätzlich der Verkäufer. Der Verkäufer ist es aber zugleich, dem

---

579 Vgl. zum insoweit unveränderten, alten Recht oben: S. 138 f.

580 Vgl. oben: S. 100 f.

581 Vgl. z. B. BT-Drucks. 14/6040 S. 232, wo ausdrücklich von einer niedrigeren Schwelle im Vergleich zu § 275 Abs. 2 BGB die Rede ist.

582 Vgl. *Oechsler* in NJW 2004, 1825, 1827.

583 Vgl. zur Begrifflichkeit *Heinrichs* in *Palandt* 63. Aufl. Überbl. v. § 104 Rn. 4.

584 Vgl. BGH in NJW 1996, 586, 587; *Berger* in *Jauernig* 11. Aufl. § 446 Rn. 6; *Grunewald* in *Erman* 11. Aufl. § 446 Rn. 5.

durch den Übergang der Preisgefahr und bei Entstehung unverhältnismäßiger Kosten ein zusätzliches Leistungsverweigerungsrecht erwächst.[585]

Dagegen hat es im Werkvertragsrecht grundsätzlich der Besteller in der Hand, den Übergang der Preisgefahr herbeizuführen. Dabei sorgen die Rechtsnatur und der Inhalt der von dem Besteller vorzunehmenden Abnahmehandlung dafür, dass nicht bereits die bloße Hinnahme des Werks den Übergang der Preisgefahr zur Folge hat. Des Weiteren kann der Übergang der Preisgefahr grundsätzlich sogar rückgängig gemacht werden, wenn er auf einer willensmangelhaften Abnahmehandlung beruht. Dies ergibt sich aus Folgendem:

Weil die Abnahme durch den Besteller nicht nur den die Befreiung vom Besitz bezweckenden, tatsächlichen Akt der Fortnahme beinhaltet, sondern auch die Billigung des Werks als im Wesentlichen vertragsgemäß voraussetzt, kann es zu einem Übergang der Preisgefahr im Wege der Abnahme nicht kommen, bevor der Besteller nicht – ausdrücklich oder schlüssig – erklärt hat, das Werk sei im Wesentlichen vertragsgemäß erbracht.

Weil die Abnahmehandlung des Bestellers ihrer Rechtsnatur nach gem. herrschender Meinung eine rechtsgeschäftsähnliche Handlung ist, gelten die Vorschriften über Willenserklärungen entsprechend.[586] Beispielsweise ist es deshalb für den Besteller grundsätzlich möglich, die von ihm vorgenommene Abnahme wegen Irrtums, Drohung oder arglistiger Täuschung anzufechten.[587]

Zusammenfassend lässt sich sagen: Der Übergang der Preisgefahr kann je nach Auslegung des für die Leistungsverweigerungsrechte aus den §§ 439 Abs. 3 und 635 Abs. 3 BGB maßgeblichen Begriffs der unverhältnismäßigen Kosten zu einer ggf. im Interesse von Verkäufer und Unternehmer stehenden Abschwächung der Bindungswirkung des jeweiligen Leistungsversprechens führen. Während der Übergang der Preisgefahr im Kaufrecht weitgehend einseitig durch den Verkäufer herbeigeführt werden kann, ist dies im Werkvertragsrecht Sache des Bestellers. Vor diesem Hintergrund müssen möglicherweise als restriktiv empfundene, zu § 633 Abs. 2 S. 3 BGB a. F. entwickelte Fallgruppen und leitende Gesichtspunkte im Kaufrecht erst recht Anwendung finden. Dem Käufer gebührt mehr Schutz vor dem zusätzlichen Leistungsverweigerungsrecht, weil er es anders als der Besteller nicht selbst in der Hand hat, den das zusätzliche Leistungsverweigerungsrecht überhaupt erst zur Anwendung bringenden Wechsel vom Er-

---

585 *Oechsler* (in NJW 2004, 1825, 1827) fürchtet deshalb sogar eine „Flucht des Verkäufers in die Nacherfüllung".

586 Vgl. *Peters* in *Staudinger* Neubearbeitung 2003 § 640 Rn. 10; *Voit* in *Bamberger/Roth* § 640 Rn. 15; *Schwenker* in *Erman* 11. Aufl. § 640 Rn. 6.

587 Vgl. *Peters* in *Staudinger* Neubearbeitung 2003 § 640 Rn. 12; *Voit* in *Bamberger/Roth* § 640 Rn. 15; *Schwenker* in *Erman* 11. Aufl. § 640 Rn. 6; wobei die Mängelrechte als Sonderregelung eine Irrtumsanfechtung ausschließen sollen.

füllungs- ins Nacherfüllungsstadium zu vollziehen. Eine restriktive Auslegung des maßgeblichen Begriffs der unverhältnismäßigen Kosten vermag diesen Schutz zu gewährleisten.

c. *Leistungspflichten*

Kauf- und Werkvertrag unterscheiden sich schließlich auch im Hinblick auf die Leistungspflichten von Verkäufer und Unternehmer. Im Gegensatz zum Verkäufer trifft den Unternehmer eine Herstellungsverpflichtung.[588] Die herrschende Meinung hält den Unternehmer zudem für vorleistungspflichtig, anders als den Verkäufer.[589]

Zu prüfen ist deshalb, ob und ggf. inwieweit diese Unterschiede einer Übertragbarkeit der fraglichen Fallgruppen und leitenden Gesichtspunkte entgegenstehen.

aa. *Herstellungsverpflichtung*

Die den Unternehmer treffende Herstellungsverpflichtung an sich wird gelegentlich als Grund gegen eine uneingeschränkte Übertragung der zu § 633 Abs. 2 S. 3 BGB a. F. entwickelten Grundsätze angeführt. Eine nähere Begründung hierfür wird nicht genannt.[590]

Ohne eine nähere und vor allem nachvollziehbare Begründung kann der den Unternehmer treffenden Herstellungsverpflichtung jedoch keine der uneingeschränkten Übertragbarkeit der fraglichen Grundsätze entgegenstehende Wirkung beigemessen werden. Es ist daher zu prüfen, ob es nachvollziehbare Gründe für eine entsprechende Annahme gibt.

Aufgrund der ihn treffenden Herstellungsverpflichtung lässt sich zunächst sagen, dass der Unternehmer des Öfteren „näher an seinem Werk dran ist" als der Verkäufer im Rahmen eines klassischen Kaufvertrags an der Kaufsache. Man könnte deshalb meinen, dass dem Unternehmer höhere Nacherfüllungskosten zumutbar seien, weil dieser es wegen der beschriebenen, größeren Nähe eher in der Hand habe, Einfluss auf die Beschaffenheit des Leistungsgegenstands zu nehmen.

Dem ist allerdings nicht so. Ein nachvollziehbarer Grund für die Annahme, die den Unternehmer treffende Herstellungsverpflichtung stehe einer uneinge-

---

588 Vgl. zum insoweit unveränderten, alten Recht oben: S. 140.
589 Vgl. zum insoweit unveränderten, alten Recht oben: S. 143.
590 So z. B. *Jacobs* in *Dauner-Lieb/Konzen/K. Schmidt* S. 371, 383; *P. Huber* in *Huber/Faust* S. 329.

schränkten Übertragbarkeit der in Rede stehenden Grundsätze entgegen, kann aus dem Vorstehenden deshalb nicht abgeleitet werden.

Die aufgrund einer größeren Nähe zum Leistungsgegenstand bessere Möglichkeit zur Einflussnahme auf dessen Beschaffenheit ist kein geeignetes Kriterium, um daraus Auswirkungen auf die Frage der Übertragbarkeit der Fallgruppen und leitenden Gesichtspunkte abzuleiten. Dies ergibt sich aus Folgendem:

Eine unterschiedliche Nähe der werkvertrag- bzw. kaufrechtlichen Sachleistungsschuldner zum Leistungsgegenstand ist zum einen keineswegs immer gegeben. Sie ist noch nicht einmal die Regel. Wird z. B. im Rahmen von Verträgen im Sinne des § 651 BGB der Leistungsgegenstand hergestellt, besteht die gleiche Nähebeziehung wie bei einem Werkvertrag. Eine Nähebeziehung wie bei einem Werkvertrag kann jedoch auch im Rahmen eines klassischen Kaufvertrags bestehen, nämlich wenn der Verkäufer zugleich Hersteller des Leistungsgegenstands ist. Ohne unterschiedliche Nähebeziehung fehlt es damit in vielen Fällen bereits an einer besseren Möglichkeit zur Einflussnahme auf die Beschaffenheit des Leistungsgegenstands und damit an der Grundlage für die Annahme dem Unternehmer könnten höhere Nacherfüllungskosten zuzumuten sein.

Zum anderen ist die vorerwähnte Annahme selbst bei bestehender unterschiedlicher Nähebeziehung nicht gerechtfertigt. Höhere Nacherfüllungskosten können dem Unternehmer nicht zumutbar sein, selbst wenn er es wegen größerer Nähe zum Leistungsgegenstand eher in der Hand hat, Einfluss auf die Beschaffenheit des Leistungsgegenstands zu nehmen. Dies träfe zu Unrecht denjenigen Unternehmer, der den ihm gegebenen Einfluss mit der im Verkehr erforderlichen Sorgfalt ausgeübt hat. Maßgebliches Kriterium für die Zumutbarkeit höherer Nacherfüllungskosten kann demnach nicht die bloße Möglichkeit zur Einflussnahme, sondern nur die Pflichtenanstrengung bei der Einflussnahme sein.[591]

Weitere Gründe, die ernsthaft für eine der uneingeschränkten Übertragbarkeit der fraglichen Grundsätze entgegenstehende Wirkung der Herstellungsverpflichtung streiten könnten, sind nicht ersichtlich. Eine solche Wirkung kann der Herstellungspflicht folglich nicht beigemessen werden.

(a) § 650 BGB

§ 650 Abs. 1 BGB räumt dem Besteller ein besonderes Kündigungsrecht ein. § 650 Abs. 2 BGB regelt die Pflicht des Unternehmers, eine zu erwartende Überschreitung des Kostenanschlags dem Besteller unverzüglich anzuzeigen. Bei

591 Zu Recht ist deshalb das Verschulden als leitender Gesichtspunkt zu § 633 Abs. 2 S. 3 BGB a. F. entwickelt worden (vgl. oben: S. 41 f.).

schuldhafter Verletzung dieser Pflicht macht er sich schadensersatzpflichtig. Eine dem § 650 BGB entsprechende Vorschrift gibt es im Kaufrecht nicht.[592]

Auswirkungen, die der Übertragbarkeit der zu § 633 Abs. 2 S. 3 BGB a. F. entwickelten Grundsätze entgegenstehen könnten, ergeben sich aus daraus jedenfalls nicht:

Im Rahmen von Verträgen im Sinne des § 651 BGB über nicht vertretbare Sachen gilt § 650 BGB per gesetzlicher Anordnung ohnehin, § 651 S. 3 BGB. Eine (entsprechende) Anwendung von § 650 BGB ist zudem auch im Falle von Verträgen im Sinne des § 651 BGB über vertretbare Sachen sinnvoll[593] und zu befürworten.

Auch im Bereich des klassischen Kaufrechts könnte über eine analoge Anwendung des § 650 BGB nachgedacht werden, nämlich im Falle der Entstehung von „Sowieso"-Kosten.[594] Einiges spricht dafür, den Verkäufer für verpflichtet zu halten, auf die Entstehung von „Sowieso"-Kosten hinzuweisen, und dem Käufer ein dem § 650 Abs. 1 BGB entsprechendes Kündigungsrecht einzuräumen. Letztlich kann diese Frage jedoch dahinstehen.

Jedenfalls der Übertragbarkeit der zu § 633 Abs. 2 S. 3 BGB a. F. entwickelten Fallgruppen und leitenden Gesichtspunkte entgegenstehende Auswirkungen ergäben sich auch ohne analoge Anwendung der Regelungen des § 650 BGB nicht. Dabei ist zu berücksichtigen, dass die Fallgruppen und leitenden Gesichtspunkte zur Konkretisierung des Begriffs der unverhältnismäßigen Kosten in § 439 Abs. 3 S. 1 BGB herangezogen werden und somit klären helfen sollen, was dem Verkäufer im Rahmen der Nacherfüllung zumutbar ist. Ersichtlich keinen Einfluss darauf kann ein möglicherweise fehlendes Kündigungsrecht des Käufers haben. Das dem Unternehmer in Anwendung der Fallgruppen und leitenden Gesichtspunkte für zumutbar Gehaltene könnte dem Verkäufer allenfalls erst recht zumutbar sein, wenn das Pflichtenprogramm des Letzteren deshalb geringeren Umfangs wäre, weil eine Pflicht, den Käufer auf die Entstehung von „Sowieso"-Kosten hinzuweisen, entfiele.

(b) § 649 BGB

§ 649 BGB räumt dem Besteller bis zur Vollendung des Werks – also während der gesamten Herstellungszeit – ein Kündigungsrecht ein. Eine entsprechende Vorschrift gibt es im Kaufrecht nicht.[595]

592 Vgl. zum insoweit unveränderten, alten Recht oben: S. 140 f.
593 Vgl. oben: Fn. 111
594 Vgl. hierzu oben: S. 114 ff.
595 Vgl. zum insoweit unveränderten, alten Recht oben: S. 141.

Hieraus ergeben sich allerdings keine Auswirkungen auf die Frage der Übertragbarkeit der zu § 633 Abs. 2 S. 3 BGB a. F. entwickelten Grundsätze:

Hinsichtlich der Verträge im Sinne des § 651 BGB kann auf die entsprechenden, zu § 650 BGB gemachten Ausführungen Bezug genommen werden.

Ein im Bereich des klassischen Kaufrechts zumindest nach herrschender Meinung[596] fehlendes Kündigungsrecht des Käufers kann auf die hier maßgebliche Fragen, welche Kosten dem zur Nacherfüllung verpflichteten Verkäufer zumutbar sind und ob zur näheren Bestimmung dieser Kosten die in Rede stehenden Grundsätze herangezogen werden können, keinen Einfluss haben. Dies ist nicht anders als bei dem für den Käufer möglicherweise fehlenden Kündigungsrecht aus § 650 BGB.

(c) §§ 642, 643 BGB

Besondere Rechte des Unternehmers bei einer dem Besteller zurechenbaren Verzögerung der Erstellung des Werks regeln die §§ 642, 643 BGB. § 642 BGB gewährt dem Unternehmer einen die Rechte nach den allgemeinen Vorschriften nicht einschränkenden Entschädigungsanspruch. § 643 BGB begründet für den Unternehmer das Recht, sich im Falle unterlassener Mitwirkung des Bestellers durch Fristsetzung und Kündigungsandrohung vom Vertrag zu lösen. Entsprechende Vorschriften gibt es im Kaufrecht nicht.[597]

Keine Auswirkungen auf die Frage der Übertragbarkeit der zu § 633 Abs. 2 S. 3 BGB a. F. entwickelten Grundsätze ergeben sich hier insoweit als Verträge im Sinne des § 651 BGB in Rede stehen. Auf die entsprechenden, zu § 650 BGB gemachten Ausführungen kann wiederum Bezug genommen werden.

Auswirkungen auf die Frage der Übertragbarkeit der zu § 633 Abs. 2 S. 3 BGB a. F. entwickelten Grundsätze sind jedoch zu verzeichnen, soweit es um klassische Kaufverträge geht. § 642 BGB findet hier nämlich keine Anwendung. Im klassischen Kaufrecht fehlt es daher an einem inhaltlich über § 304 BGB hinausgehenden Anspruch, gerichtet auf Ersatz von aufgrund der unterlassenen Mitwirkung entstandenen Kosten, der nur die den Annahmeverzug begründende Unterlassung einer Mitwirkung voraussetzt, also nicht verschuldensabhängig ist.[598] Über § 304 BGB hinaus können sich deshalb für den Verkäufer Ansprüche wegen unterlassener Mitwirkung durch den Käufer nur – verschuldensabhängig –

596 Zur a. A. vgl. oben: Fn. 511.

597 Vgl. zum insoweit unveränderten, alten Recht oben: S. 141.

598 Zu Voraussetzungen und Inhalt des Anspruchs aus § 642 BGB vgl. *Sprau* in *Palandt* 63. Aufl. § 642 Rn. 5. *Peters* (in NZBau 2002, 113, 121) ist allerdings der Auffassung, dass § 642 BGB inhaltlich nicht weitergeht als § 304 BGB.

unter dem Gesichtspunkt des Schadensersatzes ergeben.[599] Dieser Umstand ist auch in die Beurteilung des zumutbaren Nacherfüllungsaufwands einzubeziehen, da Mitwirkungshandlungen auch noch im Nacherfüllungsstadium unterlassen werden können und ggf. der Verkäufer größere Schwierigkeiten hat, für entstehende Kosten entschädigt zu werden, als der Unternehmer.

Hingegen keine Auswirkungen auf die Frage der Übertragbarkeit der zu § 633 Abs. 2 S. 3 BGB a. F. entwickelten Grundsätze ergeben sich im Bereich des klassischen Kaufrechts aus dem Umstand, dass es an einer dem § 643 BGB entsprechenden Regelung fehlt. Dem Verkäufer dürfte ein im Vergleich zu § 643 BGB nicht schwerer durchsetzbares Rücktrittsrecht zustehen, §§ 323 f., 326 Abs. 5 BGB.[600]

Die aufgezeigten Auswirkungen auf die Frage der Übertragbarkeit der zu § 633 Abs. 2 S. 3 BGB a. F. entwickelten Grundsätze bestehen nur in einem so eng umschriebenen Bereich und sind dort so gering, dass sie jedenfalls für sich genommen der Übertragbarkeit der fraglichen Grundsätze nicht entgegenstehen. Die Auswirkungen bestehen überhaupt nur für den Bereich des klassischen Kaufrechts, dort nur bei im Rahmen der Nacherfüllung unterlassener Mitwirkung durch den Käufer und auch nur hinsichtlich des Ersatzes dem Verkäufer dadurch entstandener, über § 304 BGB nicht zu beanspruchender Kosten. Diese Kosten kann der Verkäufer im Gegensatz zum Unternehmer nur verschuldensabhängig liquidieren, was sich letztlich auch in Anbetracht der gesetzlichen Vermutung des § 280 Abs. 1 S. 2 BGB nur geringfügig zum Nachteil des Verkäufers auswirkt.

bb. Vorleistungspflicht

Im Gegensatz zum Verkäufer ist der Unternehmer nach herrschender Meinung vorleistungspflichtig. Aus der Vorleistungspflicht begründen sich weitere Unterschiede zwischen Kauf- und Werkvertragsrecht.[601]

Da die Vorleistungspflicht des Unternehmers spätestens[602] mit der Abnahme des Werks durch den Besteller endet[603] und die Abnahme im Werkvertragsrecht

---

599 Unerheblich dürfte es dabei sein, ob der Käufer zur Mitwirkung auch verpflichtet ist oder ihm diese nur obliegt, was für die Mitwirkung des Bestellers angenommen wird (vgl. hierzu *Maxem* in BauR 2003, 952 f.). Nach höchstrichterlicher Rechtsprechung kommen vertragliche Schadensersatzansprüche auch bei der Verletzung von bloßen Obliegenheiten in Betracht (vgl. BGHZ 11, 80, 83; BGH in NJW 1968, 1873, 1874).

600 Auch hier müsste es in konsequenter Fortführung der in Fn. 599 genannten Rechtsprechung unerheblich sein, ob der Käufer zur Mitwirkung auch verpflichtet ist oder ihm diese nur obliegt.

601 Zum insoweit nur ganz geringfügig geänderten, alten Recht vgl. oben: S. 143 f.; zu den ganz geringfügigen Änderungen, vgl. oben: S. 147.

zugleich den Übergang vom Erfüllungs- ins Nacherfüllungsstadium kennzeichnet: Auswirkungen auf die Übertragbarkeit der fraglichen Grundsätze, die erst im Nacherfüllungsstadium des Vertrags zur Anwendung gelangen, können die Vorleistungspflicht und die sich aus dieser ableitenden, weiteren Unterschiede nicht (mehr) haben. Wie von vornherein dem Verkäufer,[604] steht dem nacherfüllungsverpflichteten Unternehmer die Einrede des nichterfüllten Vertrags zur Verfügung – spätestens nach der Abnahme ist auch der Werkvertrag Zug-um-Zug abzuwickeln.[605]

d. Zusammenfassung

Zusammenfassend lässt sich sagen, dass die Unterschiede zwischen Kauf- und Werkvertragsrecht im Allgemeinen der Übertragbarkeit der fraglichen Fallgruppen und leitenden Gesichtspunkte auf den wertausfüllungsbedürftigen Maßstab der unverhältnismäßigen Kosten in § 439 Abs. 3 S. 1 BGB nur insoweit entgegenstehen als es um einen verkaufenden Verbraucher und die Fallgruppe „Berechtigtes Interesse an der Nacherfüllung" geht.

Einem verkaufenden Verbraucher steht das Leistungsverweigerungsrecht aus § 439 Abs. 3 S. 1 BGB also auch dann zu, wenn der Käufer ein berechtigtes Interesse an der Nacherfüllung hat; zu klären sein wird, unter welchen Voraussetzungen.

Auswirkungen, die für sich allein genommen der Übertragbarkeit der Fallgruppen und leitenden Gesichtspunkte entgegenstehen könnten, haben die Unterschiede zwischen Kauf- und Werkvertragsrecht im Allgemeinen ansonsten nicht. Solche Auswirkungen könnten jedoch im Zusammenwirken mit anderen die Unterschiede entfalten, die daraus folgen, dass § 642 BGB im Bereich des klassischen Kaufrechts keine Anwendung findet.

Schließlich gibt es sogar Unterschiede zwischen Kauf- und Werkvertragsrecht, die dafür streiten, möglicherweise als restriktiv empfundene Fallgruppen und leitende Gesichtspunkte erst recht auf den wertausfüllungsbedürftigen Maßstab der unverhältnismäßigen Kosten in § 439 Abs. 3 S. 1 BGB zu übertragen. Es sind dies Unterschiede zum einen die Rechtsnatur und den Inhalt der Abnahmehandlungen von Käufer und Besteller betreffend. Zum anderen solche, die sich aus den Wirkungen der jeweiligen Abnahmehandlung ergeben.

---

602 Ein früherer Zeitpunkt ist die Beendigung der Erstellung des Werks. Hierzu, vgl. oben: S. 143.

603 Vgl. BGHZ 61, 42, 44 f.; 90, 352, 357; Heinrichs in Palandt 63. Aufl. § 320 Rn. 16.

604 Zum insoweit unveränderten, alten Recht vgl. oben: S. 138.

605 Vgl. oben: Fn. 603.

2. *Unterschiede im Besonderen*

Im Besonderen hat die durchgeführte vergleichende Analyse des Kauf- und Werkvertragsrechts folgende Unterschiede ergeben:

a. *Sachmangelbegriff*

Im Hinblick auf den Sachmangelbegriff gibt es im Kaufrecht besondere Regelungen.

Ein Sachmangel ist im Kaufrecht auch anzunehmen, wenn die vereinbarte Montage durch den Verkäufer unsachgemäß durchgeführt worden ist, § 434 Abs. 2 S. 1 BGB. Einen Sachmangel stellt es bei zur Montage bestimmten Sachen ferner dar, wenn die Montageanleitung mangelhaft ist, es sei denn, die Sache ist fehlerfrei montiert worden, § 434 Abs. 2 S. 2 BGB.

Zudem gibt es nur im Kaufrecht eine Regelung wie § 434 Abs. 1 S. 3 BGB. Danach gehören zur üblichen Beschaffenheit der Kaufsache auch solche Eigenschaften, die der Käufer nach öffentlichen Äußerungen des Verkäufers, des Herstellers (§ 4 Abs. 1 und 2 des Produkthaftungsgesetzes) oder seines Gehilfen insbesondere in der Werbung oder bei der Kennzeichnung über bestimmte Eigenschaften erwarten kann, es sei denn, dass der Verkäufer die Äußerung nicht kannte und auch nicht kennen musste, dass sie im Zeitpunkt des Vertragsschlusses in gleicher Weise berichtigt war oder dass sie die Kaufentscheidung nicht beeinflussen konnte.

Der Übertragbarkeit der in Rede stehenden Fallgruppen und leitenden Gesichtspunkte entgegenstehende Auswirkungen ergeben sich aus den vorbenannten, besonderen kaufrechtlichen Regelungen nicht. Solche Auswirkungen könnten nur anzunehmen sein, wenn sich aufgrund der besonderen Regelungen eine im Vergleich zum Unternehmer erweiterte Sachmängelhaftung des Verkäufers ergäbe. Ggf. könnte es gerechtfertigt und auch erforderlich sein, einen Ausgleich für die erweiterte Sachmängelhaftung durch Abstriche beim grundsätzlich zumutbaren Nacherfüllungsaufwand vorzunehmen.

Zu einer erweiterten Sachmängelhaftung des Verkäufers führen die fraglichen, besonderen kaufrechtlichen Regelungen indes nicht.

Die Regelungen des § 434 Abs. 2 BGB, die unsachgemäße Montage bzw. den Mangel der Montageanleitung betreffend, hätten für den Werkvertrag schon gar keine Bedeutung.[606] Ihr Fehlen führt demnach ebenso wenig zu einer Beschränkung der Sachmängelhaftung des Unternehmers wie spiegelbildlich betrachtet ihr Vorhandensein zu einer erweiterten Haftung des Verkäufers.

---

606 Vgl. *Sprau* in *Palandt* 63. Aufl. § 633 Rn. 2.

Eine Bedeutung für den Werkvertrag hätte allerdings die Regelung des § 434 Abs. 1 S. 3 BGB. Man denke zum Beispiel an einen Fall, in dem der Unternehmer sich mittels Werbeeintrags in den Gelben Seiten als Fachmann für Abfallbeseitigung bezeichnet und daraufhin von dem Besteller beauftragt wird. Eine Beschränkung der Sachmängelhaftung für den Unternehmer und spiegelbildlich betrachtet eine Erweiterung der Haftung für den Verkäufer bedeutete es daher, wenn die Regelung des § 434 Abs. 1 S. 3 BGB auch nicht analog auf den Werkvertrag anwendbar wäre.

Gegen eine Analogie könnte sprechen, dass die Verfasser des Fraktionsentwurfs sich ausdrücklich gegen eine Übernahme der Regelung in das Werkvertragsrecht ausgesprochen haben, weil sie dort keine Rolle spiele.[607] Wenn aus diesen Äußerungen auf einen entsprechenden reformgesetzgeberischen Willen zu schließen wäre, würde es an einer für eine Analogie erforderlichen planwidrigen Regelungslücke fehlen.

Die Verfasser des Fraktionsentwurfs sind weder einzeln noch in ihrer Gesamtheit der Reformgesetzgeber. Die Ausführungen im Fraktionsentwurf stellen jedoch eine – keinesfalls bindende – Richtschnur im Hinblick auf die Ermittlung des gesetzgeberischen Willens dar. Von den Ausführungen kann unter anderem dann abgewichen werden, wenn sie auf einer falschen Einschätzung der Normsituation beruhen.[608] Dies ist der Fall.

Wie schon der vorbenannte Beispielsfall zeigt, spielen öffentliche Äußerungen im Werkvertragsrecht sehr wohl eine Rolle. Denkbar sind ferner öffentliche Äußerungen der Unternehmer über die Werkleistungen selbst als auch solche der Hersteller von für die Werkleistungen verwendeten Materialien.

Die in Rede stehenden Äußerungen der Verfasser des Fraktionsentwurfs stehen der Annahme einer planwidrigen Regelungslücke also nicht entgegen. Von einer solchen ist auch auszugehen. Es kann keinen Unterschied machen, ob sich Äußerungen des Unternehmers direkt an den Besteller richten, mit der möglichen Folge einer stillschweigenden Beschaffenheitsvereinbarung,[609] oder die Äußerungen öffentlich erfolgen. Maßgeblich ist nur, ob das Vertrauen des Bestellers in die Äußerungen schutzwürdig ist oder nicht. Wann das Vertrauen in öffentliche Äußerungen schutzwürdig ist, regelt im Einzelnen § 434 Abs. 1 S. 3 BGB. Die im Werkvertragsrecht zu bejahende Regelungslücke ist deshalb in analoger Anwendung des § 434 Abs. 1 S. 3 BGB zu schließen.[610]

---

607 Vgl. BT-Drucks. 14/6040 S. 261.

608 Vgl. oben: S. 90.

609 Vgl. *Sprau* in *Palandt* 63. Aufl. § 633 Rn. 2.

610 Ebenfalls für eine analoge Anwendung des § 434 Abs. 1 S. 3 BGB: *Voit* in *Bamberger/Roth* § 633 Rn. 7; *Peters* in *Staudinger* Neubearbeitung 2003 § 633 Rn. 172.

Bei analoger Anwendung der Regelung des § 434 Abs. 1 S. 3 BGB fehlt es letztlich bereits an einem Unterschied zwischen Kauf- und Werkvertragsrecht insoweit. Der Übertragbarkeit der fraglichen Fallgruppen und leitenden Gesichtspunkte entgegenstehende Auswirkungen scheiden aus.

b. Ausschluss der Mängelrechte

Im Hinblick auf einen möglichen Ausschluss der Mängelrechte unterscheiden sich Kauf- und Werkvertragsrecht wie folgt:

aa. § 640 Abs. 2 BGB

Im Kaufrecht fehlt es an einer dem § 640 Abs. 2 BGB entsprechenden Regelung. Unter der Geltung des Kaufrechts muss demnach niemand den Ausschluss von Gewährleistungsrechten fürchten, selbst wenn die Sache vorbehaltlos im Sinne des § 363 BGB angenommen wird, obwohl der Mangel positiv bekannt ist. Anderes gilt bei Anwendung des Werkvertragsrechts.[611]

Auswirkungen auf die Frage der Übertragbarkeit der zu § 633 Abs. 2 S. 3 BGB a. F. entwickelten Grundsätze ergeben sich hier insoweit als unter der Geltung des Kaufrechts Gewährleistungsrechte erhalten bleiben, die gem. § 640 Abs. 2 BGB ausgeschlossen wären. Inwieweit dies der Fall ist, bedarf zunächst der Klärung. Zu unterscheiden ist dabei zwischen Verträgen im Sinne des § 651 BGB und dem klassischen Kaufrecht.

Nur ganz geringe Auswirkungen ergeben sich unter Berücksichtigung des Vorstehenden im Bereich des klassischen Kaufrechts. Gem. § 442 BGB sind hier nämlich die in § 437 BGB geregelten Mängelrechte ausgeschlossen, wenn der Käufer den Mangel bei Vertragsschluss kennt. In zeitlicher Hinsicht ergeben sich Auswirkungen demzufolge überhaupt nur, wenn der Käufer binnen der in der Regel kurzen Zeit vom Vertragsschluss bis zur Annahme im Sinne des § 363 BGB[612] Kenntnis vom Mangel der Kaufsache erlangt. Entscheidend für die Annahme nur ganz geringer Auswirkungen kommt hinzu, dass § 640 Abs. 2 BGB nach zumindest herrschender Meinung[613] den Schadensersatzanspruch des Bestellers unberührt lässt. Schadensersatzpflichtig ist der Unternehmer zwar nur, wenn er den Mangel zu vertreten hat. Dies ist jedoch in der Regel der Fall[614] und wird durch § 280 Abs. 1 S. 2 BGB auch vermutet. Der (kleine) Schadensersatz-

611 Vgl. oben: S. 81.

612 Im Fraktionsentwurf ist fälschlicherweise vom Zeitpunkt der Übergabe die Rede (vgl. BT-Drucks. 14/6040 S. 205).

613 Vgl. oben: Fn. 181.

614 Vgl. *Peters* in *Staudinger* Neubearbeitung 2003 § 640 Rn. 53.

anspruch des Bestellers umfasst auch die Mängelbeseitigungskosten, § 249 Abs. 2 S. 1 BGB. Dieser Anspruch wird zwar entsprechend § 251 Abs. 2 S. 1 BGB beschränkt, wenn die Beseitigung des Mangels unvertretbar aufwendig ist. Diese Beschränkung entspricht jedoch der Regelung des § 635 Abs. 3 BGB (§ 633 Abs. 2 S. 3 BGB a. F.).[615] Bei wirtschaftlicher Betrachtung bleibt der Unternehmer folglich regelmäßig in vollem Umfang gewährleistungspflichtig. Die Auswirkungen im Bereich des klassischen Kaufrechts sind demnach (auch) deshalb nur ganz gering, weil der Unternehmer dem Besteller in der Regel trotz vorbehaltloser Abnahme zum Ersatz der Mängelbeseitigungskosten verpflichtet bleibt, §§ 634 Nr. 4 i. V. m. 280 ff. BGB.

Im Umfang der festgestellten Auswirkungen im Bereich des klassischen Kaufrechts besteht allerdings eine wenn auch regelmäßig nur bei rechtlicher Betrachtung bestehende Benachteiligung des Verkäufers im Vergleich zum Unternehmer. Im Gegensatz zum Unternehmer wird der Verkäufer eben nicht, wie von § 640 Abs. 2 BGB vorgesehen, von seiner Gewährleistungspflicht entbunden. Im Bereich des klassischen Kaufrechts wird diese Benachteiligung allerdings (über-) kompensiert durch die Regelung des § 442 BGB. Im Rahmen des § 442 BGB kommt dem Verkäufer nicht nur die positive Kenntnis des Käufers zugute, sondern grundsätzlich auch dessen grob fahrlässige Unkenntnis. Ist § 442 BGB einschlägig wird zudem auch der Schadensersatzanspruch des Käufers ausgeschlossen, der Verkäufer also zur Gänze von der Gewährleistungspflicht befreit; anders als der Unternehmer, der regelmäßig schadensersatzpflichtig und damit bei wirtschaftlicher Betrachtung vollumfänglich gewährleistungspflichtig bleibt.

Überträgt man die vorstehenden Überlegungen auf Verträge im Sinne des § 651 BGB, so zeigt sich, dass die Auswirkungen auch hier nur ganz geringen Umfangs sind. Die daraus folgende Benachteiligung des Unternehmers im Sinne des § 651 BGB wird dabei allerdings nicht durch die Regelung des § 442 BGB aufgehoben:

Ebenfalls nur ganz geringe Auswirkungen ergeben sich, obwohl § 442 BGB hier über die Rechtsfolgenverweisung[616] in § 651 S. 2 BGB hinaus keine Bedeu-

---

615 Vgl. *Peters* in *Staudinger* Neubearbeitung 2003 § 634 Rn. 134; *Voit* (in *Bamberger/Roth* § 636 Rn. 55) meint sogar, der Unternehmer bleibe zum Ersatz der Mängelbeseitigungskosten verpflichtet, auch wenn er die Nacherfüllung gem. § 635 Abs. 3 BGB verweigern dürfe. Dies, weil der Nacherfüllungsanspruch nicht voraussetze, dass der Unternehmer den Mangel zu vertreten habe. Dabei übersieht *Voit* offenbar, dass als leitender Gesichtspunkt im Rahmen des § 635 Abs. 3 BGB auch zu berücksichtigen ist, ob und inwieweit den Unternehmer ein Verschulden trifft (vgl. oben: S. 41 f.).

616 Vgl. oben: Fn. 368.

tung hat.[617] Keine weitergehende Bedeutung kommt § 442 BGB zu, weil die Sache, deren Mangel gem. § 442 BGB (grob fahrlässig un-)bekannt sein müsste, im maßgeblichen Zeitpunkt des Vertragsschlusses regelmäßig noch gar nicht hergestellt bzw. erzeugt ist. Gerade weil aber die Sache im Zeitpunkt des Vertragsschlusses regelmäßig noch nicht hergestellt bzw. erzeugt ist, ist der Zeitraum, während dessen sich das Fehlen einer dem § 640 Abs. 2 BGB entsprechenden Regelung auswirken kann, auch hier nur derjenige vom Vertragsschluss bis zur Annahme im Sinne des § 363 BGB.[618] Entscheidend für die Bewertung der Auswirkungen als nur ganz gering ist aber auch hier, dass der Werkunternehmer bei wirtschaftlicher Betrachtung regelmäßig in vollem Umfang gewährleitungspflichtig bleibt. Dies, wegen der nach zumindest herrschender Meinung auch im Anwendungsbereich des § 640 Abs. 2 BGB fortbestehenden Schadensersatzpflicht.[619]

Weil § 442 BGB im Rahmen von Verträgen im Sinne des § 651 BGB keine über die Rechtsfolgenverweisung in § 651 S. 2 BGB hinausgehende Bedeutung hat, kann die sich aus den vorerwähnten Auswirkungen nur bei rechtlicher Betrachtung ergebende Benachteiligung des Unternehmers im Sinne des § 651 BGB nicht (über-)kompensiert werden – anders als im Bereich des klassischen Kaufrechts. Bei wertender Betrachtung kann die hier nicht zu kompensierende Benachteiligung jedoch einer Übertragung der fraglichen Fallgruppen und leitenden Gesichtspunkte nicht entgegenstehen, jedenfalls nicht für sich genommen.

bb. § 442 BGB

Der im Werkvertragsrecht keine Entsprechung findende § 442 BGB bewirkt einen Ausschluss der Mängelrechte des Käufers zum einen, wenn dieser den Mangel bei Vertragsschluss kennt, § 442 Abs. 1 S. 1 BGB.[620] Zum anderen geht der Käufer seiner Mängelrechte verlustig, wenn ihm der Mangel infolge grober Fahrlässigkeit unbekannt geblieben ist und der Verkäufer den Mangel weder arglistig

617 Die Rechtsfolgenverweisung des § 651 S. 2 BGB wurde bereits im Rahmen des Ausschlusses des Nacherfüllungsanspruchs bei Mängeln, die ihre Ursache ausschließlich im Verantwortungsbereich des Bestellers/Käufers haben, berücksichtigt. Ein Unterschied zum Werkvertragsrecht folgt im Ergebnis aus der Rechtsfolgenverweisung nicht (vgl. oben: S. 102 ff.).

618 Jedenfalls, wenn man davon ausgeht, dass die Herstellung bzw. Erzeugung mit Vertragsschluss beginnt und Mängel schon dabei für den Besteller im Sinne des § 651 BGB erkennbar hervor treten können.

619 Auf die vorstehenden, entsprechenden Ausführungen zum klassischen Kaufrecht kann verwiesen werden.

620 Ein im Grundbuch eingetragenes Recht muss der Verkäufer trotz Kenntnis des Käufers beseitigen, § 442 Abs. 2 BGB.

verschwiegen noch eine Garantie für die Beschaffenheit der Sache übernommen hat, § 442 Abs. 1 S. 2 BGB.

§ 442 BGB vermag im Bereich des klassischen Kaufrechts eine durch das Fehlen einer dem § 640 Abs. 2 BGB entsprechenden Regelung verursachte Benachteiligung des Verkäufers im Vergleich zum Unternehmer zu (über-)kompensieren. Auf die entsprechenden Ausführungen zu § 640 Abs. 2 BGB wird Bezug genommen.

Die Regelung des § 442 BGB streitet daher für die Übertragbarkeit der in Rede stehenden Fallgruppen und leitenden Gesichtspunkte. Auswirkungen, die der Übertragbarkeit entgegenstehen könnten, gibt es nicht.

c. *Verjährung von Mängelansprüchen*

Im Hinblick auf die Verjährung der Mängelansprüche gibt es drei Unterschiede zwischen Kauf- und Werkvertragsrecht.[621]

Den Regelungen über den Verbrauchsgüterkauf entstammt einer dieser Unterschiede, nämlich die im Vergleich zum Werkvertragsrecht nur eingeschränkt mögliche Erleichterung der Verjährung, § 475 Abs. 2 BGB. Dieser Unterschied soll weiter unten im Zusammenhang mit den anderen aus den Regelungen über den Verbrauchsgüterkauf folgenden Unterschieden abgehandelt werden.

Die verbleibenden zwei Unterschiede beruhen auf den Regelungen der §§ 634 a Abs. 1 Nr. 3 und § 438 Abs. 1 Nr. 1 BGB. Eine diesen Normen entsprechende Regelung gibt es jeweils nicht.

Nach § 634 a Abs. 1 Nr. 3 BGB verjähren die Mängelansprüche des Bestellers in Abgrenzung zu § 634 a Abs. 1 Nr. 1 und 2 BGB in der regelmäßigen Verjährungsfrist, §§ 195, 199 Abs. 1 BGB. Erfasst werden von § 634 a Abs. 1 Nr. 3 BGB insbesondere unkörperliche Werke, die keine Planungs- oder Überwachungsleistungen an Sachen betreffen.

Gem. § 438 Abs. 1 Nr. 1 BGB verjähren Mängelansprüche in dreißig Jahren ab Gefahrübergang, wenn der Mangel in einem dinglichen Recht eines Dritten besteht, aufgrund dessen die Herausgabe der Kaufsache verlangt werden kann (§ 438 Abs. 1 Nr. 1 a BGB), oder in einem sonstigen Recht, das im Grundbuch eingetragen ist (§ 438 Abs. 1 Nr. 1 b BGB).

Der Übertragung der fraglichen Grundsätze entgegenstehende Auswirkungen könnten sich aus den beiden vorerwähnten Unterschieden ergeben, wenn diese dazu führten, dass man im Kaufrecht den Mängelansprüchen seines Vertragspartners in unverjährter Zeit länger ausgesetzt ist als im Werkvertragsrecht. Ggf.

---

621 Vgl. oben: S. 94 ff.

könnte Anlass dazu bestehen, diesen Nachteil bei der Bewertung des grundsätzlich zumutbaren Nacherfüllungsaufwands zu berücksichtigen.

Solche Auswirkungen können sich nicht aus § 634 a Abs. 1 Nr. 3 BGB ergeben. Diese Regelung führt allenfalls dazu, dass der Werkunternehmer den Mängelansprüchen seines Bestellers in unverjährter Zeit länger ausgesetzt, als die Sachleistungsschuldner unter der Geltung des Kaufrechts.

Auswirkungen im vorstehenden Sinne ergeben sich indes auch nicht aus § 438 Abs. 1 Nr. 1 BGB. Soweit für die von § 438 Abs. 1 Nr. 1 BGB vorgesehene 30jährige Verjährungsfrist auch im Werkvertragsrecht ein Bedürfnis besteht, ist die Regelung dort entsprechend anzuwenden.[622] Im Ergebnis fehlt es damit bereits an einem für die Frage der Übertragbarkeit der in Rede stehenden Grundsätze relevanten Unterschied.

§ 438 Abs. 1 Nr. 1 a BGB soll einen Gleichlauf mit der Frist des § 197 Abs. 1 Nr. 1 BGB herbeiführen, wenn der Mangel in einem dinglichen Recht eines Dritten besteht, auf Grund dessen Herausgabe der Kaufsache verlangt werden kann. So soll verhindert werden, dass der Käufer unverjährten Herausgabeansprüchen eines Dritten ausgesetzt ist, ohne Rückgriff bei dem Verkäufer nehmen zu können.[623] Durch § 438 Abs. 1 Nr. 1 b BGB ist auf Veranlassung des Rechtsausschusses die Verjährungsfrist von 30 Jahren auf Rechtsmängel von Grundstücken erstreckt worden, die darin bestehen, dass im Grundbuch Rechte Dritter eingetragen sind. Dies, um beim Erwerb von Grundstücken der Besonderheit Rechung zu tragen, dass zwischen Vertragsschluss und Gefahrübergang Rechte zur Eintragung gelangen können, die nicht zu übernehmen sind und von denen der Käufer nichts erfährt.[624]

Ein Bedürfnis für die von § 438 Abs. 1 Nr. 1 BGB vorgesehene 30jährige Verjährungsfrist besteht auch im Werkvertragsrecht, soweit es um Rechtsmängel geht, die in einem dinglichen Recht eines Dritten bestehen, auf Grund dessen Herausgabe des Werkes bzw. eines Teiles davon verlangt werden kann.[625] Hingegen dürften Rechtsmängel, die auf einem sonstigen, im Grundbuch eingetragenen Recht beruhen, im Werkvertragsrecht ohne Relevanz sein.[626]

---

622 Vgl. *Peters* (in *Staudinger* Neubearbeitung 2003 § 634 a Rn. 25), der von einer entsprechenden Anwendbarkeit des § 438 Abs. 1 a BGB ausgeht.

623 Vgl. BT-Drucks. 14/6040 S. 227. Ob dies angesichts der Regelung des § 902 BGB stets zielführend ist, erscheint zweifelhaft.

624 Vgl. BT-Drucks. 14/7052 S. 196 f.

625 Man denke zum Beispiel an die Sache eines Dritten, die seitens des Werkunternehmers als Scheinbestandteil mit dem zu bearbeitenden Grundstück des Bestellers verbunden wird.

626 Auf den sog. Bauträgervertrag, im Rahmen dessen von dem Sachleistungsschuldner ein zu bearbeitendes oder neu bearbeitetes Grundstück zu liefern ist, findet jedenfalls soweit es um Mängel von Grund und Boden geht Kaufrecht Anwendung (vgl.

Insoweit ein Bedürfnis für eine entsprechende Anwendung des § 438 Abs. 1 Nr. 1 BGB im Werkvertragsrecht angenommen wird, liegt auch eine planwidrige Regelungslücke vor. Zumindest ausweislich der Ausführungen der Verfasser des Fraktionsentwurfs. Planmäßig sollte danach die Haftung für Rechtsmängel ausdrücklich im Werkvertragsrecht geregelt werden, in Abkehr der bisherigen analogen Anwendung der §§ 434 ff. BGB a. F.[627] Im Hinblick auf die auch im Werkvertragsrecht denkbaren Eviktionsfälle ist dies dem Plan zuwider unterblieben, sodass insoweit weiterhin entsprechend auf das Kaufrecht zurückzugreifen ist.

d. Verbrauchsgüterkauf

Die Regelungen über den Verbrauchsgüterkauf, §§ 474 ff. BGB, beinhalten Unterschiede, die zumindest dem ersten Anschein nach erhebliche Auswirkungen auf die Frage der Übertragbarkeit der zu § 633 Abs. 2 S. 3 BGB a. F. entwickelten Grundsätze haben.

Neben dem vorstehend bereits angesprochenen, aus § 475 Abs. 2 BGB im Hinblick auf die Erleichterung der Verjährung folgenden Unterschied sind insbesondere zu nennen:

- Anders als der Unternehmer kann sich der Verkäufer auf eine vor Mitteilung eines Mangels an ihn getroffene Vereinbarung, die zu einer Verkürzung der Rechte des Käufers führt, nicht berufen, es sei denn, die Vereinbarung ist auf den Ausschluss oder die Beschränkung des Schadensersatzanspruchs des Käufers beschränkt, § 475 Abs. 1 und Abs. 3 BGB.
- Anders als der Besteller nach Abnahme des Werks muss der Käufer nach Annahme der Kaufsache im Sinne des § 363 BGB nicht beweisen, dass diese bereits im Zeitpunkt des Gefahrübergangs mangelhaft war, wenn sich ein Sachmangel innerhalb von sechs Monaten seit Gefahrübergang zeigt. Gem. § 476 BGB muss vielmehr der Verkäufer den Beweis des Gegenteils im Sinne des § 292 ZPO führen, es sei denn, die durch § 476 BGB begründete gesetzliche Vermutung ist mit der Art der Sache oder des Mangels unvereinbar.
- § 477 BGB enthält formelle Bestimmungen für die Garantien des Verkäufers.[628] Eine entsprechende Vorschrift gibt es im Werkvertragsrecht nicht.

BGH in NJW 1979, 1406, 1407; OLG Düsseldorf in NJW-RR 1986, 320, *Sprau* in *Palandt* 63. Aufl. Vorb. v. § 633 Rn. 3; weitergehend, für eine ausschließliche Anwendung des Kaufrechts: vgl. *Schwencker* in *Erman* 11. Aufl. § 632 a Rn. 13; *Peters* in *Staudinger* Neubearbeitung 2003 § 651 Rn. 4 f.).

627 Vgl. BT-Drucks. 14/6040 S. 261.

628 Vgl. *Büdenbender* in Anwaltkommentar § 477 Rn. 1.

- Neue, im bisherigen Kauf- und Werkvertragsrecht noch nicht angelegte Unterschiede wurden schließlich durch die Einführung der §§ 478, 479 BGB geschaffen.[629]

Bevor die Unterschiede näher auf ihre Auswirkungen auf die Frage der Übertragbarkeit der fraglichen Fallgruppen und leitenden Gesichtspunkte untersucht werden können, gilt es zu klären, ob für den Verbrauchsgüterkauf nicht ohnehin anderen Grundsätze gelten. Insbesondere könnte ein zur absoluten Undurchsetzbarkeit führendes Leistungsverweigerungsrecht des Verkäufers aus § 439 Abs. 3 S. 1 BGB stets zu verneinen sein – also ohne dass es auf die Höhe der zur Nacherfüllung erforderlichen Kosten ankommt. Ggf. würde eine nähere Untersuchung der sich aus den §§ 474 ff. BGB ergebenden Unterschiede entbehrlich.

Eine richtlinienkonforme Rechtsfortbildung[630] des § 439 Abs. 3 BGB könnte dazu führen, dass für den Verbrauchsgüterkauf ein zur absoluten Undurchsetzbarkeit führendes Leistungsverweigerungsrecht aus § 439 Abs. 3 S. 1 BGB stets zu verneinen ist.

Eine solche richtlinienkonforme Auslegung müsste zunächst geboten sein. Das heißt, in der Gewährung eines zur absoluten Undurchsetzbarkeit des Nacherfüllungsanspruchs führenden Leistungsverweigerungsrechts durch § 439 Abs. 3 BGB müsste ein Verstoß gegen die Verbrauchsgüterkaufrichtlinie begründet sein.

Ein solcher Verstoß ist anzunehmen.[631]

An einer dem § 439 Abs. 3 S. 3 Hs. 2 BGB entsprechenden Regelung fehlt es nämlich in der Richtlinie.[632] Nach dem eindeutigen Wortlaut der Richtlinie gilt eine Art der Nacherfüllung[633] vielmehr nur dann als unverhältnismäßig, wenn sie dem Verkäufer Kosten verursachen würde, die (...) *verglichen mit der alternativen Abhilfemöglichkeit* unzumutbar wären, Art. 3 Abs. 3 S. 2 RL. Demnach kann sich die Unverhältnismäßigkeit der Kosten für eine Art der Nacherfüllung nicht

---

629 Näheres hierzu vgl. oben: S. 130 ff.

630 Eine richtlinienkonforme Auslegung scheitert schon am eindeutigen Wortlaut (vgl. § 439 Abs. 3 S. 3 Hs. 2 BGB) als Grenze jeder Auslegung (vgl. jeweils für die verfassungskonforme Auslegung: *Koch/Rüßmann* S. 266 ff.; *Larenz/Canaris* S. 159 ff.).

631 So auch *Faust* in *Bamberger/Roth* § 439 Rn. 37; *Pfeiffer* in ZGS 2002, 217 ff.; *ders.* im Anwaltkommentar Art. 3 Kauf-RL Rn. 12; wohl auch *Jorden/Lehmann* in JZ 2001, 952, 965; a. A. *Westermann* in MüKo 4. Aufl. § 439 Rn. 3; wohl auch Morgenroth S. 346.

632 Gerade aus dieser Regelung wird für das Kaufrecht gefolgert, dass beide Arten der Nacherfüllung verweigert werden können, vgl. z. B.: *Büdenbender* in DStR 2002, 312, 316; *Saenger* in BGB-HK § 439 Rn. 4; *P. Huber* in *Huber/Faust* S. 330; *Graf von Westphalen* in *Henssler/Graf von Westphalen* § 439 Rn. 29; *Zerres* in VuR 2002, 3, 8.

633 In der Terminologie der Verbrauchsgüterkaufrichtlinie: Abhilfe.

aus deren isolierter Betrachtung, sondern nur aus einem Vergleich mit der anderen Art ergeben.

Diese – einzig mögliche – Interpretation des Wortlauts des Art. 3 Abs. 3 S. 2 RL wird zusätzlich gestützt durch den 11. Erwägungsgrund zur Richtlinie. Auch nach diesem ist eine Art der Nacherfüllung unverhältnismäßig, die im Vergleich zur anderen unzumutbare Kosten verursacht.

Kann jedoch über die Unverhältnismäßigkeit der Kosten einer Art der Nacherfüllung nur der Vergleich mit der anderen Art entscheiden, können niemals beide Arten der Nacherfüllung im Hinblick auf ein und dasselbe Nacherfüllungsbegehren unverhältnismäßig sein.[634] Zwar kommt ein Vergleich auch noch mit der bereits zu Recht verweigerten, aber möglichen Art der Nacherfüllung in Betracht. Dieser Vergleich indes muss stets zu Gunsten der noch nicht verweigerten Art ausfallen, denn sonst hätte die andere Art der Nacherfüllung zuvor nicht zu Recht verweigert werden können. Nicht möglich ist der von Art. 3 Abs. 3 S. 2 RL vorgesehene Vergleich allerdings, wenn die andere Art der Nacherfüllung unmöglich im Sinne des § 275 Abs. 1 BGB ist.[635] Auch in diesem Fall scheidet die Annahme der Unverhältnismäßigkeit der Kosten der möglichen Art der Nacherfüllung auf der Grundlage des Art. 3 Abs. 3 S. 2 RL deshalb aus.[636]

Die ausdrückliche Gewährung eines Leistungsverweigerungsrechts aus § 439 Abs. 3 S. 1 BGB auch für die andere Art der Nacherfüllung gem. § 439 Abs. 3 S. 3 Hs. 2 BGB verstößt also ebenso gegen die Verbrauchsgüterkaufrichtlinie wie die Gewährung eines Leistungsverweigerungsrechts aus § 439 Abs. 3 S. 1 BGB für den Fall, dass nur eine Art der Nacherfüllung möglich ist. Gedeckt ist § 439 Abs. 3 BGB insoweit auch nicht durch Art. 8 Abs. 2 RL. Das Leistungsverweigerungsrecht aus § 439 Abs. 3 BGB dient insbesondere durch seine Ausgestaltung als Einrede ausschließlich den Interessen des Verkäufers und stellt deshalb kein höheres Schutzniveau für die Verbraucher sicher.[637]

Für den Bereich des Verbrauchsgüterkaufs bedarf es daher einer richtlinienkonformen Rechtsfortbildung im Sinne einer Reduktion dahingehend, dass ein zur absoluten Undurchsetzbarkeit führendes Leistungsverweigerungsrecht durch

---

634 Vgl. Pfeiffer in ZGS 2002, 217, 218.

635 Man denke zum Beispiel an den als unfallfrei verkauften Pkw, der ein Unfallwagen ist. Eine Nachbesserung scheidet hier von vornherein aus. Die Nachlieferung hingegen nicht (vgl. oben: S. 114 ff.).

636 *Pfeiffer* (in ZGS 2002, 217, 218 f.) hat diesbezüglich Zweifel, die allerdings unbegründet sind. Unbegründet sind die Zweifel auch deshalb, weil Art. 3 Abs. 3 S. 2 RL als Ausnahme zu einem zugunsten eines Verbrauchers begründeten Recht restriktiv auszulegen ist, worauf *Pfeiffer* (a. a. O., 217) zu Recht hinweist.

637 Eine insoweit richtlinienkonforme Umsetzung des Art. 3 Abs. 3 S. 2 RL ist Österreich gelungen, vgl. § 932 Abs. 2 ABGB.

§ 439 Abs. 3 BGB nicht begründet wird.[638] Eine solche richtlinienkonforme Rechtsfortbildung ist auch zulässig. Insbesondere stellt sie keine dem Rechtsanwender versagte Gesetzeskorrektur dar.[639] Eine Gesetzeskorrektur wäre nur dann anzunehmen, wenn durch die vorgeschlagene Reduktion des § 439 Abs. 3 BGB sowohl gegen den Wortlaut als auch gegen die Zwecksetzungen des Reformgesetzgebers entschieden würde.[640] Alles überragender und vom Reformgesetzgeber mehrheitlich getragener Zweck des Gesetzes zur Modernisierung des Schuldrechts war die Schaffung eines verständlichen, modernen und zeitgemäßen Schuldrechts auf der Grundlage der umzusetzenden Richtlinien.[641] Zu den umzusetzenden Richtlinien gehörte auch die Verbrauchsgüterkaufrichtlinie. Eine den Vorgaben der Verbrauchsgüterkaufrichtlinie Rechnung tragende Reduktion des § 439 Abs. 3 BGB kann demnach den Zwecksetzungen des Reformgesetzgebers nicht zuwiderlaufen. Es ist vielmehr davon auszugehen, dass der Reformgesetzgeber durch den Rechtsausschuss selbst Hand an den Entwurf des § 439 Abs. 3 BGB gelegt hätte, wenn das Problem erkannt worden wäre.[642]

Festzuhalten ist nach allem, dass ein zur absoluten Undurchsetzbarkeit führendes Leistungsverweigerungsrecht des Verkäufers nach gebotener richtlinienkonformer Rechtsfortbildung aus § 439 Abs. 3 S. 1 BGB für den Bereich des Verbrauchsgüterkaufs nicht abgeleitet werden kann. Insoweit finden allein die entsprechenden Vorschriften des allgemeinen Leistungsstörungsrechts, §§ 275, 313 BGB, Anwendung.[643] Auf die Vorschriften des allgemeinen Leistungsstörungsrechts hat die Verbrauchsgüterkaufrichtlinie wegen ihres nur teilharmonisierenden Charakters keinen Einfluss.[644]

Für den Bereich des Verbrauchsgüterkaufs kann daher dahinstehen, ob die fraglichen Fallgruppen und leitenden Gesichtspunkte auf den wertausfüllungsbe-

---

638 Der wohl berechtigte Hinweis *Pfeiffers* (in ZGS 2002, 217, 219) darauf, dass mit einer richtlinienkonformen Interpretation des § 439 Abs. 3 BGB die seitens des EuGH zugrunde gelegten Anforderungen an die Umsetzungstransparenz nicht gewahrt werden könnten und deshalb eine Änderung des § 439 Abs. 3 BGB vorzunehmen sei, ändert nichts an dem Bedürfnis solange die Änderung nicht vollzogen ist.

639 A. A. offenbar *Faust* in *Bamberger/Roth* § 439 Rn. 38, 50.

640 Vgl. hierzu nur *Koch/Rüßmann* S. 266 ff.

641 Vgl. insoweit die Beschlussempfehlung des Rechtsausschusses BT-Drucks. 14/7052 S. 174.

642 Dafür, dass das Problem im Zuge des Gesetzgebungsverfahrens durch den Reformgesetzgeber, namentlich durch den Rechtsausschuss, erkannt worden ist, streitet ersichtlich nichts.

643 Auf die Vorschriften des allgemeinen Leistungsstörungsrechts hat die Verbrauchsgüterkaufrichtlinie wegen ihres teilharmonisierenden Charakters keinen Einfluss.

644 Vgl. hierzu auch *Faust* (in *Bamberger/Roth* § 439 Rn. 50) für den Begriff der Unmöglichkeit.

dürftigen Maßstab der unverhältnismäßigen Kosten in § 439 Abs. 3 S. 1 BGB übertragbar sind. Eine nähere Untersuchung der sich aus den §§ 474 ff. BGB ergebenden Unterschiede ist daher entbehrlich.

3. Zusammenfassung

Zusammenfassend ist zunächst für die Unterschiede im Besonderen festzustellen, dass diese zumindest außerhalb des Bereichs des Verbrauchsgüterkaufs keine Auswirkungen entfalten, die für sich genommen der Übertragbarkeit der zu § 633 Abs. 2 S. 3 BGB a. F. entwickelten Grundsätze entgegenstehen könnten.

Für den Bereich des Verbrauchsgüterkaufs und wenn die Gewährung eines Leistungsverweigerungsrechts aus § 439 Abs. 3 S. 1 BGB zur absoluten Undurchsetzbarkeit des Nacherfüllungsanspruchs führen würde, ist § 439 Abs. 3 BGB richtlinienkonform dahingehend fortzubilden, dass ein solches Leistungsverweigerungsrecht nicht entstehen kann. Mangels entsprechenden Rechts bedarf es insoweit auch keiner Konkretisierung des Begriffs der unverhältnismäßigen Kosten, auch nicht durch Übertragung der fraglichen Fallgruppen und leitenden Gesichtspunkte.

Außerhalb des Verbrauchsgüterkaufs ist das Fehlen einer dem § 640 Abs. 2 BGB entsprechenden Vorschrift im Kaufrecht als einzig relevanter Unterschied zu nennen. Beschränkt auf Verträge im Sinne des § 651 BGB könnte dieser allerdings nur im Zusammenwirken mit anderen relevanten Unterschieden Auswirkungen entfalten, die der Übertragbarkeit der fraglichen Grundsätze entgegenstehen könnten. Für sich genommen, sind die Auswirkungen zu gering.

Andere relevante Unterschiede zwischen Kauf- und Werkvertragsrecht gibt es nur im Allgemeinen, nämlich im Zusammenhang damit, dass § 642 BGB im Bereich des klassischen Kaufrechts keine Anwendung findet.

Bei wertender Betrachtung vermögen jedoch auch die kumulierten Auswirkungen der vorerwähnten Unterschiede nicht, der Übertragbarkeit der in Rede stehende Fallgruppen und leitenden Gesichtspunkte auf den wertausfüllungsbedürftigen Maßstab der unverhältnismäßigen Kosten in § 439 Abs. 3 S. 1 BGB entgegenzustehen. Die Auswirkungen sind jeweils nur ganz gering:

Im Hinblick auf § 642 BGB bestehen die Auswirkungen darin, dass der Verkäufer über § 304 BGB hinausgehende Ansprüche wegen unterlassener Mitwirkung des Käufers nur verschuldensabhängig über die §§ 280 ff. BGB geltend machen kann. Unabhängig davon, dass sich bezweifeln lässt, ob § 642 BGB in seinen Rechtsfolgen überhaupt über § 304 BGB hinausgeht.[645] Jedenfalls wird

645 Vgl. *Peters* (in NZBau 2002, 113, 121), der die Ansicht vertritt, § 642 BGB ließe sich vollauf durch § 304 BGB ersetzen.

der Käufer die unterlassene Mitwirkung in der Regel zu vertreten haben. Zudem muss sich der Käufer diesbezüglich entlasten, § 280 Abs. 1 S. 2 BGB.

Durch das Fehlen einer dem § 640 Abs. 2 BGB entsprechenden Norm im Kaufrecht ergeben sich Auswirkungen – beschränkt auf Verträge im Sinne des § 651 BGB – regelmäßig nur bei streng rechtlicher Betrachtung. Wirtschaftlich gesehen, bleibt der Werkunternehmer nämlich vollumfänglich gewährleistungspflichtig. Dies folgt daraus, dass § 640 Abs. 2 BGB ihn nach zumindest herrschender Meinung nicht von seiner Schadensersatzpflicht befreit.

Als Ergebnis ist demnach festzuhalten:

Ist Verkäufer ein Unternehmer im Sinne des § 14 BGB und handelt es sich nicht um einen Verbrauchsgüterkauf sind die zu § 633 Abs. 2 S. 3 BGB a. F. entwickelten Fallgruppen und leitenden Gesichtspunkte vollständig übertragbar. Im Falle eines Verbrauchsgüterkaufs gewährt § 439 Abs. 3 S. 1 BGB schon kein zur absoluten Undurchsetzbarkeit des Nacherfüllungsanspruchs des Käufers führendes Leistungsverweigerungsrecht.

Ist Verkäufer ein Verbraucher sind die fraglichen Grundsätze mit Ausnahme der Fallgruppe „Berechtigtes Interesse an der Nacherfüllung" ebenfalls übertragbar.

4. Konkretisierung im Übrigen

Einer Konkretisierung des wertausfüllungsbedürftigen Maßstabs der unverhältnismäßigen Kosten in § 439 Abs. 3 S. 1 BGB im Übrigen bedarf es schließlich, soweit die fraglichen Fallgruppen und leitenden Gesichtspunkte nicht übertragbar sind.

a. Verbraucher im Sinne des § 13 BGB

Nicht übertragbar ist im Falle eines verkaufenden Verbrauchers die Fallgruppe „Berechtigtes Interesse an der Nacherfüllung".[646] Einem verkaufenden Verbraucher steht das Leistungsverweigerungsrecht aus § 439 Abs. 3 S. 1 BGB also auch dann zu, wenn der Käufer ein berechtigtes Interesse an der Nacherfüllung hat. Zu klären bleibt, unter welchen Voraussetzungen.

Zur Beantwortung der aufgeworfenen Frage bedarf es zunächst eines Maßstabs, anhand dessen sich bestimmen lässt, welche Kosten der Nacherfüllung dem verkaufenden Verbraucher im Falle eines berechtigten Interesses des Käufers an der Nacherfüllung zumutbar sind. Als ein solcher Maßstab sollen die dem verkaufenden Verbraucher in jedem Fall zumutbaren Kosten ermittelt werden. Hier-

---

646 Vgl. oben: S. 151 ff.

bei handelt es sich um die Kosten, die aufzuwenden sind, ohne dass den verkaufenden Verbraucher ein Verschulden trifft und ohne berechtigtes Interesse des Käufers an der Nacherfüllung.

Die aufgeworfene Frage wird zudem nicht ohne Berücksichtigung der auch im Falle eines verkaufenden Verbrauchers anwendbaren[647] leitenden Gesichtspunkte, Schwere des (objektiven) Vertragsverstoßes und Verschulden, beantwortet werden können.

aa. Maßstab „In jedem Fall zumutbare Kosten"

Zu den dem Verkäufer im Rahmen des § 439 Abs. 3 S. 1 BGB zumutbaren Kosten werden ganz unterschiedliche Ansichten vertreten.[648] Explizit auf die dem verkaufenden Verbraucher in jedem Fall zumutbaren Kosten stellt dabei ersichtlich niemand ab. Einige Ansichten beziehen jedoch denjenigen Verkäufer in ihre Überlegungen ein, der den Mangel nicht verschuldet bzw. zu vertreten hat. Insoweit sind die Ansichten auch hier von Interesse, weil zu vermuten ist, dass deren Vertreter dabei die hier zu ermittelnden, in jedem Fall zumutbaren Kosten „im Auge" hatten:

Bezogen auf den Stückverkäufer und davon ausgehend, dass im Falle eines Stückkaufs ein Anspruch auf Nachlieferung stets unmöglich sei, meint *Ackermann*: Das Mindeste, was der Verkäufer zur Nachbesserung aufzuwenden habe, sei ein dem Mangelunwert, also der Differenz zwischen Soll- und Istwert der Kaufsache, entsprechender Betrag.[649] Zur Begründung bezieht sich *Ackermann* auf die in § 439 Abs. 3 S. 2 BGB genannten Kriterien, Wert der Sache und Bedeutung des Mangels.[650]

P. Huber ist der Ansicht, dem Verkäufer könnten, ohne dass er den Mangel zu vertreten habe, keine Anstrengungen abverlangt werden, die über den Wert der Sache in mangelfreiem Zustand hinausgingen.[651] Mehr habe der Verkäufer wertmäßig nicht versprochen. Der Nacherfüllungsanspruch dürfe nicht in einen verschuldensunabhängigen Schadensersatzanspruch ausarten.[652]

Faust schlägt vor, dass der Verkäufer, der den Mangel nicht zu vertreten habe, bis zu 105 % des Interesses des Käufers an dieser Art der Nacherfüllung auf-

---

647 Vgl. oben: S. 157 f.

648 Zusammenfassend *Ball* in NZV 2004, 217, 223 ff.

649 Vgl. *Ackermann* in JZ 2002, 378, 384; ihm folgend *Wenzel* in DB 2003, 1887, 1892.

650 Vgl. *Ackermann* in JZ 2002, 378, 384.

651 Vgl. *P. Huber* in *Huber/Faust* S. 329; *ders.* in NJW 2002, 1004, 1008; ihm folgend wohl AG Menden in NJW 2004, 2171, 2172; *Grunewald* in *Erman* 11. Aufl. § 439 Rn. 10.

652 Vgl. *P. Huber* in NJW 2002, 1004, 1008.

zuwenden habe. Eine nähere Begründung hierfür nennt *Faust* nicht. Insbesondere erklärt er nicht, wie „das Interesse des Käufers an dieser Art der Nacherfüllung" zu bemessen sei.[653]

Bitter/Meidt wollen dem schuldlosen Verkäufer wesentlich mehr zumuten. Bis zu 150 % des Werts einer mangelfreien Sache seien aufzuwenden. In Fällen, in denen die mangelhafte Sache einen Restwert habe, sei das dem Verkäufer Zumutbare allerdings auf das Doppelte des Mangelunwerts zu korrigieren.[654] Offenbar an der aus der Rechtsprechung zu § 251 Abs. 2 S. 1 BGB bekannten Grenze der Reparaturkosten von 130 % des Fahrzeugwerts[655] haben sich *Bitter/Meidt* orientiert. Diese sei allerdings nicht übertragbar,[656] weil im Rahmen des § 251 Abs. 2 S. 1 BGB immerhin noch ein Schadensersatzanspruch in Höhe des objektiven Werts der Sache bestehe, während der auf den Rücktritt verwiesene Käufer nur den Kaufpreis erstattet erhalte, sein Vertragsinteresse (Lieferung einer mangelfreien Sache zum vereinbarten Preis) also nicht erfüllt werde.[657]

Zur Ermittlung der dem verkaufenden Verbraucher in jedem Fall zumutbaren Kosten ist abzustellen auf die Ansicht *Ackermanns*. Die abweichenden Ansichten vermögen nicht zu überzeugen:

P. Huber gebraucht das entscheidende Argument, zieht jedoch den zumindest im Regelfall falschen Schluss. Richtig und entscheidend ist, dass der Verkäufer bei der hier gebotenen wirtschaftlichen Betrachtung verspricht, im Austausch gegen den Kaufpreis sein Vermögen in Höhe des Werts der mangelfreien Sache zu mindern. Falsch erscheint es jedoch, daraus zu folgern, Nacherfüllungskosten in Höhe des Werts der mangelfreien Sache seien zumutbar. Ein solcher Schluss lässt außer Betracht, dass die mangelhafte Sache in der Regel einen Restwert hat, um den das Vermögen des Verkäufers schon vor der Nacherfüllung gemindert ist.[658] Nur Kosten in Höhe der Differenz zwischen Ist- und Sollwert können demnach im Rahmen der Nacherfüllung in jedem Fall zumutbar sein. Hielte man den Verkäufer darüber hinaus für verpflichtet, Kosten in Höhe des Werts der mangelfreien Sache zur Nacherfüllung aufzuwenden, obwohl die mangelhafte Sache ei-

653 Vgl. *Faust* in *Bamberger/Roth* § 439 Rn. 50.

654 Vgl. *Bitter/Meidt* in ZIP 2001, 2114, 2121; ihnen folgend *Putzo* in *Palandt* 63. Aufl. § 439 Rn. 16 a; *Reinking* in ZfS 2003, 57, 63; wohl auch *Heinrich* in ZGS 2003, 253, 258; mit Einschränkungen auch *Tonner/Echtermeyer* in Kompakt-Kommentar § 439 Rn. 15.

655 Zu dessen Berechnung vgl. BGHZ 115, 364 ff.

656 A. A. *Westermann* in *Schulze/Schulte-Nölke S.* 109, 125.

657 Vgl. *Bitter/Meidt* in ZIP 2001, 2114, 2121.

658 Gegen eine Berücksichtigung des Restwerts spricht hier nichts; anders als möglicherweise im Rahmen des § 251 Abs. 2 S. 1 BGB (vgl. hierzu BGHZ 115, 364, 371 ff.).

nen Restwert hat, gelangte man gerade zu dem, was *P. Huber* einen verschuldensunabhängigen Schadensersatzanspruch nennt.

Die Ansicht *Fausts* erscheint indiskutabel. Es bleibt schon unklar, weshalb *Faust* die zumutbaren Kosten zum „Interesse des Käufers an dieser Art der Nacherfüllung" in Relation setzt und nicht etwa zu dem in § 439 Abs. 3 S. 2 BGB genannten Wert der Sache in mangelfreiem Zustand. Unklar bleibt zudem, wie das „Interesse des Käufers an dieser Art der Nacherfüllung" zu bemessen sein soll.

Die Kosten, die dem verkaufenden Verbraucher in jedem Fall zumutbar sind, unter Zugrundelegung der Ansicht von *Bitter/Meidt* zu bestimmen, ginge schließlich zu weit. Die Vorschläge von *Bitter/Meidt* sind mit der hier gebotenen, wirtschaftlichen Betrachtung des Leistungsversprechens des Verkäufers nicht in Einklang zu bringen. *Bitter/Meidt* gehen zudem von falschen Voraussetzungen aus, wenn sie ihre Vorschläge ausdrücklich deshalb auf den schuldlosen Verkäufer beziehen, weil der Verkäufer, der den Mangel zu vertreten habe, dem Käufer ohnehin unter dem Gesichtspunkt des Schadensersatzes den vollen Betrag zu erstatten habe, der zur Herstellung eines mangelfreien Zustands erforderlich sei.[659] Im Hinblick auf diesen Betrag ist der Schadensersatzanspruch vielmehr in (entsprechender) Anwendung des § 251 Abs. 2 S. 1 BGB beschränkt.[660]

In jedem Fall, also ohne dass er den Mangel verschuldet hat und ohne berechtigtes Interesse des Käufers an der Nacherfüllung, hat der verkaufende Verbraucher demnach Kosten in Höhe der Differenz zwischen dem Ist- und dem Sollwert der mangelhaften Sache aufzuwenden.[661] Hat der Verkäufer die Sache zu einem Preis verkauft, der mindestens ihrem Sollwert entspricht, steht er dabei nicht schlechter, als unter der Geltung des alten Rechts, wo ein entsprechender Minderungsbetrag vom Kaufpreis abzuziehen sein konnte. Es ist allerdings nicht zu verkennen, dass den verkaufenden Verbraucher auch eine Nacherfüllungspflicht in dem hier vertretenen Umfang bereits existenzgefährdend treffen kann.[662] Ggf. sind die nunmehr in § 313 BGB kodifizierten Grundsätze über das Fehlen bzw. den Wegfall der Geschäftsgrundlage zur Anwendung zu bringen. Der Annahme eines Leistungsverweigerungsrechts aus § 439 Abs. 3 S. 1 BGB steht das hier wirtschaftlich zu betrachtende Leistungsversprechen des verkaufenden Verbrauchers entgegen. Unverhältnismäßig im Sinne der vorerwähnten Vorschrift kann

---

659 Vgl. *Bitter/Meidt* in ZIP 2001, 2114, 2122 (Fn. 76).

660 Vgl. *Oetker* in MüKo § 251 Rn. 36 m. w. N.

661 Dies gilt freilich auch im Rahmen des § 365 BGB.

662 Man denke zum Beispiel an den Verkäufer eines sein Vermögen im Wesentlichen repräsentierenden Einfamilienhauses, welches sich aufgrund eines Mangels als weitgehend wertlos erweist.

nicht sein, was wertmäßig zu leisten der verkaufende Verbraucher von vornherein versprochen hat.

bb. Berücksichtigung der leitenden Gesichtspunkte

Die dem verkaufenden Verbraucher in jedem Fall zumutbaren Kosten sind bei Vorliegen eines berechtigten Interesses des Käufers an der Nacherfüllung angemessen zu erhöhen.

Dabei sind auch die leitenden Gesichtspunkte, Schwere des (objektiven) Vertragsverstoßes und Verschulden, zu berücksichtigen. Zu klären ist insbesondere, ob die leitenden Gesichtspunkte ggf. selbständig neben ein vorliegendes berechtigtes Interesse des Käufers treten und es ggf. einer weiteren angemessenen Erhöhung der dem verkaufenden Verbraucher zumutbaren Kosten bedarf.

(a) Erhöhung der dem verkaufenden Verbraucher zumutbaren Kosten im Fall eines berechtigten Interesses

In welcher Höhe die dem verkaufenden Verbraucher zumutbaren Kosten im Fall eines berechtigten Interesses des Käufers zu erhöhen sind, ist letztlich eine Frage des konkreten Einzelfalls. Dessen besondere Umstände sind zu berücksichtigen, die beiderseitigen Interessen abzuwägen.[663]

Gleichwohl soll ein Richtwert vorgeschlagen werden, der das berechtigte Interesse des Käufers an der Nacherfüllung grundsätzlich angemessen repräsentieren dürfte. Ein solcher Richtwert erscheint zur Erhöhung der Rechtssicherheit geboten. Anhand des Richtwerts sollen die Parteien des Kaufvertrags abschätzen können, ob die gewählte Art der Nacherfüllung verweigert werden kann oder nicht. Eine rückblickende Bewertung aller Umstände des Einzelfalls durch den letztinstanzlich entscheidenden Richter ist den Parteien diesbezüglich keine Hilfe[664]. Keineswegs jedoch soll es sich bei dem vorgeschlagenen Richtwert um eine starre Wertgrenze[665] handeln, von der im Einzelfall nicht abgewichen werden könnte.

Eine Erhöhung der dem verkaufenden Verbraucher in jedem Fall zumutbaren Kosten um 50 % erscheint als Richtwert angemessen. Bei Vorliegen eines berechtigten Interesses des Käufers an der Nacherfüllung entsteht ein zur absoluten Undurchsetzbarkeit des Nacherfüllungsanspruchs führendes Leistungsverweige-

---

663 Vgl. *Jacobs* in *Dauner-Lieb/Konzen/K. Schmidt* S. 371, 384; *Oetker/Maultzsch* S. 97.

664 Vgl. *Ball* in NZV 2004, 217, 224.

665 Gegen solche Wertgrenzen: vgl. *Jacobs* in *Dauner-Lieb/Konzen/K. Schmidt* S. 371, 384; *Buck* in *Westermann* S. 105, 132.

rungsrecht aus § 439 Abs. 3 S. 1 BGB für den verkaufenden Verbraucher folglich erst, wenn die zu erwartenden Kosten 150 % der Differenz zwischen Ist- und Sollwert der mangelhaften Sache übersteigen.

(b) Schwere des (objektiven) Vertragsverstoßes

Die Schwere des (objektiven) Vertragsverstoßes fällt neben einem berechtigten Interesse des Käufers an der Nacherfüllung nicht gesondert ins Gewicht. Die ein berechtigtes Interesse des Käufers an der Nacherfüllung begründende spürbare Beeinträchtigung der Funktionsfähigkeit der Kaufsache bedeutet zugleich einen schweren (objektiven) Vertragsverstoß.[666]

Einer weiteren Erhöhung der dem verkaufenden Verbraucher zumutbaren Kosten bedarf es daher nicht.

(c) Verschulden

Ein Verschulden des verkaufenden Verbrauchers tritt selbständig neben ein berechtigtes Interesse des Käufers an der Nacherfüllung. Ggf. bedarf es also einer weiteren angemessenen Erhöhung der dem verkaufenden Verbraucher zumutbaren Kosten.

Folgende Richtwerte werden vorgeschlagen:

- im Falle eines einfachen Verschuldens oder einer schuldunabhängigen Einstandspflicht[667] aus der Übernahme einer Garantie oder eines Beschaffungsrisikos, § 276 Abs. 1 S. 1 a. E. BGB, weitere 25 %;
- im Falle grober Fahrlässigkeit weitere 50 %.

Die dem verkaufenden Verbraucher in jedem Fall zumutbaren Kosten können sich also maximal verdoppeln. Hat der Käufer ein berechtigtes Interesse an der Nacherfüllung und ist dem verkaufenden Verbraucher grobe Fahrlässigkeit vorzuwerfen, ergibt sich ein Leistungsverweigerungsrecht aus § 439 Abs. 3 S. 1 BGB demnach erst, wenn die zu erwartenden Nacherfüllungskosten 200 % der Differenz zwischen Ist- und Sollwert der mangelhaften Sache übersteigen.

---

666 Deswegen fehlt es im Fall eines verkaufenden Unternehmers im Sinne des § 14 BGB auch regelmäßig an einem Anwendungsbereich für diesen leitenden Gesichtspunkt. Einschlägig ist nämlich bereits die Fallgruppe „Berechtigtes Interesse an der Nacherfüllung“ (vgl. oben: Fn. 570).

667 Vgl. hierzu *Heinrichs* in *Palandt* 63. Aufl. § 276 Rn. 29.

b. Unternehmer im Sinne des § 14 BGB

Im Falle eines verkaufenden Unternehmers im Sinne des § 14 BGB und außerhalb des Bereichs des Verbrauchsgüterkaufs sind zwar sämtliche, zu § 633 Abs. 2 S. 3 BGB a. F. entwickelten Fallgruppen und leitenden Gesichtspunkte übertragbar.

Wie im Falle eines verkaufenden Verbrauchers, kann es indes auch hier an einem berechtigten Interesse des Käufers an der Nacherfüllung fehlen. Hat der verkaufende Unternehmer im Sinne des § 14 BGB den Mangel auch nicht vorsätzlich herbeigeführt, gilt das für den verkaufenden Verbraucher vorstehend Ausgeführte entsprechend.

In jedem Fall sind dem verkaufenden Unternehmer im Sinne des § 14 BGB also Kosten in Höhe der Differenz zwischen Ist- und Sollwert der mangelhaften Sache zumutbar. Bei der auch hier gebotenen, wirtschaftlichen Betrachtung stehen die Leistungsversprechen von Verbraucher und Unternehmer gleich. Auch der Unternehmer im Sinne des § 14 BGB verspricht, im Austausch gegen den Kaufpreis sein Vermögen in Höhe des Werts der mangelfreien Sache zu mindern.

Kommt ein Verschulden oder eine schuldunabhängige Einstandspflicht des verkaufenden Unternehmers im Sinne des § 14 BGB hinzu,[668] erhöhen sich die ihm in jedem Fall zumutbaren Kosten um 25 % (einfaches Verschulden bzw. schuldunabhängige Einstandspflicht) bzw. 50 % (grobe Fahrlässigkeit). Auch hier kann auf die für den verkaufenden Verbraucher vorgeschlagenen Richtwerte zurückgegriffen werden. Die Unterschiede zwischen Verbraucher und Unternehmer gem. § 14 BGB wirken sich allenfalls und ggf. abschließend bei den Fragen des „Ob" eines Verschuldens und des Verschuldensgrades aus.[669]

II. Relative Undurchsetzbarkeit des Nacherfüllungsanspruchs des Käufers

Zur relativen Undurchsetzbarkeit des Nacherfüllungsanspruchs des Käufers führt das von § 439 Abs. 3 S. 1 BGB statuierte Leistungsverweigerungsrecht des Verkäufers in den Fällen, in denen die vom Käufer nicht gewählte Art der Nacherfüllung weder unmöglich im Sinne des § 275 Abs. 1 BGB noch durch den Verkäufer bereits zu Recht verweigert worden ist. Wenn der Verkäufer die vom Käufer gewählte Art der Nacherfüllung verweigert, steht dem Käufer dann nämlich noch die nicht gewählte Art der Nacherfüllung zur Verfügung.

---

668 Der leitende Gesichtspunkt der Schwere der (objektiven) Vertragverletzung ist hier ohne Relevanz (vgl. oben: Fn. 570).

669 Vgl. oben: S. 157.

Wie im Rahmen des zur absoluten Undurchsetzbarkeit des Nacherfüllungsanspruchs des Käufers führenden Leistungsverweigerungsrechts: Auch hier ist zu prüfen, ob und ggf. inwieweit die im Wege der vergleichenden Analyse festgestellten Unterschiede zwischen Kauf- und Werkvertragsrecht einer Übertragbarkeit der zu § 633 Abs. 2 S. 3 BGB a. F. entwickelten Grundsätze entgegenstehen.

Anders als im Rahmen des zur absoluten Undurchsetzbarkeit des Nacherfüllungsanspruchs des Käufers führenden Leistungsverweigerungsrechts: Auswirkungen entfaltet hier, der auf der unterschiedlichen Verteilung des Wahlrechts zwischen den Arten der Nacherfüllung beruhende Unterschied zwischen den Leistungsverweigerungsrechten des Verkäufers und des Unternehmers.[670]

Weil die Wahl zwischen den Arten der Nacherfüllung nur im Kaufrecht dem Sachleistungsgläubiger zusteht, ist auch nur im Kaufrecht ein auf der Rechtsfolgenseite nach relativer bzw. absoluter Undurchsetzbarkeit ausdifferenziertes Leistungsverweigerungsrecht sinnvoll und entsprechend kodifiziert.

Mangels entsprechenden Wahlrechts des Bestellers führte und führt hingegen im Werkvertragsrecht das Leistungsverweigerungsrecht des Unternehmers in jedem Fall zur absoluten Undurchsetzbarkeit des Nacherfüllungsanspruchs. Mit Blick auf diese Rechtsfolge dürften die im neuen Recht fortgeltenden[671] Fallgruppen und leitenden Gesichtspunkte zu § 633 Abs. 2 S. 3 BGB a. F. entwickelt worden sein. Dies ist insbesondere für die Fallgruppen und leitenden Gesichtspunkte anzunehmen, die auf das Interesse des Bestellers an der Beseitigung des Mangels überhaupt abstellen. Diesbezüglich sind zu nennen, die Fallgruppe „Berechtigtes Interesse an der Nacherfüllung“ sowie die Schwere des (objektiven) Vertragsverstoßes als leitender Gesichtspunkt.[672]

Vor allem wird also zu klären sein, ob die im Hinblick auf ein Leistungsverweigerungsrecht mit der Rechtsfolge der absoluten Undurchsetzbarkeit des Nacherfüllungsanspruchs entwickelten Fallgruppen und leitenden Gesichtspunkte auf ein solches, nur zur relativen Undurchsetzbarkeit führendes Recht überhaupt sinnvoll angewendet werden könnten. Zu unterscheiden wird dabei danach sein, ob auf die andere Art der Nacherfüllung ohne erhebliche Nachteile für den Käufer zurückgegriffen werden kann oder nicht, § 439 Abs. 3 S. 2 BGB.

670 Vgl. oben: S. 132 f.

671 Vgl. oben: S. 42 ff.

672 Aus einem schweren Vertragsverstoß in Form einer spürbaren Beeinträchtigung der Funktionsfähigkeit der Kaufsache folgt zugleich ein berechtigtes Interesse an der Nacherfüllung (vgl. oben: S. 186).

1. Andere Art der Nacherfüllung ohne erhebliche Nachteile für den Käufer möglich

Kann auf die andere Art der Nacherfüllung ohne erhebliche Nachteile für den Käufer zurückgegriffen werden, so kommt es für die Bewertung der für die gewählte Art der Nacherfüllung zu erwartenden Kosten als unverhältnismäßig oder nicht auf einen internen Kostenvergleich an, [673] ähnlich dem im Rahmen des § 251 Abs. 2 S. 1 BGB anzustellenden Vergleich. Miteinander zu vergleichen sind die Kosten der beiden Nacherfüllungsarten.[674]

Ob die fraglichen Fallgruppen und leitenden Gesichtspunkte überhaupt sinnvoll auf den hier vorzunehmenden internen Kostenvergleich angewendet werden könnten, ist also zu beantworten. Dabei erscheint es sinnvoll, zwischen den Fallgruppen und leitenden Gesichtspunkten insoweit zu differenzieren, als diese zum einen auf das Interesse an der Beseitigung des Mangels überhaupt und zum anderen auf das Verschulden im Hinblick auf den Mangel abstellen.

a. Interesse an der Beseitigung des Mangels überhaupt

Im Rahmen eines Vergleichs der Kosten der beiden Nacherfüllungsarten miteinander sind sinnvoll gar nicht anzuwenden die Fallgruppen und leitenden Gesichtspunkte, die auf das Interesse des Bestellers an der Beseitigung des Mangels überhaupt abstellen.

Auf ein entsprechendes Interesse kann es erst ankommen, wenn der Nacherfüllungsanspruch insgesamt in Frage steht. Dies ist erst dann der Fall, wenn das Leistungsverweigerungsrecht aus § 439 Abs. 3 S. 1 BGB zur absoluten Undurchsetzbarkeit des Nacherfüllungsanspruchs führen würde. Hier behält der Käufer seinen Nacherfüllungsanspruch. Dieser wird zwar beschränkt auf die andere Art der Nacherfüllung. Das Interesse an der Beseitigung des Mangels überhaupt bleibt jedoch gewahrt.

Sofern das Leistungsverweigerungsrecht aus § 439 Abs. 3 S. 1 BGB nur zur relativen Undurchsetzbarkeit des Nacherfüllungsanspruchs führt und auf die andere Art der Nacherfüllung ohne erhebliche Nachteile für den Käufer zurückgegriffen werden kann, scheiden also für eine Übertragung auf den wertausfüllungsbedürftigen Maßstab der unverhältnismäßigen Kosten in § 439 Abs. 3 S. 1

673 Vgl. LG Ellwangen in NJW 2003, 517; *Schubel* in JZ 2001, 1113, 1116; *Bitter/Meidt* in ZIP 2001, 2114, 2122; *Faust* in *Bamberger/Roth* § 439 Rn. 39.

674 Bei § 251 Abs. 2 S. 1 BGB hingegen geht es um einen Vergleich der Kosten der Naturalrestitution mit denen der Wiederbeschaffung (vgl. *Oetker* in MüKo § 251 Rn. 40).

BGB aus: die Fallgruppe „Berechtigtes Interesse an der Nacherfüllung“ und die Schwere des (objektiven) Vertragsverstoßes als leitender Gesichtspunkt.

b. *Verschulden im Hinblick auf den Mangel*

Zu klären bleibt, wie es sich mit den Fallgruppen und leitenden Gesichtspunkten verhält, die auf ein Verschulden des Unternehmers im Hinblick auf den Mangel abstellen. Es sind dies die Fallgruppe „Vorsätzliche Herbeiführung des Mangels“ und als leitender Gesichtspunkt das Verschulden überhaupt.

Anders als bei den Grundsätzen, die auf das Interesse des Bestellers an der Beseitigung des Mangels überhaupt abstellen, erscheint eine Anwendung der hier in Rede stehenden Fallgruppe bzw. des leitenden Gesichtspunkts grundsätzlich auch dann sinnvoll, wenn das Leistungsverweigerungsrecht nur zur relativen Undurchsetzbarkeit des Nacherfüllungsanspruchs des Käufers führt.

So wird z. B. angenommen, dass dem Verkäufer, der den Mangel zu vertreten hat, im Rahmen des internen Kostenvergleichs entsprechend mehr zuzumuten sei.[675] Ganz überwiegend wird jedoch so nicht verfahren, sondern die dem Verkäufer zumutbaren Mehrkosten ohne Berücksichtigung eines etwaigen Verschuldens des Verkäufers bestimmt.[676]

Letzterem ist zuzustimmen. Sofern auf die andere Art der Nacherfüllung ohne erhebliche Nachteile für den Käufer zurückgegriffen werden kann, sollten allein wirtschaftliche Erwägungen die Bewertung des Ergebnisses des internen Kostenvergleichs bestimmen.[677]

Der Käufer ist also grundsätzlich auf die kostengünstigere Art der Nacherfüllung zu verweisen, sofern diese ohne erhebliche Nachteile für ihn möglich ist. Ein schützenswertes Interesse des Käufers an der teureren Art der Nacherfüllung besteht dann nicht.[678] Dem Käufer steht nämlich die andere Art der Nacherfüllung zur Verfügung. Durch diese wird sein einzig schützenswertes Interesse an der Beseitigung des Mangels überhaupt auf ökonomische Art und Weise gewahrt.

Einer geltungserhaltenden Korrektur bedarf die hier vertretene, rein wirtschaftliche Bewertung des Ergebnisses des internen Kostenvergleichs jedoch.

---

675 So *Faust* in *Bamberger/Roth* § 439 Rn. 46.

676 Vgl. LG Ellwangen in NJW 2003, 517; *Bitter/Meidt* in ZIP 2001, 2114, 2122; *Ball* in NZV 2004, 217, 223 f.; *Grunewald* in *Erman* 11. Aufl. § 439 Rn. 8; *Haas* in *H/M/R/S/W* S. 203; *P. Huber* in *Huber/Faust* S. 330 (Fn. 33); *Reinking* in ZfS 2003, 57, 63; *Wenzel* in DB 2003, 1887, 1892.

677 Vgl. hierzu auch den Fraktionsentwurf (BT-Drucks. 14/6040 S. 81), wo die Rede davon ist, dass die Wahl des Käufers nur scheinbar frei sei, weil verhältnismäßig nur die Art der Nacherfüllung wäre, die ökonomischer sei.

678 Vgl. auch *Faust* in *Bamberger/Roth* § 439 Rn. 46.

Würde man nämlich dem Käufer stets nur die kostengünstigere Art der Nacherfüllung zubilligen, liefe das ihm eingeräumte Wahlrecht leer. Diese Konsequenz gilt es schon mit Blick auf die Verbrauchsgüterkaufrichtlinie zu vermeiden, die in ihrem Anwendungsbereich ein Wahlrecht für den Käufer vorgibt.[679] Zur Gewährleistung des dem Käufer eingeräumten Wahlrechts ist es deshalb geboten, dem Käufer auch die angemessen teurere Art der Nacherfüllung zuzubilligen. Als Richtwert wird diesbezüglich ein Aufschlag von 10 % auf die kostengünstigere Art der Nacherfüllung vorgeschlagen, im Anschluss an das überwiegende Schrifttum.[680]

Nach allem: Führt das Leistungsverweigerungsrecht aus § 439 Abs. 3 S. 1 BGB zur relativen Undurchsetzbarkeit des Nacherfüllungsanspruchs des Käufers und kann auf die andere Art der Nacherfüllung ohne erhebliche Nachteile für den Käufer zurückgegriffen werden, so finden die zu § 633 Abs. 2 S. 3 BGB a. F. entwickelten Grundsätze keine Anwendung. Vielmehr kann der Verkäufer die seitens des Käufers gewählte Art der Nacherfüllung unter Berücksichtigung eines keineswegs verbindlichen Richtwerts bereits dann verweigern, wenn sie mehr als 10 % teurer ist als die andere Art.

2. *Andere Art der Nacherfüllung nur mit erheblichen Nachteilen für den Käufer möglich*

Kann auf die andere Art der Nacherfüllung nur mit erheblichen Nachteilen für den Käufer zurückgegriffen werden, ist der sonst vorzunehmende interne Kostenvergleich fehl am Platze.

Keinesfalls dürfen nämlich zu erwartende Kosten für eine Art der Nacherfüllung, die zu erheblichen Nachteilen für den Käufer führen würde, in einem solchen Vergleich berücksichtigt werden. Erhebliche Nachteile sind durch den Käufer im Rahmen der Nacherfüllung nicht hinzunehmen. Dies bringt § 440 S. 1 a. E. BGB mit dem Kriterium der Unzumutbarkeit klar zum Ausdruck.

Unzumutbar ist dem Käufer die Nacherfüllung danach insbesondere, wenn sie für ihn mit erheblichen Unannehmlichkeiten verbunden wäre.[681] Das Kriterium

679 Vgl. *Pfeiffer* in Anwaltkommentar Art. 3 Kauf-RL Rn. 6.

680 Vgl. *Bitter/Meidt* in ZIP 2001, 2114, 2122; *Haas* in *H/M/R/S/W* S. 203; *P. Huber* in *Huber/Faust* S. 330 (Fn. 33); *Grunewald* in *Erman* 11. Aufl. § 439 Rn. 8; *Reinking* in ZfS 2003, 57, 63; *Wenzel* in DB 2003, 1887, 1892. Für die Gewährleistung des Wahlrechts zu hohe Werte finden sich bei: LG Ellwangen in NJW 2003, 517 (20 %); *Graf von Westphalen* in *Henssler/Graf von Westphalen* § 439 Rn. 27 (25 %); auch *Ball* (in NZV 2004, 217, 223 f.) hält 10 % für zu niedrig.

681 Vgl. *Grunewald* in *Erman* 11. Aufl. § 440 Rn. 3; *Haas* in *H/M/R/S/W* S. 210 f.; *P. Huber* in *Huber/Faust* S. 339 f.

der Unzumutbarkeit in § 440 S. 1 a. E. BGB dient nämlich auch der Umsetzung von Art. 3 Abs. 5 Spiegelstrich 3 RL, der den Fall behandelt, dass eine Art der Nacherfüllung mit erheblichen Unannehmlichkeiten für den Käufer verbunden ist.[682] Auf das Kriterium der erheblichen Unannehmlichkeiten stellt die Verbrauchsgüterkaufrichtlinie zudem in Art. 3 Abs. 3 S. 2 Spiegelstrich 3 RL ab. Art. 3 Abs. 3 S. 2 Spiegelstrich 3 RL wiederum hat der Reformgesetzgeber durch die in § 439 Abs. 3 S. 2 BGB genannten erheblichen Nachteile umgesetzt.[683] Das Kriterium der Unzumutbarkeit in § 440 S. 1 a. E. BGB und das der erheblichen Nachteile in § 439 Abs. 3 S. 2 BGB sind folglich insoweit deckungsgleich als sie sich beide auf das in der Verbrauchsgüterkaufrichtlinie mehrfach verwandte Kriterium der erheblichen Unannehmlichkeiten beziehen. Ist eine Art der Nacherfüllung für den Käufer mit erheblichen Nachteilen verbunden, ist sie ihm deshalb zugleich unzumutbar im Sinne des § 440 S. 1 a. E. BGB.

Der Umstand, dass die andere Art der Nacherfüllung für den Käufer mit erheblichen Nachteilen verbunden wäre, darf allerdings nicht zu der Annahme führen, dass dem Verkäufer höhere Kosten zumutbar sind, als sie es im Falle eines zur absoluten Undurchsetzbarkeit führenden Leistungsverweigerungsrechts aus § 439 Abs. 3 S. 1 BGB wären. Vielmehr gilt das für diese Fälle Gesagte[684] entsprechend. Im Ergebnis gleichen diese Fälle nämlich dem hier in Rede stehenden. Weil die mit erheblichen Nachteilen verbundene, verbleibende Art der Nacherfüllung dem Käufer unzumutbar im Sinne des § 440 S. 1 a. E. BGB ist, können auch hier direkt die weiteren Mängelrechte geltend gemacht werden.

Zu klären bleibt, was erhebliche Nachteile im Sinne des § 439 Abs. 3 S. 2 BGB sind.

Erhebliche Nachteile sind zunächst alle dem Käufer trotz Nacherfüllung verbleibenden, materiellen und immateriellen Schäden, die bei Vornahme der anderen Art der Nacherfüllung nicht entstünden und die der Käufer nicht über die §§ 280 ff. BGB liquidieren kann, z. B. weil der Verkäufer den Mangel nicht zu vertreten hat.[685] Als Beispiele sind zu nennen: der während der Nachbesserungszeit anfallende Nutzungsausfall, der im Falle der Nachbesserung möglicherweise verbleibende merkantile Minderwert sowie der Aufwand für eine notwendige Neuinbetriebnahme der Kaufsache nach Nachlieferung.[686]

---

682 Vgl. BT-Drucks. 14/6040 S. 233.
683 Vgl. BT-Drucks. 14/6040 S. 232.
684 Vgl. oben: S. 150 ff.
685 Die Annahme erheblicher Nachteile kommt also eher in Betracht, wenn der Verkäufer den Mangel nicht zu vertreten hat.
686 Beispielhaft kann genannt werden, dass nochmalige Aufspielen persönlicher Daten auf einen nachgelieferten Computer.

Fraglich ist, ob auch bloße Unannehmlichkeiten, wie z. B. mehrtägige, mit Lärm verbundene Nachbesserungsarbeiten auf dem Grundstück des Käufers, erhebliche Nachteile im Sinne des § 439 Abs. 3 S. 2 BGB begründen können.

Dagegen spricht die schadensersatzrechtliche Irrelevanz solcher Unannehmlichkeiten, welche sich aus einem Umkehrschluss aus § 253 BGB ergibt.

Für eine Berücksichtigung bloßer Unannehmlichkeiten spricht der Wortlaut des § 439 Abs. 3 S. 2 BGB. Nicht von Schäden ist dort die Rede, sondern von Nachteilen. Im Falle grundsätzlich ersatzfähiger Schäden ist die Annahme erheblicher Nachteile zudem mit der im Einzelfall fehlenden Ersatzfähigkeit der Schäden, z. B. mangels Verschuldens, begründet worden. Dies muss auch im Falle bloßer Unannehmlichkeiten gelten, für die mangels schadensersatzrechtlicher Relevanz von vornherein kein Ersatz verlangt werden kann.

Auch bloße Unannehmlichkeiten können also zur Annahme erheblicher Nachteile führen.[687] Zu berücksichtigen ist allerdings, dass die Unannehmlichkeiten über das sowieso, also bei Durchführung der anderen Art der Nacherfüllung hinzunehmende Maß deutlich hinausgehen müssen.[688]

3. Zusammenfassung

Zusammenfassend kann für die Fälle, in denen das Leistungsverweigerungsrecht aus § 439 Abs. 3 S. 1 BGB zur relativen Undurchsetzbarkeit des Nacherfüllungsanspruchs des Käufers führt, Folgendes festgehalten werden:

Kann auf die andere Art der Nacherfüllung ohne erhebliche Nachteile für den Käufer zurückgegriffen werden, so entscheidet über die Unverhältnismäßigkeit der für die seitens des Käufers gewählte Art der Nacherfüllung zu erwartenden Kosten ein interner Kostenvergleich. Ergibt dieser, dass die Kosten für die gewählte Art der Nacherfüllung über 110 % der für die andere Art zu erwartenden Kosten liegen, kann der Verkäufer die gewählte Art nach § 439 Abs. 3 S. 1 BGB verweigern. Die zu § 633 Abs. 2 S. 3 BGB a. F. entwickelten Grundsätze finden keine Anwendung.

Kann auf die andere Art der Nacherfüllung nur mit erheblichen Nachteilen für den Käufer zurückgegriffen werden, so gelten entsprechend die Ausführungen für die Fälle, in denen das Leistungsverweigerungsrecht aus § 439 Abs. 3 S. 1 BGB zur absoluten Undurchsetzbarkeit des Nacherfüllungsanspruchs führt. Erhebliche Nachteile sind anzunehmen, soweit dem Käufer trotz Nacherfüllung über die

---

687 Bloße Unannehmlichkeiten berücksichtigen z. B. auch: *Buck* in *Westermann* S. 105, 133 f.; *Grunewald* in *Erman* 11. Aufl. § 439 Rn. 7.

688 So z. B., wenn zur Montage einer neuen Maschine mit Lärm verbundene Arbeiten von nur einem Tag erforderlich wären, die Nachbesserungsarbeiten hingegen fünf Tage in Anspruch nehmen würden.

§§ 280 ff. nicht liquidierbare Schäden verbleiben würden, die im Fall der anderen Art der Nacherfüllung nicht entstünden. Aber auch bloße Unannehmlichkeiten können zur Annahme erheblicher Nachteile führen, soweit diese über das sowieso, also bei Durchführung der anderen Art der Nacherfüllung hinzunehmende Maß deutlich hinausgehen.

Dritter Teil: Zusammenfassung der wichtigsten Ergebnisse

Entsprechend den einleitend genannten Zielen sind als wichtigste Ergebnisse dieser Arbeit die Folgenden zu nennen:

A. Zur Konkretisierung des wertausfüllungsbedürftigen Maßstabs der unverhältnismäßigen Kosten in § 439 Abs. 3 S. 1 BGB

Eine Konkretisierung des wertausfüllungsbedürftigen Maßstabs der unverhältnismäßigen Kosten in § 439 Abs. 3 S. 1 BGB ist nach allem wie folgt vorzunehmen:

I. Absolute Undurchsetzbarkeit des Nacherfüllungsanspruchs des Käufers

Führt das Leistungsverweigerungsrecht aus § 439 Abs. 3 S. 1 BGB zur absoluten Undurchsetzbarkeit des Nacherfüllungsanspruchs des Käufers ist danach zu unterscheiden, ob auf Verkäuferseite ein Verbraucher oder ein Unternehmer im Sinne des § 14 BGB auftritt.

1. Unternehmer im Sinne des § 14 BGB

Verkauft ein Unternehmer im Sinne des § 14 BGB, so kommt es auch darauf an, ob es sich um einen Verbrauchsgüterkauf handelt oder nicht.

Handelt es sich um einen Verbrauchsgüterkauf ist bis zu einer entsprechenden Korrektur durch den Gesetzgeber eine richtlinienkonforme Rechtsfortbildung des § 439 Abs. 3 BGB dahingehend geboten, dass ein zur absoluten Undurchsetzbarkeit des Nacherfüllungsanspruchs des Käufers führendes Leistungsverweigerungsrecht aus § 439 Abs. 3 S. 1 BGB nicht abgeleitet werden kann. Insoweit sind allein die entsprechenden Vorschriften des allgemeinen Leistungsstörungsrechts, §§ 275, 313 BGB, anwendbar.

Handelt es sich nicht um einen Verbrauchsgüterkauf, so können die zu § 633 Abs. 2 S. 3 BGB a. F. entwickelten Grundsätze vollständig auf den wertausfüllungsbedürftigen Maßstab der unverhältnismäßigen Kosten in § 439 Abs. 3 S. 1 BGB übertragen werden. Das bedeutet:

- Sofern der Käufer ein berechtigtes Interesse an der Nacherfüllung aufgrund einer spürbaren Beeinträchtigung der Funktionsfähigkeit der Kaufsache hat, kann der Verkäufer die Nacherfüllung nicht nach § 439 Abs. 3 S. 1 BGB mit der Folge der absoluten Undurchsetzbarkeit des Nacherfüllungsanspruchs verweigern. Insoweit sind allein die entsprechenden Vorschriften des allgemeinen Leistungsstörungsrechts, §§ 275, 313 BGB, anwendbar.
- Ist die Funktionsfähigkeit der Kaufsache nicht spürbar beeinträchtigt und hat der Käufer deshalb kein berechtigtes Interesse an der Nacherfüllung, kann der Verkäufer die Nacherfüllung auch dann nicht nach § 439 Abs. 3 S. 1 BGB mit der Folge der absoluten Undurchsetzbarkeit des Nacherfüllungsanspruchs verweigern, wenn er den Mangel vorsätzlich herbeigeführt hat. Insoweit sind wiederum allein die entsprechenden Vorschriften des allgemeinen Leistungsstörungsrechts, § 275, 313 BGB, anwendbar.
- Im Übrigen, also soweit ein zur absoluten Undurchsetzbarkeit des Nacherfüllungsanspruchs führendes Leistungsverweigerungsrecht aus § 439 Abs. 3 S. 1 BGB möglich ist, gilt Folgendes:

  In jedem Fall sind dem Unternehmer im Sinne des § 14 BGB Nacherfüllungskosten in Höhe der Differenz zwischen dem Ist- und dem Sollwert der mangelhaften Kaufsache zuzumuten.

  Kommt ein Verschulden oder eine schuldunabhängige Einstandspflicht des verkaufenden Unternehmers im Sinne des § 14 BGB hinzu, erhöhen sich die ihm in jedem Fall zumutbaren Kosten um 25 % (einfaches Verschulden bzw. schuldunabhängige Einstandspflicht) bzw. 50 % (grobe Fahrlässigkeit). Hierbei handelt es sich nicht um starre Wertgrenzen, sondern lediglich um unverbindliche Richtwerte.

2. *Verbraucher im Sinne des § 13 BGB*

Im Falle eines verkaufenden Verbrauchers sind die zu § 633 Abs. 2 S. 3 BGB a. F. entwickelten Grundsätze nur weitgehend auf den wertausfüllungsbedürftigen Maßstab der unverhältnismäßigen Kosten in § 439 Abs. 3 S. 1 BGB übertragbar. Nicht übertragbar ist die gewichtige Fallgruppe „Berechtigtes Interesse an der Nacherfüllung“. Im Ergebnis bedeutet dies Folgendes:

- Hat der verkaufende Verbraucher den Mangel vorsätzlich herbeigeführt, kann er die Nacherfüllung nicht gem. § 439 Abs. 3 S. 1 BGB mit der Folge der absoluten Undurchsetzbarkeit des entsprechenden Anspruchs des Käufers verweigern. Insoweit sind allein die Vorschriften des allgemeinen Leistungsstörungsrechts, § 275, 313 BGB, anwendbar.

- Im Übrigen, also soweit ein zur absoluten Undurchsetzbarkeit des Nacherfüllungsanspruchs führendes Leistungsverweigerungsrecht aus § 439 Abs. 3 S. 1 BGB möglich ist, gilt Folgendes:

  In jedem Fall sind dem verkaufenden Verbraucher Nacherfüllungskosten in Höhe der Differenz zwischen dem Ist- und dem Sollwert der mangelhaften Kaufsache zuzumuten.

  Bei Vorliegen eines berechtigten Interesses des Käufers an der Nacherfüllung erhöhen sich die in jedem Fall zumutbaren Kosten um 50 %.

  Trifft den verkaufenden Verbraucher (zusätzlich) ein Verschulden, erhöhen sich die ihm in jedem Fall zumutbaren Kosten um (weitere) 25 % (einfaches Verschulden bzw. schuldunabhängige Einstandspflicht) bzw. 50 % (grobe Fahrlässigkeit).

  Auch hierbei handelt es sich keinesfalls um starre Wertgrenzen, sondern nur um unverbindliche Richtwerte.

II. Relative Undurchsetzbarkeit des Nacherfüllungsanspruchs des Käufers

Für die Fälle, in denen das Leistungsverweigerungsrecht aus § 439 Abs. 3 S. 1 BGB zur relativen Undurchsetzbarkeit des Nacherfüllungsanspruchs des Käufers führt, gilt Folgendes:

- Kann auf die andere Art der Nacherfüllung ohne erhebliche Nachteile für den Käufer zurückgegriffen werden, so entscheidet über die Unverhältnismäßigkeit der für die seitens des Käufers gewählte Art der Nacherfüllung zu erwartenden Kosten ein interner Kostenvergleich. Ergibt dieser, dass die Kosten für die gewählte Art der Nacherfüllung über einem Richtwert von 110 % der für die andere Art zu erwartenden Kosten liegen, kann der Verkäufer die gewählte Art der Nacherfüllung nach § 439 Abs. 3 S. 1 BGB verweigern. Die zu § 633 Abs. 2 S. 3 BGB a. F. entwickelten Grundsätze finden keine Anwendung.
- Kann auf die andere Art der Nacherfüllung nur mit erheblichen Nachteilen für den Käufer zurückgegriffen werden, so gelten entsprechend die Ausführungen für die Fälle, in denen das Leistungsverweigerungsrecht aus § 439 Abs. 3 S. 1 BGB zur absoluten Undurchsetzbarkeit des Nacherfüllungsanspruchs führt. Erhebliche Nachteile sind anzunehmen, soweit dem Käufer trotz Nacherfüllung über die §§ 280 ff. nicht liquidierbare Schäden verbleiben würden, die im Fall der anderen Art der Nacherfüllung nicht entstünden. Aber auch bloße Unannehmlichkeiten können zur Annahme erheblicher Nachteile führen, soweit diese über das sowieso, also bei Durchführung der anderen Art der Nacherfüllung hinzunehmende Maß deutlich hinausgehen.

B. Anwendung weiterer, zum alten werkvertraglichen Nacherfüllungsanspruch entwickelter Grundsätze auf den neuen kaufrechtlichen Nacherfüllungsanspruch

Weitere, zum alten werkvertraglichen Nacherfüllungsanspruch entwickelte Grundsätze sind wie folgt auch im Rahmen des neuen kaufrechtlichen Nacherfüllungsanspruchs zur Anwendung zu bringen:

I. Vorteilsausgleichung

Zu einer Durchbrechung der grundsätzlichen Kostentragungspflicht des Verkäufers gem. § 439 Abs. 2 BGB im Wege der Vorteilsausgleichung kann es kommen.

Ausgleichspflichtige Vorteile können insbesondere außerhalb des weiten Anwendungsbereichs des § 439 Abs. 4 BGB entstehen, wenn es im Zuge einer nach einiger Zeit des unbeeinträchtigten Gebrauchs der Kaufsache vorgenommenen Nachbesserung ohne den Austausch von Teilen zu einer längeren Lebensdauer der Kaufsache kommt.

Ausgleichspflichtige Vorteile können ferner entstehen, wenn nach einiger Zeit des unbeeinträchtigten Gebrauchs der Kaufsache eine Nachbesserung durch den Austausch eines Teils vorgenommen wird und dies zu einer längeren Lebensdauer der gesamten Kaufsache führt.

Schließlich kann es zu ausgleichspflichtigen Vorteilen kommen, bei über die „Sowieso"-Kosten hinausgehenden, von diesen nicht abgedeckten Wertsteigerungen.

II. Ersatzvornahmerecht und Vorschussanspruch des Käufers

Ersatzvornahmerecht und Vorschussanspruch des Käufers sind in entsprechender Anwendung der §§ 634 Nr. 2, 637 BGB zu bejahen.

III. Berücksichtigung von Allein- bzw. Mitverursachung des Mangels durch den Käufer

Zu berücksichtigen sind sowohl die Allein- als auch die Mitverursachung des Mangels durch den Käufer. Zu unterscheiden sind allerdings die Rechtsfolgen der Alleinverursachung von denen der Mitverursachung.

1. Alleinverursachung

Von einem Ausschluss des Nacherfüllungsanspruchs ist bei Mängeln auszugehen, die ihre Ursache ausschließlich im Verantwortungsbereich des Käufers haben – etwa weil der Mangel auf seitens des Käufers gelieferten Stoffen oder auf dessen Ausführungsanweisungen beruht und der Verkäufer seiner Prüfungs- und Hinweispflicht nachgekommen ist.

2. Mitverursachung

Eine (nur) Mitverursachung des Mangels durch den Käufer ist zum Beispiel anzunehmen, wenn der Mangel zwar auf seitens des Käufers zur Verfügung gestellten Stoffen oder dessen Ausführungsanweisungen beruht, der Verkäufer aber seiner Prüfungs- und Hinweispflicht nicht ordnungsgemäß nachgekommen ist.

Unter Erhalt des Nacherfüllungsanspruchs kommt es hier zu einer Beteiligung des Käufers an den Kosten der Nacherfüllung entsprechend seines Mitverursachungsanteils.

IV. Berücksichtigung von „Sowieso"-Kosten

Zu einer Durchbrechung der grundsätzlichen Kostentragungspflicht des Verkäufers gem. § 439 Abs. 2 BGB kann es schließlich auch im Falle der Entstehung sog. „Sowieso"-Kosten kommen.

Notwendig ist allerdings, dass eine ganz bestimmte Ausführungsart des Kaufgegenstands ausdrücklich zum Vertragsgegenstand gemacht wird, die den geschuldeten Leistungserfolg im Sinne des § 433 Abs. 1 S. 2 BGB nicht herbeizuführen vermag.

„Sowieso"-Kosten sind dann die Kosten, um die der Kaufgegenstand teurer gewesen wäre, wenn von Anfang an die Ausführungsart zum Vertragsgegenstand gemacht worden wäre, die den geschuldeten Leistungserfolg herbeizuführen vermag. Insoweit erwächst dem Verkäufer ein zusätzlicher Vergütungsanspruch.

Literaturverzeichnis

Abschlußbericht der Kommission zur Überarbeitung des Schuldrechts: 1992 (zit.: Abschlußbericht).

Ackermann, Thomas: Die Nacherfüllungspflicht des Stückverkäufers, in: JZ 2002, 378 ff.

–: Erwiderung auf Canaris JZ 2003, 831, in: JZ 2003, 1154 ff.

Anwaltkommentar Schuldrecht: Erläuterungen der Neuregelungen zum Verjährungsrecht, Schuldrecht, Schadensersatzrecht und Mietrecht, 1 Aufl., 2002 (zit.: *Bearbeiter* in Anwaltkommentar).

Ball, Wolfgang: Die Nacherfüllung beim Autokauf, in: NZV 2004, 217 ff.

Ballerstedt, Kurt: Zur Lehre vom Gattungskauf, in: Festschrift für Hans Carl Nipperdey, 1955, S. 261 ff. (zit.: *Ballerstedt* in FS *Nipperdey*).

Bamberger, Heinz Georg/Roth, Herbert: Kommentar zum Bürgerlichen Gesetzbuch, Band 1, §§ 1-610, 1. Aufl., 2003; Band 2, §§ 611-1296, ErbbauVO, WEG, 1. Aufl., 2003 (zit.: *Bearbeiter* in *Bamberger/Roth)*.

Baumgärtel, Gottfried: Handbuch der Beweislast im Privatrecht, Band 1, 2. Aufl., 1991 (zit.: *Baumgärtel*).

Baur, Jürgen F./Stürner, Rolf: Sachenrecht, 17. Aufl., 1999 (zit.: *Baur/ Stürner*).

Bitter, Georg/Meidt, Eva: Nacherfüllungsrecht und Nacherfüllungspflicht des Verkäufers im neuen Schuldrecht, in: ZIP 2001, 2114 ff.

Böggering, Peter: Die Abnahme beim Werkvertrag, in: JuS 1978, 512 ff.

Boerner, Dietmar: Kaufrechtliche Sachmängelhaftung und Schuldrechtsreform, in: ZIP 2001, 2264 ff.

Brambring, Günter: Schuldrechtsreform und Grundstückskaufvertrag, in: DNotZ 2001, 590 ff.

Brandt, Dieter: Zum Leistungsumfang beim schlüsselfertigen Bauen nach Baubeschreibung in bezug auf technisch notwendige, aber nicht ausdrücklich vereinbarte Teilleistungen, insbesondere bei der Nachbesserung, in: BauR 1982, 524 ff.

Brox, Hans/Elsing, Siegfried: Die Mängelhaftung bei Kauf, Miete und Werkvertrag, in: JuS 1976, 1 ff.

Brox, Hans/Walker, Wolf-Dietrich: Besonderes Schuldrecht, 29. Aufl., 2004 (zit.: *Brox/Walker*).

Buck, Petra: Kaufrecht, in : Das neue Schuldrecht 2002, Westermann, Harm Peter (Hrsg.), 2002, S. 105 ff. (zit.: *Buck* in *Westermann*).

Büdenbender, Ulrich: Das Kaufrecht nach dem Schuldrechtsreformgesetz (Teil I), in: DStR 2002, 312 ff.

Busche, Jan: Voraussetzungen und Grenzen der „Nachbesserung" im Werkvertragsrecht, in DB 1999, 1250 ff.

Canaris, Claus-Wilhelm: Schuldrechtsreform 2002, 1. Aufl., 2002 (zit.: *Canaris*).

–: Die Nacherfüllung durch Lieferung einer mangelfreien Sache beim Stückkauf, in: JZ 2003, 831 ff.

–: Schlusswort, in: JZ 2003, 1156 f.

Enderlein, Fritz/Maskow, Dietrich/Strohbach, Heinz: Internationales Kaufrecht, 1. Aufl., 1991 (zit.: *Bearbeiter* in *E/M/S).*

Ehmann, Horst/Rust, Ulrich: Die Verbrauchsgüterkaufrichtlinie, in: JZ 2001, 853 ff.

Engisch, Karl: Einführung in das juristische Denken, 9. Aufl., 1997 (zit.: *Engisch*)

Erman, Walter: Bürgerliches Gesetzbuch, Band I (§§ 1-811), 10. Aufl., 2000; Band I (§§ 1-811), 11. Aufl., 2004 (zit.: *Bearbeiter* in *Erman*)

Ernst, Wolfgang/Gsell, Beate: Kaufrechtsrichtlinie und BGB, in: ZIP 2000, 1410 ff.

Esser, Josef/Weyers, Hans-Leo: Schuldrecht, Band II, Besonderer Teil, Teilband 1, 8. Auf., 2000 (zit.: *Esser/Weyers*).

Esser, Josef/Schmidt, Eike: Schuldrecht, Band I, Allgemeiner Teil, Teilband 1, 8. Aufl., 1995 (zit.: *Esser/Schmidt*).

Fikentscher, Wolfgang: Schuldrecht, 9. Aufl., 1997 (zit.: *Fikentscher*).

Früh, Andreas: Die Kostenbeteiligungspflicht des Bauherrn bei der Mängelbeseitigung unter besonderer Berücksichtigung der sog. „echten Vorteilsausgleichung" (Abzug „neu für alt"), in: BauR 1992, 160 ff.

Götz, Volkmar: Sachmängelhaftung beim Kauf, 1. Aufl., 1960 (zit.: *Götz*).

Greger, Reinhard: Mitverschulden und Schadensminderungspflicht – Treu und Glauben im Haftungsrecht?, in: NJW 1985, 1130 ff.

Grimme, Rainer: Die Vergütung beim Werkvertrag, Dissertation, 1986 (zit.: *Grimme*).

Gross, Heinrich: Vorteilsausgleichung im Gewährleistungsrecht, in: Festschrift für Hermann Korbion, 1986, S. 123 ff. (zit.: *Gross* in FS *Korbion*).

Gruber, Urs Peter: Montagefehler und fehlerhafte Montageanleitung im neuen Kaufrecht, in: VuR 2002, 120 ff.

–: Die Nacherfüllung als zentraler Rechtsbehelf im neuen deutschen Kaufrecht – eine methodische und vergleichende Betrachtung zur Auslegung, in: Jahrbuch Junger Zivilrechtswissenschaftler 2001, 187 ff.

Gsell, Beate/Rüfner, Thomas: Symposium Schuldrechtsmodernisierung 2001, in: NJW 2001, 424 ff.

Haas, Lothar/Medicus, Dieter/Rolland, Walter/Schäfer, Carsten/Wendtland, Holger: Das neue Schuldrecht, 1. Aufl., 2002 (zit.: *Bearbeiter* in *H/M/R/S/W*).

Hänlein, Andreas: Die Richtlinie zu bestimmten Aspekten des Verbrauchsgüterkaufs und der Garantien für Verbrauchsgüter, in: DB 1999, 1641 ff.

Handkommentar zum Bürgerlichen Gesetzbuch: Schulze, Reiner (Schriftleitung), 3. Aufl., 2003 (zit.: *Bearbeiter* in Hk-BGB).

Harms, Carsten: Änderungen im Kauf- und Werkvertragsrecht, in: BRAK-Mitteilungen 2001, 278 ff.

Heck, Philipp: Grundriß des Schuldrechts, 2. Neudruck der Ausgabe 1929, 1974 (zit.: *Heck*).

Heinemann, Andreas/Pickartz, Thomas: Die Nacherfüllung beim Stückkauf, in: ZGS 2003, 149 ff.

Heinrich, Martin: Die Abwehr des Anspruchs des Käufers auf Nacherfüllung, in: ZGS 2003, 253 ff.

Henssler, Martin/Westphalen, Friedrich Graf von: Praxis der Schuldrechtsreform, 2. Aufl., 2003 (zit.: *Bearbeiter* in *Henssler/Graf von Westphalen*).

Hertel, Christian: Werkvertrag und Bauträgervertrag nach der Schuldrechtsreform, in: DNotZ 2002, 6 ff.

Höffe, Sibylle: Die Verbrauchsgüterkaufrichtlinie 1999/44/EG und ihre Auswirkungen auf den Schadensersatz beim Kauf, Dissertation, 2001 (zit.: *Höffe*).

Hoffmann, Jan: Verbrauchsgüterkaufrechtsrichtlinie und Schuldrechtsmodernisierung, in: ZRP 2001, 347 ff.

Huber, Peter: Der Nacherfüllungsanspruch im neuen Kaufrecht, in: NJW 2002, 1004 ff.

Huber, Peter/Faust, Florian: Schuldrechtsmodernisierung: Einführung in das neue Recht, 1. Aufl., 2002 (zit.: *Bearbeiter* in *Huber/Faust*).

Huber, Ulrich: Leistungsstörungen, in: Gutachten und Vorschläge zur Überarbeitung des Schuldrechts, Band I, 1981, S. 647 ff.

–: Kaufvertrag, in: Gutachten und Vorschläge zur Überarbeitung des Schuldrechts, Band I, 1981, S. 911 ff.

–: Die Schadensersatzhaftung des Verkäufers wegen Nichterfüllung der Nacherfüllungspflicht und die Haftungsbegrenzung des § 275 Abs. 2 BGB neuer Fassung, in: Festschrift für Peter Schlechtriem, 2003, S. 521 ff. (zit.: *U. Huber* in FS *Schlechtriem*).

–: Zur Konzentration beim Gattungskauf, in: Festschrift für Kurt Ballerstedt, 1976, S. 327 ff. (zit.: *U. Huber* in FS *Ballerstedt*).

Ingenstau, Heinz/Korbion, Hermann: Kommentar zur VOB, Teile A und B, 15. Aufl., 2004 (zit.: *Bearbeiter* in *Ingenstau/Korbion*).

Jacobs, Matthias: Die kaufrechtliche Nacherfüllung, in: Das neue Schuldrecht in der Praxis, Dauner-Lieb, Barbara, Konzen, Horst, Schmidt Karsten (Hrsg.), 2003, S. 371 ff. (zit.: *Jacobs* in *Dauner-Lieb/Konzen/K. Schmidt*).

Jagenburg, Walter: Die Entwicklung des privaten Bauvertragsrechts im Jahre 1975, in: NJW 1976, 2321 ff.

Jakobs, Horst Heinrich: Die Abnahme beim Werkvertrag, in: AcP 183, 145 ff.

–: Die Verjährung des Schadensersatzanspruchs wegen mangelhafter Werkleistung, in JuS 1975, 76 ff.

–: Nichterfüllung und Gewährleistung beim Werkvertrag, in: Festschrift für Günther Beitzke, 1979, S. 67 ff. (zit.: *Jakobs* in FS *Beitzke*).

Jauernig, Othmar: Bürgerliches Gesetzbuch, 9. Aufl., 1999 (zit.: *Bearbeiter* in *Jauernig* 9. Aufl.)

–: Bürgerliches Gesetzbuch, 11. Aufl., 2004 (zit.: *Bearbeiter* in *Jauernig* 11. Aufl.).

Jorden, Simone/Lehmann, Michael: Verbrauchsgüterkauf und Schuldrechtsmodernisierung, in: JZ 2001, 952 ff.

Kaufmann, Arthur: Rechtsphilosophie zum Mitdenken, 6. Kapitel: Über Sprachlichkeit und Begrifflichkeit des Rechts, 2. Teil, in: JURA 1992, 631 ff.

Kesseler, Christian: Gattungskauf – Die doppelte Verjährung des Nachlieferungsanspruchs, in: MDR 2001, 254 ff.

Kirchner, Hildebert: Abkürzungsverzeichnis der Rechtssprache, 4. Aufl., 1993

Koch, Hans-Joachim/Rüßmann, Helmut: Juristische Begründungslehre, 1. Aufl., 1982 (zit.: *Koch/Rüßmann).*

Köhler, Helmut: Zur Nachbesserung beim Kauf, in: JZ 1984, 393 ff.

Kohler, Jürgen: Werkmangel und Bestellerverantwortung, in: NJW 1993, 417 ff.

–: Rücktrittsrechtliche Bereicherungshaftung, in: JZ 2002, 682 ff.

Koller, Ingo: Die Bedeutung des Haftungsmaßstabs für die Zurechnung des Leistungserschwerungsrisikos, in: NJW 1996, 300 ff.

–: Die Risikozurechnung bei Vertragsstörungen in Austauschverträgen, 1. Aufl., 1979 (zit.: *Koller*).

Korintenberg, Werner: Erfüllung und Gewährleistung beim Werkvertrage, 1. Aufl., 1935 (zit.: *Korintenberg*).

Kothe, Wolfhard/Micklitz, Hans-W./Rott, Peter/Tonner, Klaus/Willingmann, Armin: Das neue Schuldrecht – Kompaktkommentar, 1. Aufl., 2003 (zit.: *Bearbeiter* in Kompakt-Kommentar).

Kraus, Steffen: Da wird sich noch mancher die Augen reiben... – Die 6 augenfälligsten Negativauswirkungen der Schuldrechtsreform auf das private Baurecht, in: BauR 2002, 524.

Larenz, Karl: Wegweiser zur richterlichen Rechtsschöpfung, in: Festschrift für Arthur Nikisch, 1958, S. 275 ff. (zit.: *Larenz* in FS Nikisch).

–: Lehrbuch des Schuldrechts, Erster Band, Allgemeiner Teil, 14. Aufl., 1987; Zweiter Band, Besonderer Teil, 1. Halbband, 13. Aufl., 1986 (zit.: *Larenz*).

Larenz, Karl/Canaris, Claus-Wilhelm: Methodenlehre der Rechtswissenschaft, 3. Aufl., 1995 (zit.: *Larenz/Canaris)*.

Laws, Jutta: Strukturen des Kauf-, Werkvertrags- und Werklieferungsvertragsrechts nach der Schuldrechtsreform, in: MDR 2002, 320 ff.

Lehmann, Michael: Informationsverantwortung und Gewährleistung für Werbeangaben beim Verbrauchsgüterkauf, in: JZ 2000, 280 ff.

Lorenz, Stephan: Selbstvornahme der Mängelbeseitigung im Kaufrecht, in: NJW 2003, 1417 ff.

–: Rücktritt, Minderung und Schadensersatz wegen Sachmängeln im neuen Kaufrecht: Was hat der Verkäufer zu vertreten? in: NJW 2002, 2497 ff.

–: Schadensersatz wegen Pflichtverletzung – ein Beispiel für die Überhastung der Kritik an der Schuldrechtsreform, in: JZ 2001, 742 ff.

Lorenz, Stephan/Riehm, Thomas: Lehrbuch zum neuen Schuldrecht, 1. Aufl., 2002 (zit.: *Lorenz/Riehm*).

Maifeld, Jan: Werkvertragsrecht, in : Das neue Schuldrecht 2002, Westermann, Harm Peter (Hrsg.), 2002, S. 251 ff. (zit.: *Maifeld* in *Westermann*).

Mankowski, Peter: Werkvertragsrecht – Die Neuerungen durch § 651 BGB und der Abschied vom Werklieferungsvertrag, in: MDR 2003, 854 ff.

Maxem, Werner: Rechtsfolgen bei Verletzung von Mitwirkungspflichten durch den Besteller beim (Bau-)Werkvertrag, in: BauR 2003, 952 ff.

Medicus, Dieter: Kaufvertrag und Werkvertrag, in JuS 1992, 273 ff.

Meub, Michael: Schuldrechtsreform: Das neue Werkvertragsrecht, in: DB 2002, 131 ff.

Morgenroth, Sascha J.: Umsetzung der Verbrauchsgüterkaufrichtlinie in Spanien und Deutschland, Dissertation, 2002 (zit.: *Morgenroth*).

Motive zu dem Entwurfe eines Bürgerlichen Gesetzbuches für das Deutsche Reich: Band II, Recht der Schuldverhältnisse (zit.: Motive Band II).

Münchener Kommentar zum Bürgerlichen Gesetzbuch: Band 1: Allgemeiner Teil (§§ 1-240, AGB-Gesetz), 4. Aufl., 2001; Band 2 a: Schuldrecht Allgemeiner Teil (§§ 241-432), 4. Aufl., 2003; Band 3: Schuldrecht Besonderer Teil I (§§ 433-606), 3. Aufl., 1995; Band 3: Schuldrecht Besonderer Teil I (§§ 433-610, CISG), 4. Aufl., 2004; Band 4: Schuldrecht Besonderer Teil II (§§ 607-704), 3. Aufl., 1997 (zit.: *Bearbeiter* in MüKo).

Oechsler, Jürgen: Schuldrecht Besonderer Teil, Vertragsrecht, 1. Aufl., 2003 (zit.: *Oechsler*).
–: Praktische Anwendungsprobleme des Nacherfüllungsanspruchs, in: NJW 2004, 1825 ff.
Oetker, Hartmut/Maultzsch, Felix: Vertragliche Schuldverhältnisse, 2. Aufl., 2004 (zit.: *Oetker/Maultzsch*).
Ott, Sieghart: Neues Werkvertrags- und Darlehensrecht, in: MDR 2002, 361 ff.
Ott, Sieghart/Lüer, Dieter/Heussen, Benno: Anwalts-Checkbuch Aktuell – Schuldrechtsreform, 1. Aufl., 2002 (zit.: *Bearbeiter* in Anwalts-Checkbuch).
Palandt, Otto: Bürgerliches Gesetzbuch, 61. Aufl., 2001 (zit.: *Bearbeiter* in *Palandt* 61. Aufl.)
–: Bürgerliches Gesetzbuch, 63. Aufl., 2004 (zit.: *Bearbeiter* in *Palandt* 63. Aufl.).
Pammler, Sebastian: Zum Ersatzlieferungsanspruch beim Stückkauf, in: NJW 2003, 1992 ff.
Peters, Frank: Das Baurecht im modernisierten Schuldrecht, in: NZBau 2002, 113 ff.
–: Die Fälligkeit der Werklohnforderung, in: Festschrift für Hermann Korbion, 1986, S. 337 ff. (zit.: *Peters* in FS Korbion).
–: Der Anspruch auf Abnahme bei Kauf und Werkvertrag, in: Festschrift für Max Keller, 1989, S. 221 ff. (zit.: *Peters* in FS *Keller*).
–: Kein gesetzlicher Nachbesserungsanspruch des Käufers?, in: JZ 1978, 92 ff.
–: Der Anspruch auf Schadensersatz wegen Nichterfüllung gemäß § 635 BGB, in: JZ 1977, 458 ff.
–: Mangelschäden und Mangelfolgeschäden, in: NJW 1978, 665 ff.
–: Die eigene Mängelbeseitigung des Käufers, in: JR 2004, 353 ff.
Petersen, Jens: Die Nacherfüllung, in: JURA 2002, 461 ff.
Pfeiffer, Thomas: Unkorrektheiten bei der Umsetzung der Verbrauchsgüterkaufrichtlinie in das deutsche Recht, Teil 3: Unzumutbarkeit beider Arten der Nacherfüllung?, in: ZGS 2002, 217 ff.
Preussner, Mathias: Das neue Werkvertragsrecht im BGB 2002, in: BauR 2002, 231 ff.
Protokolle der Kommission für die zweite Lesung des Entwurfs des Bürgerlichen Gesetzbuchs: Band II, Recht der Schuldverhältnisse, Abschnitt II, Tit. 2-20, Abschnitte III, IV.
Raab, Thomas: Der Werkvertrag, in: Das neue Schuldrecht, Dauner-Lieb, Barbara, Heidel, Thomas, Lepa Manfred, Ring, Gerhard (Hrsg.), 1. Aufl., 2002, S. 261 ff. (zit.: *Raab* in *D-L/H/L/R*).
Raape, Leo: Sachmängelhaftung und Irrtum beim Kauf, in: AcP 150, 481 ff.

Reinicke, Dietrich/Tiedtke, Klaus: Kaufrecht, 6. Aufl., 1997 (zit.: *Reinicke/ Tiedtke*).
Reinking, Kurt: Die Geltendmachung von Sachmängelrechten und ihre Auswirkung auf die Verjährung, in: ZGS 2002, 140 ff.
–: Nacherfüllung beim Autokauf, in: ZfS 2003, 57 ff.
RGRK: Das Bürgerliche Gesetzbuch, Band II, 4. Teil (§§ 631-811), 12. Aufl., 1978; Band III, 1. Teil (§§ 854-1011), 12 Aufl., 1979 (zit.: *Bearbeiter* in RGRK).
Rieger, Gregor: Die Richtlinie zu bestimmten Aspekten des Verbrauchsgüterkaufs und der Garantien für Verbrauchsgüter vor dem Hintergrund des geltenden Rechts, in: VuR 1999, 287 ff.
Riezler, Erwin: Der Werkvertrag nach dem Bürgerlichen Gesetzbuche für das Deutsche Reich, 1. Aufl., 1900 (zit.: *Riezler*).
Roth, Wulf-Henning: Europäischer Verbraucherschutz und BGB, in: JZ 2001, 475 ff.
Rothkegel, Ralf: Der Eigentumserwerb bei Verarbeitung, Dissertation, 1973 (zit.: *Rothkegel*).
Schäfer, Hans-Bernd/Ott, Claus: Lehrbuch der ökonomischen Analyse des Zivilrechts, 3. Aufl., 2000 (zit.: *Schäfer/Ott*).
Schellhammer, Kurt: Das neue Kaufrecht – Die Sachmängelrechte des Käufers, in: MDR 2002, 301 ff.
Schimmel, Roland/Buhlmann, Dirk: Frankfurter Handbuch zum neuen Schuldrecht, 1. Aufl., 2002 (zit.: *Bearbeiter* in Frankfurter Handbuch).
Schmalz, Dieter: Methodenlehre für das juristische Studium, 4. Aufl., 1998 (zit.: *Schmalz)*.
Schmidt-Räntsch, Jürgen/Maifeld, Jan/Meier-Göring, Anne/Röcken, Matthias: Das neue Schuldrecht, 1. Aufl., 2002 (zit.: *Schmidt-Räntsch/Maifeld/ Meier-Göring/Röcken*).
Schubel, Christian: Das neue Kaufrecht, in: Examenswissen zum neuen Schuldrecht, Schwab, Martin, Witt, Carl-Heinz (Hrsg.), 2. Aufl., 2003 (zit.: *Schubel* in *Schwab/Witt*).
–: Schuldrechtsreform: Perspektivenwechsel im Bürgerlichen Recht und AGB-Kontrolle für den Handelskauf, in: JZ 2001, 1113 ff.
Schubert, Werner/Petersen-Thrö, Thorkild: Anmerkung zum Urteil des BGH vom 16.07.1998 – VII ZR 350/96, in: JR 1999, 368 ff.
Schudnagies, Jörg: Das Werkvertragsrecht nach der Schuldrechtsreform, in: NJW 2002, 396 ff.
Schur, Wolfgang: Der Anspruch des Käufers auf Schadensersatz wegen eines Sachmangels, in: ZGS 2002, 243 ff.

Schwab, Martin: Schuldrechtsmodernisierung 2001/2002 – Die Rückabwicklung von Verträgen nach §§ 346 ff., in: JuS 2002, 630 ff.

–: Das neue Schuldrecht im Überblick, in: JuS 2002, 1 ff.

Seidel, Hans-Jürgen: Das „Nachbesserungsrecht“ des Unternehmers beim Werkvertrag, in: JZ 1991, 391 ff.

Siber, Heinrich: Der Rechtszwang im Schuldverhältnis nach deutschem Reichsrecht, 1. Aufl., 1903 (zit.: *Siber*).

Siegburg, Peter: Baumängel aufgrund fehlerhafter Vorgaben des Bauherrn, in: Festschrift für Hermann Korbion, 1986, S. 411 ff. (zit.: *Siegburg* in FS *Korbion*).

Sienz, Christian: Die Neuregelungen im Werkvertragsrecht nach der Schuldrechtsreform, in BauR 2002, 181 ff.

Soergel, Hs. Th./Siebert, W.: Bürgerliches Gesetzbuch mit Einführungsgesetz und Nebengesetzen, Band 2, Schuldrecht I (§§ 241-432), 12. Aufl., 1990; Band 3, Schuldrecht II (§§ 433-515), 12. Aufl., 1991; Band 4/1, Schuldrecht III/1 (§§ 516-651), 12. Aufl., 1997 (zit.: *Bearbeiter* in *Soergel*).

Spickhoff, Andreas: Der Nacherfüllungsanspruch des Käufers: Dogmatische Einordnung und Rechtsnatur, in: BB 2003, 589 ff.

Staudenmayer, Dirk: Die EG-Richtlinie über den Verbrauchsgüterkauf, in: NJW 1999, 2393 ff.

Staudinger, Julius von: Kommentar zum Bürgerlichen Gesetzbuch, Erstes Buch, Allgemeiner Teil (§§ 21-103), Bearbeitung 1995; Erstes Buch, Allgemeiner Teil (§§ 164-240), Neubearbeitung 2001; Zweites Buch, Recht der Schuldverhältnisse (§§ 255-314), Neubearbeitung 2001; Zweites Buch, Recht der Schuldverhältnisse (§§ 433-534), Bearbeitung1995; Zweites Buch, Recht der Schuldverhältnisse (§§ 631-651), Neubearbeitung 2000; Zweites Buch, Recht der Schuldverhältnisse (§§ 631-651), Neubearbeitung 2003; Drittes Buch, Sachenrecht (§§ 925-984), Bearbeitung 1995; Wiener UN-Kaufrecht (CISG), Neubearbeitung 1999 (zit.: *Bearbeiter* in *Staudinger*).

Süß, Theodor: Wesen und Rechtsgrund der Gewährleistung für Sachmängel, 1. Aufl., 1931 (zit.: *Süß*).

Teichmann, Christoph: Schuldrechtsmodernisierung 2001/2002 – Das neue Werkvertragsrecht, in: JuS 2002, 417 ff.

–: Werkvertragsrecht, in: Examenswissen zum neuen Schuldrecht, Schwab, Martin, Witt, Carl-Heinz (Hrsg.), 2. Aufl., 2003 (zit.: *C. Teichmann* in *Schwab/ Witt*).

Thode, Reinhold: Die wichtigsten Änderungen im BGB-Werkvertragsrecht: Schuldrechtsmodernisierungsgesetz und erste Probleme – Teil 1, in: NZBau 2002, 297 ff.; Teil 2, in: NZBau 2002, 360 ff.

Tiedkte, Klaus: Leistungsstörung und Gewährleistung, in: NJW 1995, 3081 ff.

Titze, Heinrich: Die Unmöglichkeit der Leistung nach deutschem bürgerlichen Recht, 1. Aufl., 1900 (zit.: *Titze*).

Voit, Wolfgang: Die Änderungen des allgemeinen Teils des Schuldrechts durch das Schuldrechtsmodernisierungsgesetz und ihre Auswirkungen auf das Werkvertragsrecht, in: BauR 2002, 145 ff.

Vorsmann, Martin: Gesetzliche Mängelhaftung der Europäischen Richtlinie über den Verbrauchsgüterkauf und Bürgerliches Gewährleistungsrecht, Dissertation, 2001 (zit.: *Vorsmann*).

Vorwerk, Volkert: Kaufrecht und Werklieferungsvertrag, in: BauR 2002, 165 ff.

Wagner, Gerhard: Die Verjährung gewährleistungsrechtlicher Rechtsbehelfe nach neuem Schuldrecht, in: ZIP 2002, 789 ff.

Weber, Ralph: Einige Gedanken zur Konkretisierung von Generalklauseln durch Fallgruppen, in: AcP 192, 516 ff.

Wenzel, Henning: Kaufrechtliche Probleme in der Unternehmenspraxis und Lösungsvorschläge, in: DB 2003, 1887 ff.

Werner, Ulrich/Pastor, Walter: Der Bauprozess, 10. Aufl., 2002 (zit.: *Werner/ Pastor*).

Westermann, Harm Peter: Das neue Kaufrecht, in: NJW 2002, 241 ff.

–: Das neue Kaufrecht einschließlich des Verbrauchsgüterkaufs, in: JZ 2001, 530 ff.

–: Kaufrecht im Wandel, in: Die Schuldrechtsreform vor dem Hintergrund des Gemeinschaftsrechts, Schulze, Reiner, Schulte-Nölke, Hans (Hrsg.), 1. Aufl., 2001 (zit.: *Westermann* in *Schulze/Schulte-Nölke*).

Wieser, Eberhard: Leistungsstörungen bei der Nacherfüllung des Kaufvertrages, in: JR 2002, 269 ff.

Wilhelm, Jan: Mängelhaftung und Kenntnis des Gläubigers vom Mangel, in: JZ 1982, 488 ff.

Willoweit, Dietmar: Störungen sekundärer Vertragszwecke, in JuS 1988, 833 ff.

Wilmowsky, Peter von: Pflichtverletzungen im Schuldverhältnis, in: JuS 2002, Beilage zu Heft 1.

Zerres, Thomas: Das neue Sachmängelrecht beim Kauf, in: VuR 2002, 3 ff.

Zimmer, Daniel: Das geplante Kaufrecht, in: Zivilrechtswissenschaft und Schuldrechtsreform, Ernst, Wolfgang, Zimmermann, Reinhard, 2001 (zit.: *Zimmer* in Zivilrechtswissenschaft und Schuldrechtsreform).

Zimmer, Daniel/Eckhold, Thomas: Das neue Mängelgewährleistungsrecht beim Kauf, in: JURA 2002, 145 ff.

Peter Lang · Europäischer Verlag der Wissenschaften

Heiko Lehmkuhl

Das Nacherfüllungsrecht des Verkäufers im UN-Kaufrecht

Frankfurt am Main, Berlin, Bern, Bruxelles, New York, Oxford, Wien, 2002. 150 S.
Studien zum vergleichenden und internationalen Recht.
Herausgegeben von Bernd von Hoffmann und Erik Jayme. Bd. 65
ISBN 3-631-38522-6 · br. € 34.–*

Das Nacherfüllungsrecht wird hinsichtlich der Reichweite seines Anwendungsbereichs untersucht. Es wird vorgeschlagen, das US-amerikanische Prinzip des shaken-faith bei der Bewertung des Nacherfüllungsrechts einzubeziehen. Nach umfangreicher rechtsvergleichender Auslegung ergibt es sich, daß den Käufer die Pflicht zur Duldung einer nachträglichen Mängelbeseitigung trifft. Ein weiter Anwendungsbereich von Art. 48 UNKR vermeidet in Fällen der Lieferung höherwertiger Ware das Problem der richtigen Kaufpreisbestimmung. Insbesondere ist ein Ausweichen auf autonome nationale Rechtsordnungen nicht mehr erforderlich. Die Billigung fehlerhafter Ware durch den Käufer durch Zahlung des vereinbarten Kaufpreises bewirkt nicht immer den Verlust des Nacherfüllungsrechts für den Verkäufer, da ansonsten grundlegende Prinzipien des UN-Kaufrechts verletzt würden.

Aus dem Inhalt: Voraussetzungen der Nacherfüllung nach Art. 48 Abs. 1 UNKR · Verfahren nach Abs. 2-4 · Verhältnis zu Art. 46 UNKR · Rechtsvergleichende Untersuchung (UCC; Sale of Goods Act; UNIDROIT-Prinzipien; Lando-Prinzipien; deutsches autonomes Schuldrecht) · Rechtsbehelfe des Verkäufers · Reichweite des Nacherfüllungsrechts bei Lieferung höherwertiger und geringwertiger Ware

Frankfurt am Main · Berlin · Bern · Bruxelles · New York · Oxford · Wien
Auslieferung: Verlag Peter Lang AG
Moosstr. 1, CH-2542 Pieterlen
Telefax 00 41 (0) 32 / 376 17 27

*inklusive der in Deutschland gültigen Mehrwertsteuer
Preisänderungen vorbehalten

Homepage http://www.peterlang.de